FOUNDATION
CENTER
Knowledge to build on.

The Foundation Center

GUÍA PARA ESCR PROPUESTAS

D1273610

Traducción de la 5ª edición

Escrito por Jane C. Geever

Traducido por Silvia R. Sanusian

El Foundation Center desea agradecer a las siguientes fundaciones que hicieron posible esta traducción al español:

- Rosenberg Foundation
- Levi Strauss Foundation
- Entidades donantes a la Iniciativa del Foundation Center de San Francisco para el Desarrollo de Capacidades (al 14 de febrero de 2008)*

*The Banks Family Foundation, Bella Vista Foundation, Blue Shield of California Foundation, Candelaria Fund, The Thomas J. Long Foundation, Louis R. Lurie Foundation, Miranda Lux Foundation, McKesson Foundation, Giles W. and Elise Mead Foundation, The Bernard Osher Foundation, The Morris Stulsaft Foundation y The Dean Witter Foundation

Datos de catalogación en publicación (CIP) de la Biblioteca del Congreso de los Estados Unidos
Geever, Jane C.
  Guía para escribir propuestas / Jane C. Geever. — Traducción de la 5ª edición
     p. cm.
  Incluye referencias bibliográficas.
  ISBN 978-1-59542-158-6 (pbk.)
  1. Proposal writing for grants—United States—Handbooks, manuals, etc. I. Foundation Center.
II. Title.
HG177.5.U6G4418 2008
658.15'224—dc22

                                                    2008001008

Índice

Prefacio

Durante muchos años, las organizaciones que solicitan fondos filantrópicos a través de las bibliotecas del Foundation Center, nuestro sitio web y guías impresas y electrónicas, han acudido a nosotros en busca de asistencia, más allá de la investigación, acerca de posibles fundaciones donantes para financiar su trabajo. Estas organizaciones necesitan ayuda para redactar la propuesta y asesoramiento sobre la manera adecuada de presentarla, dada la amplia variedad de políticas y preferencias de las fundaciones y empresas que realizan aportes filantrópicos. Para responder a esta necesidad, en 1993 encomendamos la redacción de esta guía a Jane C. Geever y Patricia McNeill, de la firma J.C. Geever, Inc., en función de su vasta trayectoria en la recaudación de fondos y su conocimiento de una gran variedad de donantes. A aquella primera edición siguieron varias, y la *Guía*, así como los seminarios que ofrecemos sobre la base de los consejos que aquí se brindan, han tenido un amplio eco entre nuestro público destinatario. La quinta edición incluye respuestas a una serie de preguntas formuladas a representantes de 40 fundaciones privadas en los Estados Unidos y fragmentos de propuestas reales que se presentan a modo de ejemplo.

Esperamos que esta guía para la redacción de propuestas resulte útil para todos aquellos que procuran obtener apoyo del mundo filantrópico. Apreciaremos los comentarios y las observaciones que deseen enviarnos respecto de este material.

Deseamos agradecer a las siguientes fundaciones que participaron en las entrevistas por su tiempo y sus valiosos comentarios:

David O. Egner, Presidente
Hudson-Webber Foundation
Detroit, Michigan

Elizabeth B. Smith, Directora Ejecutiva
The Hyams Foundation, Inc.
Boston, Massachusetts

Marilyn Gelber, Directora Ejecutiva
Independence Community Foundation
Brooklyn, Nueva York

Robert Crane, Presidente y Gerente
    General
JEHT Foundation
Nueva York, Nueva York

Bob Wittig, Director Ejecutivo
Jovid Foundation
Washington, Distrito de Columbia

Marvin H. McKinney, Director
    de Programa
W.K. Kellogg Foundation
Battle Creek, Michigan

Julie Brooks, Administradora
    de Donaciones
Anne Corriston, Directora de Programa
John Williams, Directora de Programa
John S. and James L. Knight Foundation
Miami, Florida

Christine Park, Presidenta
Lucent Technologies Foundation
Murray Hill, Nueva Jersey

Bruce Esterline, Vicepresidente
    de Donaciones
The Meadows Foundation, Inc.
Dallas, Texas

Rick Moyers, Director de Programa
Eugene and Agnes E. Meyer Foundation
Washington, Distrito de Columbia

Maria Mottola, Directora Ejecutiva
New York Foundation
Nueva York, Nueva York

Nancy Wiltsek, Directora Ejecutiva
The Pottruck Family Foundation
San Francisco, California

Rene Deida, Directora de Programa
The Prudential Foundation
Newark, Nueva Jersey

Marilyn Hennessy, Presidenta
The Retirement Research Foundation
Chicago, Illinois

David Ford, Director Ejecutivo
Richard and Susan Smith Family
    Foundation
Chestnut Hill, Massachusetts

Danah Craft, Vicepresidenta Primera,
Relaciones con el Gobierno y la
    Comunidad
SunTrust Bank, Atlanta Foundation
Atlanta, Georgia

Vincent Stehle, Director de Programa
Jonathan Goldberg, Administrador de
    Donaciones y Gerente de Sistemas
    de Información
Surdna Foundation, Inc.
Nueva York, Nueva York

E. Belvin Williams, Síndico
Turrell Fund
Montclair, Nueva Jersey

Además, agradecemos a las siguientes organizaciones sin fines de lucro cuyos directivos han tenido la gentileza de permitirnos incluir fragmentos de sus propuestas a modo de ejemplo:

The Ali Forney Center
Nueva York, Nueva York
Carl Siciliano, Director Ejecutivo

Arts & Business Council of Miami
Miami Beach, Florida
Laura Bruney, Directora Ejecutiva

Careers Through Culinary Arts
Nueva York, Nueva York
Michael Osso, Director Ejecutivo

Center for Alternative Sentencing and
    Employment Services
Nueva York, Nueva York
Joel Copperman, Presidente y Gerente
    General

Center for Black Women's Wellness
Atlanta, Georgia
Jamea Smith, Gerente General

The Children's Institute
Verona, Nueva Jersey
Bruce Ettinger, Director Ejecutivo

Common Ground
Nueva York, Nueva York
Roseanne Haggerty, Presidenta

Dress For Success Atlanta
Atlanta, Georgia
Elizabeth Kelly, Directora Ejecutiva

East Side House
Bronx, Nueva York
John Sanchez, Cofundador y
    Director Ejecutivo

Groundwork
Brooklyn, Nueva York
Richard R. Buery, Director Ejecutivo

Highbridge
Bronx, Nueva York
Brother Edward Phelan, Director Ejecutivo

King Manor Association of Long Island
Jamaica, Nueva York
Mary Anne Mrozinski, Directora Ejecutiva

National Industries for the Blind
Alexandria, Virginia
Karen Pal, Directora, Programa de Dirigentes
Empresariales

Neighbors Together
Brooklyn, Nueva York
Ed Fowler, Director Ejecutivo

Next Generation
San Anselmo, California
Roni Krouzman, Director Ejecutivo
    Fundador

Operation Exodus Inner City
Nueva York, Nueva York
Mathew Mahoney, Director

Ronald McDonald House of New York City
Nueva York, Nueva York
William Sullivan, Presidente y Gerente
    General

St. Ann School
Flushing, Nueva York
Robert DiNardo, Director

Sponsors for Educational Opportunity
Nueva York, Nueva York
William Goodloe, Presidente

South Asian Youth Action
Elmhurst, Nueva York
Annetta Seecharran, Directora Ejecutiva

WomensLaw.org
Brooklyn, Nueva York
Elizabeth Martin, Directora Ejecutiva

Youth Ensemble Atlanta
Atlanta, Georgia
Deborah Barber, Directora Ejecutiva

Palabras de la autora

La redacción de una propuesta es una parte esencial del proceso de recaudación de fondos. Sin embargo, puede resultar intimidante para el inexperto. No hay nada peor que situarse frente a la hoja en blanco o la pantalla de la computadora con la agobiante sensación de que existen muchísimas cosas que dependen del texto que uno debe escribir. No obstante, seguir los pasos del proceso que se describen en este libro le permitirá elaborar una propuesta con un mínimo de ansiedad.

Avance paso a paso. Logrará redactar propuestas atractivas y convincentes, que captarán el interés de fundaciones y empresas, y permitirán que su organización sin fines de lucro logre obtener un apoyo institucional.

Para la preparación de este libro, hemos entrevistado a diversos representantes de fundaciones y empresas a fin de descubrir qué esperan encontrar en una propuesta. Este material reafirma los pasos que describimos para escribir propuestas, al tiempo que presenta conceptos destacados acerca de la forma en que operan las instituciones filantrópicas en los Estados Unidos, los desafíos que deben enfrentar en la actualidad, y cómo responden a ellos. Esta perspectiva es una característica distintiva de este libro: refleja la realidad del proceso de recaudación de fondos desde el punto de vista de la fundación donante.

Los 40 representantes de instituciones que entrevistamos reflejan una combinación geográfica de entidades donantes locales y nacionales, así como fundaciones independientes, corporativas y comunitarias, además de entidades públicas de beneficencia. Algunas de las fundaciones que entrevistamos tienen muchos años de existencia. Otras son relativamente nuevas. Una de las fundaciones no cuenta con personal remunerado; algunas tienen al menos una persona contratada; y otras tienen muchos empleados.

A pesar de que las instituciones entrevistadas abarcan un espectro bastante amplio, es importante recordar que en los Estados Unidos existen alrededor de 68.000 fundaciones privadas y comunitarias con programas filantrópicos. En su mayoría no tienen empleados y, de hecho, son tan pequeñas que las pocas contribuciones locales que otorgan cada año suelen ser administradas por fiduciarios, abogados o familiares. Por este motivo, si bien los comentarios que se ofrecen en este libro no se aplican necesariamente a todas las fundaciones, estos brindan una pauta sobre cómo operan algunas de las fundaciones donantes más grandes y cómo evalúan las propuestas que reciben.

Elaboramos una serie de preguntas para las entrevistas a fin de recabar opiniones no sólo acerca de la redacción de propuestas sino también sobre todo el proceso de financiamiento y, en particular, sobre el impacto que la economía tiene sobre él. Las entrevistas se llevaron a cabo por teléfono sobre la base de un cuestionario. Se formularon preguntas respecto del contenido, la disposición, la extensión y la presentación que esperan hallar en las propuestas. Les preguntamos sobre la forma en que las propuestas captan y mantienen su atención, cuáles son las características de una propuesta exitosa y qué señales de advertencia surgen durante su lectura. Luego, conversamos acerca de sus procesos de auditoría y análisis de propuestas. Hicieron hincapié en las estrategias de seguimiento que deben ponerse en práctica una vez que la organización recibe una donación, los casos en que corresponde volver a presentar una propuesta rechazada y el modo de llevar a cabo esta nueva presentación. Además, les pedimos que describieran las tendencias que perciben en el entorno actual de los aportes institucionales.

El texto incluye la información y citas recabadas durante estas entrevistas. El Capítulo 14, "La perspectiva de las fundaciones", refleja lo esencial de estos encuentros. En este capítulo, el lector encontrará preguntas específicas que formulamos a cada uno de los representantes de las instituciones donantes con algunas de sus respuestas. La información presentada está diseñada para describir en forma general las perspectivas de las instituciones donantes acerca de la redacción de propuestas, más que para brindar al lector información acerca de fundaciones específicas. Las instituciones donantes que entrevistamos nos han contestado con franqueza. Todas han otorgado su autorización para que el Foundation Center cite sus respuestas.

Agradecimientos de la autora

Deseo agradecer especialmente al personal de J. C. Geever, Inc., en particular a Cheryl Austin, por su ayuda en la elaboración del manuscrito, y a Judith Margolin, Heather O'Neil, Elizabeth Chiappa, Jimmy Tom y Christine Johnson del Foundation Center, quienes colaboraron durante todo el proceso de elaboración y producción de esta guía.

Agradecimientos del Foundation Center

El Foundation Center agradece a Daniel Kelley y Lorena Rivas por compartir su tiempo, conocimiento y talento. Además, quiero agradecer especialmente a Inés J. Sucre por su valiosa asistencia editorial y su infatigable atención a los detalles.

Janet Camarena
Administradora, edición en español

Introducción

Si está leyendo este libro es porque probablemente ya haya decidido que las fundaciones formarán parte de su estrategia de recaudación de fondos. Debe tener en cuenta que, en su conjunto, las fundaciones y empresas proveen sólo un 16,8 por ciento de las donaciones privadas a instituciones sin fines de lucro [*Giving USA 2006*, publicado por Giving USA Foundation]. Sin embargo, su apoyo podría resultar vital para incrementar otros tipos de ingresos, facilitar nuevas iniciativas importantes, o simplemente promover la misión de su organización.

Desde los comienzos de la década de los noventa, la cantidad de fundaciones se ha más que duplicado, mientras que sus activos y donaciones se han más que triplicado. En 2004, las fundaciones tenían activos combinados de más de US$ 510.000 millones. En 2005, los aportes estimados alcanzaban un total aproximado de US$ 34.000 millones. En los próximos años, es probable que las fundaciones muestren un crecimiento constante de sus recursos, pese a que sus ganancias serán mucho más modestas que las registradas durante los años de auge hacia fines de la década de los noventa.

Lamentablemente, la competencia para obtener estos aportes institucionales también se ha acentuado. Se crearon numerosas entidades sin fines de lucro para responder a necesidades sociales que surgieron o se intensificaron durante los años noventa. A principios del siglo XXI, algunas de estas entidades sin fines de lucro dejaron de funcionar o se fusionaron con otras organizaciones similares. Como consecuencia de las reducciones en los fondos aportados por el Gobierno para servicios y actividades sin fines de lucro, varios grupos que antes dependían primordialmente de los fondos públicos acuden ahora a fuentes privadas para financiar sus actividades. Entretanto, las fundaciones privadas sufrieron reducciones considerables en sus propios activos debido a las pérdidas experimentadas en los mercados de valores. Según Giving USA Foundation, en comparación con las cifras correspondientes a los aportes institucionales, las donaciones realizadas en vida por particulares ascendieron a $199.070 millones en 2005, más de seis veces la suma donada por las fundaciones. (Los legados alcanzaron a $ 17.440 millones adicionales.) Lo que necesita para atraer donantes a su organización es una estrategia integral de recaudación de fondos que comprenda diversas fuentes y enfoques. Este libro se concentra en la forma de elaborar propuestas para obtener el apoyo de fundaciones y empresas. Es importante que exponga su historia con claridad, teniendo en cuenta los intereses de las personas a las que se dirige. Además, deberá identificar las posibilidades de establecer una alianza con los destinatarios de su propuesta.

La propuesta es parte de un proceso

El tema de este libro es la redacción de una propuesta. Pero la propuesta no es independiente. Debe formar parte de un proceso de planificación e investigación sobre las fundaciones y empresas, así como de acercamiento y promoción de vínculos con estas entidades.

Este proceso se basa en la convicción de que debe forjarse una alianza entre la fundación donante y la organización sin fines de lucro. Cuando se dedica demasiado tiempo a buscar instituciones donantes, es fácil olvidar que donar dinero también puede resultar complejo. De hecho, los fondos aportados por una fundación o empresa no tienen valor hasta que se destinan a programas bien concebidos en el sector de las entidades sin fines de lucro.

Esta es una verdadera asociación ideal. Las organizaciones sin fines de lucro tienen las ideas y la capacidad para resolver problemas, pero no cuentan con los fondos para llevarlas a cabo. Es posible que las fundaciones y empresas posean los recursos financieros, pero no siempre tienen los demás recursos necesarios para diseñar programas. La conjunción eficaz de ambos factores da como resultado una colaboración dinámica. A menudo, las fundaciones donantes pasan a integrar las organizaciones que reciben su apoyo. De esta manera, aumenta su interés y participación en las actividades de la entidad.

Karen Topakian, de la Agape Foundation, comenta: "No somos sus padres. No los vamos a reprender si no hacen algo ni nos sentiremos decepcionados por ustedes. Somos sus colegas y pares. Los trataremos de una manera profesional y esperaremos lo mismo a cambio. Sin duda estamos unidos en esto". E. Belvin Williams, del Turrell Fund, añade: "Esta es una relación de confianza. Las organizaciones sin fines de lucro deberían actuar con honestidad y sinceridad. No nos engañen. Hablen con franqueza. No exageren ni oculten la realidad. No nos digan lo que creen que queremos escuchar. Estén convencidos del valor de su trabajo. Todo lo que hacemos es facilitarles el dinero".

La búsqueda de fondos privados debe seguir un proceso gradual. Debemos recordar la advertencia que Nancy Wiltsek, de la Pottruck Family Foundation, nos hiciera en el pasado: "¡Cumplan con el proceso!". El éxito exige tiempo y empeño. Una vez que tenga una propuesta por escrito, podría tardar uno o más años en obtener los fondos necesarios para ponerla en práctica. Hasta una propuesta perfectamente escrita, presentada a la persona indicada, podría ser rechazada por diversos motivos.

La recaudación de fondos es una inversión para el futuro. Debe proponerse crear una red de fundaciones y empresas donantes, que en su mayoría realicen pequeñas donaciones con cierta regularidad y algunas de las cuales otorguen aportes considerables en forma periódica. Si sigue los diversos pasos del proceso con perseverancia, cada año podrá retener a la mayoría de sus donantes habituales y encontrar un justo equilibrio entre las idas y venidas de las instituciones que aportan importantes sumas de dinero. Esta guía describe las diferencias existentes entre el apoyo para actividades básicas y permanentes y el que se brinda para proyectos especiales. Por ahora, tenga en cuenta que cuando se trata de aportes anuales, se obtienen mejores resultados con los donantes corporativos y las pequeñas fundaciones familiares que con las fundaciones nacionales de mayor envergadura.

El proceso que recomendamos no es una fórmula que debe cumplirse a rajatabla. Se trata de un enfoque sugerido que puede adaptarse a las necesidades de cada organización sin fines de lucro y a las características particulares de cada caso. La recaudación de fondos es un arte, no una ciencia. Debe abordarla con creatividad y flexibilidad.

El siguiente ejemplo podría ilustrar estas afirmaciones. Es aconsejable conversar con la posible institución donante antes de presentar su propuesta. El propósito de su llamada consiste en comprobar la hipótesis que pudo deducir de su investigación acerca de la posible compatibilidad entre su organización y la institución donante. La ayuda de un miembro de la junta directiva, si es tan afortunado de tener tales contactos, en general no entrará en juego hasta una etapa más avanzada. Sin embargo, ¿qué hará si el director le informa que su socio es presidente de la junta directiva de una fundación con la que usted desea comunicarse? Él le ofrece presentar la propuesta directamente a su socio. Usted podría rechazar la oferta y trabajar arduamente en los siguientes pasos, o bien podría ser flexible en esta instancia y reconocer que las probabilidades de que su organización reciba fondos de esta fundación tal vez hayan aumentado de forma considerable. No tema arriesgarse.

Dada la importancia del proceso para lograr el éxito en la búsqueda de fondos para su organización, analizaremos cada paso en particular.

Primer paso: Establecer prioridades de financiamiento

En la fase de planificación, debe definir todas las prioridades de su organización y si buscará aportes de fundaciones o empresas. Lo ideal es determinar estas prioridades en una reunión de planificación anual. El resultado de la reunión debe ser un consenso sólido sobre las prioridades de financiamiento de su organización para el próximo año. Antes de buscar un apoyo importante en el sector privado, tendrá que decidir cuáles de las prioridades de financiamiento de su organización se traducirán en buenas propuestas. Luego, estos planes o proyectos se desarrollarán para crear propuestas de financiamiento y constituirán la base de su investigación sobre fundaciones y empresas donantes.

Segundo paso: Escribir la propuesta básica

Es importante que tenga al menos un borrador preliminar de su propuesta antes de continuar. Esto le permitirá tener claro para qué solicitará el apoyo de las fundaciones donantes. A fin de elaborar esta propuesta principal, necesitará reunir antecedentes detallados sobre el proyecto, seleccionar a la persona que redactará la solicitud y escribir los componentes que constituirán el documento, entre ellos, el resumen ejecutivo, el planteamiento de la necesidad a la que responde el proyecto, la descripción del proyecto, el presupuesto e información acerca de la organización.

Tercer paso: Elaborar el paquete de la propuesta

A esta altura, ya ha finalizado la fase preparatoria de su solicitud. Ha seleccionado los proyectos que impulsarán las metas de su organización. Ha escrito la propuesta básica, que en general será una propuesta sobre un "proyecto especial" o una variante, por ejemplo una campaña de recaudación de fondos para adquirir bienes de capital o constituir un fondo patrimonial.

Antes de que efectivamente pueda armar su documento y finalizarlo para su presentación, deberá adecuar su propuesta básica a las prioridades del donante específico. Una vez que haya cumplido con este paso, agregue una carta de presentación y, cuando corresponda, un apéndice. Preste cuidadosa atención a los componentes del paquete y la forma en que se organizan.

Cuarto paso: Buscar posibles donantes institucionales

Ya está listo para identificar a aquellas fuentes que tienen más probabilidades de financiar su propuesta. Deberá aplicar diversos criterios para elaborar su lista, entre ellos, la cobertura geográfica de las fundaciones y el interés que han demostrado en el tipo de proyecto para el que solicita los fondos. Este proceso de investigación le permitirá elaborar diferentes paquetes de propuestas de acuerdo con las pautas de cada fundación donante.

Quinto paso: Establecer contactos y cultivar vínculos con posibles fundaciones donantes

Este paso evitará presentaciones innecesarias o inoportunas. Dedicar tiempo para conversar con una fundación donante acerca de su organización y de la presentación de una propuesta determina el tono de una posible relación de apoyo para el futuro, *siempre que* la fundación demuestre al menos un mínimo interés en su proyecto. Este paso comprende el uso moderado de comunicaciones telefónicas o mensajes de correo electrónico, reuniones personales, contactos con los miembros de la junta directiva e informes escritos de actualización y situación. Cada forma de cultivar estos vínculos es sumamente importante y tiene su propio lugar en el proceso de recaudación de fondos. Su objetivo al asumir esta labor consiste en forjar una relación con la posible fundación donante y en brindarle información importante mientras su solicitud esté pendiente de resolución. Cultivar los vínculos de manera permanente mantiene presente el nombre de su organización ante la fundación o empresa. Al ayudar a la institución donante a conocer mejor a su grupo y sus programas, allanará el camino para obtener una respuesta positiva a su propuesta o, en caso contrario, para que la institución donante trabaje con usted en el futuro.

Sexto paso: Responder al resultado

Cualquiera que sea la decisión de la fundación o empresa, usted tendrá a su cargo el siguiente paso. Si la respuesta es positiva, un buen seguimiento es crucial para que un simple aporte se convierta en una verdadera alianza.

Lamentablemente, y aun después de haber cumplido con todos los pasos del proceso, las estadísticas demuestran que es muy probable que reciba un mensaje de correo electrónico o una llamada telefónica para informarle que su solicitud ha sido rechazada. El seguimiento también es esencial en este paso, ya sea para decidir si podría volver a intentarlo en otra oportunidad o con otra propuesta, o bien para saber cómo mejorar sus posibilidades de conseguir un aporte de otras entidades para su propuesta.

1

Para comenzar: Establecer una presencia y determinar las prioridades de financiamiento

Todas las organizaciones sin fines de lucro necesitan obtener fondos. Este es un hecho. Sin embargo, algunas organizaciones creen que su grupo debe parecer especial o hacer algo excepcional para acudir a fundaciones y empresas en busca de asistencia financiera. Esta idea es equivocada. Si su organización atiende una necesidad válida, es muy probable que esté en condiciones de solicitar el apoyo de una fundación o empresa.

Sin embargo, hay tres requisitos que deben cumplirse. Primero, su organización debe contar con una misión expresada por escrito. Segundo, su organización debe haber finalizado los trámites para obtener el reconocimiento oficial como entidad sin fines de lucro. De lo contrario, tendrá que identificar a un agente fiscal competente para recibir los fondos en su nombre. Por último, debe tener un programa viable, o logros o planes de servicio que respalden su misión.

Misión

Cuando se constituyó su entidad, los fundadores tuvieron una visión de las metas que alcanzaría. La misión es el resumen escrito de esa visión. Se trata de la declaración general de la que emanan todos los programas y servicios de su organización. Esta declaración le permite transmitir el entusiasmo por el propósito de su organización, en particular a las posibles instituciones donantes que aún no conocen su labor. Por cierto, para solicitar fondos, la fundación o empresa debe estar de acuerdo en que las necesidades planteadas son trascendentes.

Constitución como organización sin fines de lucro

La organización debe constituirse en el estado donde funciona. En la mayoría de los estados, esto significa que la entidad cuenta con un estatuto y una junta directiva. Es sencillo constituir una junta directiva con la colaboración de amigos y familiares. Sin embargo, una junta directiva más eficaz debe estar integrada por personas que se preocupen por la causa y deseen trabajar para que la organización alcance sus metas. Asistirán a las reuniones de la junta directiva, dedicando sus mejores aptitudes para tomar decisiones a fin de alcanzar el éxito. Prestarán servicios activos en comisiones. Brindarán respaldo financiero a su organización y lo ayudarán a captar fondos en su beneficio. Las posibles instituciones donantes buscarán este tipo de dedicación por parte de los miembros de la junta directiva.

En el proceso de constitución de una organización sin fines de lucro, deberá obtener una designación de la agencia federal que regula los impuestos de los Estados Unidos (*Internal Revenue Service* o IRS, por sus siglas en inglés) que autorice a su organización a recibir donaciones deducibles de impuestos. Esta designación se conoce como "calificación conforme al artículo 501(c)(3)". Los abogados son quienes por lo general realizan este trámite. Si bien el asesoramiento legal suele ser costoso, algunos abogados están dispuestos a brindar asesoramiento gratuito, o a un costo reducido, a favor de organizaciones que desean obtener la designación conforme al artículo 501(c)(3) de la IRS.

Una vez que su organización sin fines de lucro haya concluido el trámite de presentación de documentos, estará en condiciones de aceptar donaciones deducibles de impuestos. Aunque no haya obtenido la calificación conforme al artículo 501(c)(3), ni contemple solicitarla en el futuro cercano, la entidad podrá recaudar fondos. Será necesario que encuentre otra organización sin fines de lucro con la designación apropiada de la IRS que desee actuar como agente fiscal para los aportes que reciba su organización. Veamos cómo funciona esta alternativa. El contacto primario será entre su organización y la fundación donante. Sin embargo, la segunda organización deberá hacerse cargo de la administración de los fondos y la presentación de informes financieros. La institución donante requerirá una declaración formal por escrito de la organización que actúe como agente fiscal. En general, el agente fiscal cobra a la organización un honorario por este servicio.

Programas viables

Las posibles donantes institucionales desearán conocer los programas que ya se encuentran en curso. Invertirán en el futuro de su organización sobre la base de sus logros en el pasado. Usted empleará la propuesta para brindar a las fundaciones donantes información acerca de las metas que ha alcanzado. Tenga en cuenta que también deberá poder demostrar estos logros en caso de que representantes de las fundaciones donantes deseen realizar una visita personal en el lugar.

Si su organización es completamente nueva o la idea que propone aún no ha sido probada, el curso que contemple adoptar debe ser claro e inequívoco. Es necesario que su plan sea factible y convincente. La experiencia de las personas que participen en el mismo debe ser pertinente. Estos factores sirven como antecedentes cuando la organización aún no cuenta con ellos. Las fundaciones donantes suelen estar dispuestas a aventurarse a una nueva idea, pero asegúrese de poder documentar la importancia del concepto y la fortaleza del plan.

Como sucede con la gente, las fundaciones tienen distintos niveles de tolerancia frente al riesgo. Algunas invertirán en una organización desconocida porque el proyecto propuesto parece especialmente innovador. Sin embargo, la mayoría desea tener la certeza de que su dinero se destinará a una organización con líderes fuertes que hayan demostrado ser capaces de poner en práctica el proyecto presentado.

Lo que verdaderamente marca la diferencia para la posible institución donante es que su organización sin fines de lucro tenga una orientación clara y lleve a cabo, o contemple poner en práctica, programas trascendentes para nuestra sociedad. Usted debe ser capaz de visualizar programas atractivos y expresarlos en su propuesta. Si cuenta con estos tres elementos, está listo para captar fondos de fundaciones y empresas.

Determinar las prioridades de financiamiento

Una vez que su organización tenga una presencia establecida, el primer paso del proceso de elaboración de la propuesta consiste en determinar las prioridades de la institución. Sólo después de cumplir con este paso usted podrá seleccionar el proyecto o las metas correctas para transformarlas en una propuesta.

Sus prioridades

Hay una sola regla en este proceso: empiece por las necesidades de su organización y luego busque donantes dispuestos a contribuir. No comience con las prioridades de una institución filantrópica ni trate de elaborar un proyecto que se adapte a ellas. Darle demasiada importancia a conseguir apoyo financiero tiene poco sentido desde el punto de vista de la recaudación de fondos, del diseño del programa, o del desarrollo de la organización.

Cuando se elabora un programa adaptado a las necesidades de una institución donante, el resultado es un proyecto con defectos elementales. En primer lugar, es muy probable que los aportes obtenidos sólo sirvan para financiar parte del proyecto. Su organización se enfrentará al dilema de financiar el resto. Además, resultará difícil manejar el proyecto como parte de su programa general sin alterar el resto de sus actividades. Tal vez sea necesario desviar el escaso tiempo del personal y los aún más escasos fondos operativos de las prioridades que ya ha determinado. En el peor de los casos, el proyecto podría entrar en conflicto con la misión de su organización.

Comenzar con una sesión de planificación

La sesión de planificación es una excelente forma de identificar las prioridades para las que buscará donaciones y de obtener un consenso al respecto en toda la organización. Los directores, voluntarios y empleados clave, si su organización tiene personal remunerado, deben reunirse para conversar durante varias horas. Normalmente, esta reunión se llevará a cabo cuando se elabora el presupuesto para el siguiente año fiscal. En todo caso, la reunión no podrá realizarse hasta que se hayan definido el plan y las prioridades generales de su organización.

El orden del día para la sesión de planificación es simple. Con las necesidades de su organización y la dirección de los programas claramente establecidas, será preciso determinar qué programas, necesidades o actividades pueden presentarse en forma de propuesta ante las posibles instituciones donantes.

Aplicar criterios de financiabilidad

Antes de continuar con el diseño de la propuesta, evalúela basándose en los siguientes criterios clave:

1. *La necesidad de los fondos no puede ser urgente.* Las fundaciones donantes requieren tiempo para decidir sobre sus aportes. Si la fundación o empresa donante no conoce a su organización, es probable que necesite un período de tiempo para cultivar vínculos con ella.

   El financiamiento total de un programa nuevo podría llevar varios años, salvo que ciertas fundaciones donantes ya hayan demostrado interés en él. Si es necesario que su nuevo programa comience de inmediato, tal vez las fundaciones y empresas no sean las fuentes más lógicas para financiarlo. Quizá deba comenzar con fondos aportados por particulares, iglesias o grupos cívicos, con ingresos obtenidos por la organización o su propio presupuesto operativo, o bien demorar el lanzamiento hasta tener aseguradas las contribuciones de una fundación o empresa.

Los proyectos que ya se encuentren en marcha y hayan recibido donaciones de fundaciones y empresas tienen mejores oportunidades de atraer más aportes al cabo de algunos meses de la presentación de la solicitud. Sus antecedentes le brindarán a la nueva institución donante una forma sencilla de determinar si su organización sin fines de lucro es capaz de producir resultados.

2. ***Para la mayoría de las fundaciones y empresas donantes, los proyectos específicos suelen ser más interesantes que las solicitudes para necesidades operativas generales.*** El proceso de recaudación de fondos puede ser muy frustrante para las organizaciones sin fines de lucro que necesitan dinero para mantener sus puertas abiertas y sus programas y servicios básicos en funcionamiento. Sin embargo, no cabe duda de que es más fácil que las fundaciones o empresas hagan aportes cuando los fiduciarios pueden comprobar el destino preciso de los fondos, y cuando resulta más sencillo evaluar el éxito de su inversión.

Tenga en cuenta las inquietudes de las fundaciones y empresas sobre este tema al elaborar las propuestas que les presentará. Es posible que deba interpretar la labor de su organización de acuerdo con sus funciones particulares. Por ejemplo, una organización sin fines de lucro se vale de voluntarios para abogar ante los tribunales a favor de los niños que se encuentran en el sistema de hogares adoptivos. La meta de la organización consiste en lograr soluciones permanentes para las situaciones que enfrentan esos niños. Cuando esta organización obtuvo aportes de fundaciones y empresas, lo hizo para el financiamiento general de su programa. Ante la renuncia de las instituciones donantes a seguir brindando apoyo general tras la puesta en práctica del programa, el personal comenzó a redactar propuestas relacionadas con aspectos específicos de las actividades de la organización, tales como reclutamiento y capacitación de voluntarios, defensa y promoción de derechos. Esto facilitó que las fundaciones continuaran financiando actividades permanentes de carácter esencial.

Algunas fundaciones brindan apoyo general operativo. En caso de que sus prioridades de financiamiento no puedan presentarse en forma de proyectos, podrá hacer uso de guías impresas y electrónicas, sitios en la red, informes anuales, los formularios 990-PF de cada fundación y demás recursos que se describen en este libro. De esta manera, se dirigirá a aquellas entidades con posibilidades concretas de brindar apoyo operativo y anual. Como alternativa, es posible que los fondos generales operativos de la organización deban provenir de fuentes que no sean fundaciones.

3. *El apoyo de donantes particulares y/u organismos gubernamentales podría constituir una mejor fuente de financiamiento de algunas de las prioridades para las que solicita fondos.* Además, contar con una base diversa de apoyo financiero resulta beneficioso para el bienestar económico de su organización y es importante para las fundaciones y empresas a las que se dirige. Las fundaciones donantes analizan la sustentabilidad de las organizaciones sin tener en cuenta sus propias donaciones. En general, el apoyo de las fundaciones y empresas no reemplazará a las donaciones de particulares captadas a través de solicitudes personales, eventos especiales, correo directo y/o ingresos obtenidos por honorarios o contribuciones de miembros.

Usted conoce las prioridades de su organización. Ha determinado cuáles de ellas deben presentarse ante fundaciones y empresas en forma de propuestas. Ya está listo para comenzar a escribir la propuesta.

2

Elaboración de la propuesta: Preparación, consejos de redacción y descripción general de sus componentes

Una de las ventajas de preparar su propuesta antes de dirigirse a las fundaciones donantes es que así habrá contemplado todos los detalles. Tendrá las respuestas para casi todas las preguntas que podrían formularle acerca del proyecto.

Luego, podrá adaptar su propuesta básica con una carta personalizada de presentación y revisiones o ajustes al documento para reflejar las coincidencias entre los intereses de cada fundación donante y su organización. Si un posible donante requiere un formulario de solicitud por separado, será mucho más fácil responder a las preguntas una vez que haya contemplado todos los detalles de la propuesta básica.

Recopilación de información

El punto de partida para escribir una propuesta consiste en reunir la documentación adecuada. Para ello, necesitará recopilar antecedentes en tres áreas: concepto, programa y gastos.

En caso de que esta información no esté disponible, escoja a la persona que lo ayudará a recopilar cada tipo de datos. Si usted es miembro de una pequeña organización sin fines de lucro que no cuenta con empleados, lo más fácil sería elegir a un miembro de su junta directiva con conocimiento del tema. Si, por el contrario, usted trabaja para una organización grande, es muy probable que haya personal capacitado en el área de programas y apoyo financiero que le brindará el apoyo necesario. Una vez que sepa a quién asignarle esta responsabilidad, identifique todas las preguntas a formular.

Este proceso de recopilación de datos permite que la redacción sea mucho más fácil. Además, si incluye a otros actores en el proceso, logrará que las personas clave dentro de su organización consideren con seriedad el valor que el proyecto tiene para la organización.

CONCEPTO

No sólo es importante que usted comprenda bien cómo encaja el proyecto dentro de la filosofía y misión de la organización. También es fundamental que las necesidades que aborda la propuesta estén documentadas. Estos conceptos deben estar expresados con claridad en la propuesta. Para las fundaciones es importante saber si el proyecto afianza el objetivo general de la organización y tal vez sea necesario demostrarles que el propósito del proyecto es convincente. Con este fin, será necesario reunir datos precisos acerca de su organización y de las necesidades a las que responderá su proyecto. Así podrá documentar sus argumentos.

PROGRAMA

La siguiente es una lista de control de la información que se requiere acerca del programa:

- la naturaleza del proyecto y el método para ponerlo en práctica;
- la cronología del proyecto;
- los resultados esperados y el método de evaluación de los resultados; y
- los requisitos de personal y voluntarios, incluso empleados actuales y nuevos.

GASTOS

No podrá saber cuáles son todos los gastos del proyecto hasta que haya logrado definir los detalles del programa y su cronología. Por este motivo, la recopilación de los principales datos financieros se lleva a cabo una vez redactada la parte descriptiva de la propuesta. Sin embargo, en esta etapa se aconseja elaborar un bosquejo preliminar del presupuesto para cerciorarse de que haya una relación razonable entre costos y resultados esperados. Si considera que los costos son muy altos, aun sabiendo que este presupuesto podrá ser financiado por una fundación, deberá reducir sus planes o replantearlos para eliminar los gastos menos eficaces en función de los costos.

Decida quién redactará la propuesta

Mientras recopila datos, puede definir quién se encargará de escribir el documento. Tal vez decida pedirle a otra persona que lo redacte. Esta es una decisión difícil. Cuando el empleado que ha identificado como el posible autor del primer borrador debe dejar de lado otra actividad más importante, asignarle esta tarea podría ser perjudicial para la organización. Por este motivo, considere si hay algún otro miembro del personal con habilidad para escribir o deseos de aprender que sólo tenga que interrumpir tareas rutinarias.

Si ninguno de sus empleados tiene la capacidad y el tiempo para asumir la tarea, la elección de un voluntario o miembro de la junta directiva podría ser una excelente alternativa. Identifique a alguien que conozca a la organización y escriba bien. Dedicará bastante tiempo para explicarle a la persona elegida qué tipo de documento necesita. A la larga, este puede ser un tiempo bien aprovechado porque contará con un voluntario capacitado en la redacción de propuestas.

Si esta persona es parte de su personal remunerado o voluntario, todo está listo. La información para la propuesta se ha recopilado y puede comenzar a trabajar. En caso de que no encuentre a alguien de esta manera, tendrá que recurrir a una persona que no pertenezca a la organización. Antes de optar por esta alternativa, tenga en cuenta que las propuestas más exitosas suelen ser las de "cosecha propia", aunque no sean perfectas. Una propuesta demasiado bien lograda que se note que fue escrita por una persona ajena a la organización tal vez tenga un efecto contraproducente en las fundaciones donantes.

Por otro lado, si bien un integrante de su organización siempre la conocerá mejor que un consultor, las personas que no pertenecen a la entidad podrían aportar objetividad al proceso y escribir con más facilidad, en especial una vez finalizada la etapa de recopilación de datos. Si decide contratar los servicios de un asesor, deberá preparar una lista de posibles consultores, entrevistar a los principales candidatos, verificar referencias y elegir a quien considere adecuado.

Es aconsejable firmar un contrato con el consultor que refleje de manera adecuada el acuerdo alcanzado. Este documento debe incluir:

- una descripción detallada de las tareas que llevará a cabo el consultor;
- la fecha de entrada en vigencia y finalización del contrato;

- una cláusula de cancelación que podrá ejercitar cualquiera de las partes mediante un aviso previo determinado, en general no inferior a 30 días ni superior a 90 días;

- una cláusula en la que se manifieste que la organización será titular de la propuesta a elaborar;

- los honorarios que percibirá el consultor y la fecha en que deben pagarse (tal vez deba sujetarlo a la entrega del producto o a la finalización de tareas específicas);

- detalles sobre el reembolso de gastos menores o un adelanto para posibles gastos del consultor; y

- una cláusula que disponga que el contrato debe ser firmado por el consultor y por un ejecutivo de la organización sin fines de lucro.

De ser posible, su organización debe contratar los servicios de un asesor legal para elaborar el contrato. Como mínimo, un abogado debe revisar el documento para analizar si los intereses de la organización están protegidos. Busque asesoramiento legal gratuito, si fuera necesario. Recuerde que los acuerdos verbales no son obligatorios para las partes: haga constar todo por escrito.

Consejos para redactar la propuesta

Cualquiera que sea la persona que escriba la propuesta, las solicitudes de fondos filantrópicos son documentos únicos. No se parecen a ningún otro tipo de escrito.

Para muchas organizaciones que buscan aportes filantrópicos, la propuesta es la única oportunidad de comunicarse con una fundación o empresa. El documento escrito es lo único que queda en poder de la fundación donante una vez que se llevaron a cabo todas las reuniones y conversaciones telefónicas. Debe explicarse por sí misma y reflejar la imagen general de la organización. Su propuesta brindará al donante institucional información sobre el proyecto y la organización y tiene que motivarlo a realizar la contribución.

Dedique a la elaboración de su propuesta la misma atención que dedicó al diseño del proyecto y la que planea aplicar a su implementación. Ha destinado una considerable cantidad de tiempo para definir las prioridades de la recaudación de fondos y recopilar la información adecuada para la propuesta. Esta información debe organizarse minuciosamente en un todo integral que describa el proyecto de su institución de la forma más atractiva posible para la fundación donante.

Existen normas básicas de redacción, algunas de las cuales se aplican en forma exclusiva a las propuestas a presentar ante fundaciones y empresas. A continuación, ofrecemos algunos consejos que podrían resultar útiles para la persona encargada de escribir el documento.

ORDENE SUS IDEAS

La propuesta debe presentar ideas clave de una manera ágil y sencilla. Es vital que la redacción sea clara para que otras personas comprendan su proyecto y éste despierte su entusiasmo. Será difícil lograrlo si antes no aclara sus ideas.

Esto conlleva la identificación del punto central de su propuesta. A partir de allí, los demás puntos deben surgir con facilidad. Una vez que haya pensado detenidamente en los conceptos amplios de la propuesta, estará en condiciones de redactar un bosquejo.

ELABORE UN BOSQUEJO DE LO QUE DESEA TRANSMITIR

Usted entiende la necesidad del programa. Ya ha recopilado los datos sobre la manera en que se desarrollará en caso de que reciba el financiamiento necesario. Ha identificado los puntos de referencia para alcanzar el éxito y las necesidades financieras. Con esta información, describa qué debe decir y en qué orden. Si se toma el tiempo para preparar este bosquejo, el proceso de redacción será mucho más fácil y logrará una propuesta más contundente. No se apresure a escribir un documento sin un bosquejo previo. Esto podría causar frustración, confusión y fallas en la exposición de la propuesta.

NO USE JERGA

La jerga confunde al lector y entorpece su capacidad para comprender lo que usted quiere decir. Además, interfiere en su estilo y podría considerarse una actitud presuntuosa. Con todo lo que se pone en juego al escribir una propuesta, vale la pena evitar palabras (y abreviaturas) poco conocidas. Escoja los términos más adecuados para transmitir su mensaje con precisión.

SEA CONVINCENTE, PERO NO EXAGERE SU EXPOSICIÓN

Son personas las que donan a otras personas. Su propuesta debe presentar información y, a la vez, destacar el factor humano. Personifique el problema. Ilustre su historia con ejemplos. Aclare su perspectiva a fin de que el donante pueda compartirla con usted. No tema humanizar los materiales una vez que haya presentado los hechos. Sin embargo, no debe suponer jamás que su redacción es tan convincente que los detalles programáticos son innecesarios. Varios donantes entrevistados para esta guía mencionaron que prefieren ejemplos de la vida real para realzar el texto de una propuesta. Nancy Wiltsek, de la Pottruck Family Foundation, comenta: "Cuente su historia y aválela con datos. Quiero que la propuesta sea personalizada, pero breve". Por su parte, Matthew Klein, de la Blue Ridge Foundation de Nueva York, explica: "Las mejores propuestas no se limitan a describir un problema muy específico. También aportan una solución adaptada al caso concreto para hacer frente a los elementos particulares de ese problema. El lector debe percibir que hay probabilidades de que la organización tenga una repercusión positiva si hace lo que describe. Muchas propuestas incurren en el error de ser muy generales en la descripción de los problemas que enfrentan y, en consecuencia, las soluciones que proponen son menos plausibles".

Intente ser realista al presentar su caso. No deje que su entusiasmo lo lleve a exagerar la necesidad, los resultados esperados o los datos básicos acerca de su organización. Es peligroso prometer más de lo que se puede cumplir. Quien analice la propuesta hará preguntas y esto podría perjudicar la credibilidad de la organización frente al donante. Peor aún: si la propuesta recibe financiación y los resultados no están a la altura de las expectativas exageradas, se pondrá en riesgo el apoyo futuro.

SIMPLIFIQUE

En el pasado, los que recaudaban fondos creían que cuanto más extenso fuera el documento y más detalles tuviera, mejor era la propuesta y podrían solicitar más dinero. Hoy en día, las fundaciones y empresas valoran las ideas presentadas de manera concisa. Elimine el palabrerío. Simplemente presente las ideas clave.

GENERALICE

A medida que avanza en el proceso de recaudación de fondos, puede dirigirse a otras posibles fundaciones donantes con la misma propuesta u otra similar. Por este motivo, conviene preparar una propuesta básica que, con ciertas adaptaciones, pueda presentarse ante diversas entidades. En la actualidad, algunas instituciones donantes incluso aceptan la presentación de propuestas por Internet.

En ciertas zonas del país, algunos grupos de fundaciones han convenido en adoptar un formulario de solicitud común. Averigüe si existe un formulario modelo en su zona y si el donante al que se dirige acepta propuestas por esta vía. El mismo proceso de investigación minuciosa que se emplea para identificar posibles donantes institucionales debe llevarse a cabo para comunicarse con aquellos que aceptan formularios de solicitud comunes. Encontrará modelos de formularios de solicitud en la página web del Foundation Center en www.foundationcenter.org.

Componentes de una propuesta

Resumen ejecutivo:	Presentación de la idea principal del proyecto y resumen de la propuesta	una página
Necesidad a la que responde el proyecto:	Razón por la cual el proyecto es necesario	dos páginas
Descripción del proyecto:	Descripción detallada de la forma en que se implementará y evaluará el proyecto en la realidad	tres páginas
Presupuesto:	Descripción financiera del proyecto y notas explicativas	una página
Información sobre la organización:	Historia y estructura de gobierno de la organización; sus principales actividades, destinatarios y servicios	una página
Conclusión:	Resumen de las ideas principales de la propuesta	dos párrafos

REVISE Y CORRIJA

Una vez que haya finalizado la propuesta, guárdela por un tiempo. Al cabo de uno o dos días, reléala con objetividad, en lo posible. Busque la lógica de sus argumentos. ¿Existen vacíos? Analice la elección de las palabras y revise la gramática. Victoria Kovar, de la Cooper Foundation, nos recuerda: "Los detalles son importantes en el documento. Tómese un descanso. Pídale a otra persona que revise el documento. Apártelo en la medida que pueda o deje que otro lo revise. Verifique la ortografía y gramática. Controle si los números suman y si coinciden con la documentación respaldatoria". Lita Ugarte, de The Community Foundation for Greater Atlanta, agrega: "Pídale a otra persona que lea su solicitud. Asegúrese de que tenga sentido y que no contenga errores gramaticales". Tal como sugieren las fundaciones donantes, permita que alguien más lea el documento. Seleccione a alguien con buenas aptitudes de comunicación capaz de señalar puntos poco claros y de plantear preguntas sin respuesta. Solicite una revisión crítica del caso y del flujo narrativo. Este último paso será el más útil para cubrir vacíos, eliminar la jerga y realzar el impacto general del documento.

Un documento bien elaborado debe ser el resultado de todas las horas dedicadas a recolectar información, pensar y analizar minuciosamente, escribir y reescribir. Carol Robinson, ex directora ejecutiva del Isaac H. Tuttle Fund, nos brindó un parámetro ideal a alcanzar, que aún conserva toda su elocuencia: "Para mí, una propuesta es una historia. El autor le habla al lector y le cuenta una historia, algo que quiere que visualice, escuche o sienta. Debe tener una dimensión, una forma y un ritmo y, sí, debe 'cantar'". (Carta privada, 30 de diciembre de 1985)

En los siguientes capítulos, se ofrecen varios ejemplos para ilustrar mejor los aspectos hasta aquí desarrollados. Todos ellos se han extraído de propuestas reales y se reproducen con autorización de la organización que los elaboró. A fin de que el diseño del libro sea lo más directo posible, estos ejemplos no se reproducen en todos los casos en su formato original.

No existen dos propuestas idénticas en su ejecución, ni una sola propuesta que sea perfecta. De hecho, algunos de los ejemplos que presentamos contienen fallas. Estos ejemplos se utilizan para destacar un aspecto específico, pero todos ilustran un punto más general: lo esencial es la flexibilidad del escritor de la propuesta. En una propuesta exitosa, la naturaleza de los problemas abordados suele prevalecer sobre su formato.

En el Apéndice A, podrá consultar el modelo completo de una propuesta.

3

Elaboración de la propuesta:
El resumen ejecutivo

La primera página de la propuesta es la parte más importante de todo el documento. Ella ofrece al lector una imagen de lo que se presentará a continuación. En particular, resume toda la información clave y constituye un documento promocional diseñado para convencer al lector de que vale la pena considerar un apoyo financiero para este proyecto. Es fundamental incluir:

El problema. Uno o dos párrafos breves sobre el problema o la necesidad que su organización ha identificado y que está preparada para atender.

La solución. Una descripción concisa, de uno o dos párrafos, del proyecto, que incluya sus actividades, la cantidad de personas que se beneficiarán con el programa, cómo y dónde funcionará, por cuánto tiempo y el personal que lo pondrá en práctica.

Los fondos requeridos. Una explicación breve, de un párrafo, sobre la cantidad de dinero requerido para el proyecto y cuáles son sus planes para recaudar fondos en el futuro.

La organización y su experiencia. Escriba en un párrafo el nombre, la historia, la misión y las actividades de su organización, así como la capacidad que tiene para llevar a cabo el proyecto.

¿Cómo se utilizará el resumen ejecutivo? Primero, en el análisis inicial de su solicitud, le permitirá a la institución donante determinar si la propuesta está dentro de sus pautas. Luego, suele enviarse a otros miembros del personal o de la junta directiva para que les sirva de ayuda en su análisis general de la solicitud. Si no incluye un resumen, tal vez alguien de la oficina de la fundación donante lo haga por usted y recalque los aspectos erróneos.

Un consejo: es más fácil escribir el resumen ejecutivo *al final*, ya que tendrá sus argumentos y puntos clave bien presentes. Además, debe ser conciso. Lo ideal es que el resumen no exceda de una página o 300 palabras.

A continuación, se incluye un ejemplo de resumen ejecutivo, extraído de una propuesta presentada por East Side House a la Altman Foundation. El resumen identifica de forma inmediata la solicitud de apoyo financiero. Explica con claridad por qué se requiere una mejor evaluación y qué hará el consultor. Además, habla acerca de la organización.

Resumen Ejecutivo

East Side House solicita un aporte filantrópico de $75.000 a la Altman Foundation para contratar a un consultor de evaluación. Este consultor creará un modelo de evaluación formal que se utilizará en todos los programas de East Side House. Para brindar un mejor servicio a sus destinatarios, East Side House procura crear un método sistemático de evaluación para toda la organización, destinado a atender las necesidades particulares de nuestra población estudiantil diversa y los diferentes programas que ofrecemos. Un consultor externo:

- aportará probada experiencia en la evaluación de organizaciones que proveen servicios múltiples para jóvenes en Nueva York, y
- brindará un enfoque eficaz y eficiente para evaluar los numerosos programas educativos de East Side House, los cuales ofrecen servicios a miles de personas.

Este sistema de evaluación mejorará la eficacia general de todos nuestros programas, nuestra capacidad para comunicar los logros de los participantes y, en última instancia, nuestra posibilidad de aprovechar al máximo los aportes de otras fuentes.

East Side House Settlement, fundada en 1891, es una de las organizaciones sin fines de lucro de servicio comunitario más antiguas y prestigiosas de la ciudad de Nueva York. Gracias a la intensa dedicación de su junta directiva

---

y un creativo equipo profesional, East Side House cuenta con la experiencia y estabilidad para desarrollar, poner en práctica, evaluar y mantener programas innovadores que rompen con los modelos genéricos para adaptarse a las necesidades particulares de la comunidad de Mott Haven en el sur del Bronx. Cada año, East Side House brinda servicios a más de 8.000 niños, adolescentes, adultos y personas de edad avanzada en 16 sedes del programa. Siempre hemos tenido el compromiso de mejorar la calidad de vida de los habitantes. Nuestros esfuerzos tienen su fundamento en los logros educativos, tal como lo establece nuestra misión:

> "East Side House es un recurso comunitario del sur del Bronx. Creemos que la educación es la clave que permite a todos crear oportunidades económicas y cívicas para sí mismos, para sus familias y sus comunidades. Nos concentramos en períodos cruciales del desarrollo, es decir, la primera infancia y la adolescencia, y en momentos clave de la vida, en los que las personas resuelven alcanzar su independencia económica. Enriquecemos, complementamos y mejoramos el sistema escolar público y ponemos la educación universitaria al alcance de alumnos motivados. Brindamos servicios a las familias para que otros de sus integrantes cumplan sus metas educativas. Ofrecemos formación tecnológica y profesional para que los alumnos puedan mejorar su situación económica y llevar una vida mejor."

Mott Haven está situado en el corazón del distrito electoral más pobre del país. Se trata de un barrio colmado de personas que cada día deben enfrentar los problemas de la vida urbana: pobreza, desempleo, bajo rendimiento escolar, drogas y pandillas. Es también una comunidad promisoria, con dinámicas y orgullosas culturas latinas y afroamericanas, padres que sueñan con un futuro mejor para sus hijos, y niños que desean ver esa promesa cumplida.

Un sistema de evaluación más cohesivo permitirá a East Side House realizar el seguimiento de las mejoras de los participantes e identificar las modificaciones que deben realizarse en el plan de estudios de cada programa para atender las necesidades de nuestros participantes en forma más cabal. Un modelo de evaluación más sólido asegurará que cada uno de nuestros participantes reciba los servicios educativos y otros servicios de apoyo necesarios para obtener todos los beneficios de nuestros programas y combatir el ciclo destructivo de pobreza que marca tantas vidas en Mott Haven.

Este segundo ejemplo fue presentado por Groundwork a The Frances L. & Edwin L. Cummings Memorial Fund. Una vez más, se destaca la solicitud a la institución filantrópica. Contiene una explicación sencilla del proyecto, las razones que motivan la solicitud e información acerca de la organización que solicita los fondos.

Resumen Ejecutivo

En diciembre del año 2004, el Cummings Memorial Fund realizó un aporte filantrópico de $30.000 a Groundwork para contratar a un consejero adicional (trabajador social) de tiempo completo. Con estos fondos, Groundwork ha podido contratar a la Sra. Jamali Moses como coordinadora de servicios de apoyo de tiempo completo. En la actualidad, Groundwork cuenta con dos consejeros que supervisan a seis asistentes sociales médicos, alumnos pasantes de psicología y/u orientación. Todos ellos brindan servicios de apoyo a los niños y familias de Groundwork. Groundwork procura obtener una nueva contribución de The Frances L. & Edwin L. Cummings Memorial Fund por la suma de $40.000 para financiar el salario de la coordinadora de servicios de apoyo por un año adicional.

La misión de Groundwork, entidad fundada a comienzos del año 2002, consiste en ayudar a los jóvenes que viven en comunidades urbanas de extrema pobreza a desarrollar sus fortalezas, habilidades, talentos y aptitudes a través de programas eficaces de aprendizaje basado en la experiencia y programas de trabajo. Según nuestra visión, los jóvenes que crecen en los barrios a los que brindamos servicios deben tener la misma oportunidad de llevar un buen nivel de vida que quienes no crecieron en un vecindario de escasos recursos. Para nosotros, un buen nivel de vida significa que, al llegar a la edad adulta, la persona pueda responder "Sí" a tres preguntas:

- "¿Es feliz?"
- "¿Se siente económica y físicamente seguro?"
- "¿Ha podido elegir verdaderamente el curso de su vida?"

Groundwork tiene su sede en East New York, un barrio físicamente aislado en la zona este de Brooklyn, donde más del 70 por ciento de los niños nacen en la pobreza. Empleamos un enfoque geográfico para trabajar con los jóvenes y sus familias: identificamos zonas de entre diez y quince cuadras con altas tasas de personas que viven en la pobreza (por lo general, viviendas de desarrollo social o vecindarios similares) y elaboramos programas para brindar servicios a un porcentaje considerable de familias que viven en esas zonas.

Creemos que este enfoque nos permite potenciar la repercusión positiva y el alcance de nuestros servicios. Al alcanzar a muchos niños en una zona pequeña y bien definida, Groundwork podría lograr un impacto favorable en la cultura de los jóvenes de toda esa comunidad.

Los niños que crecen en la zona este de la ciudad de Nueva York enfrentan numerosos obstáculos para su desarrollo personal. Las tasas de pobreza y violencia son considerablemente más elevadas que en otros barrios de la ciudad de Nueva York. Las disparidades de salud que afectan a este barrio son numerosas e incluyen altas tasas de SIDA, obesidad infantil y enfermedades mentales. Groundwork estima que entre el 70 y el 80 por ciento de los participantes de Groundwork ha sufrido un trauma infantil, tales como la separación de sus padres, pérdida, abuso y abandono. Sin intervención, estos niños caerán en el devastador ciclo de su entorno.

El Centro de Recursos Familiares de Groundwork, antes denominado Programa de Servicios de Apoyo, ofrece ayuda a niños y familias al brindar servicios de orientación individual, grupal y familiar, terapia de juego, apoyo para el manejo del salón de clases e intervención en casos de crisis. En el transcurso del año, la Sra. Moses ha permitido a Groundwork comenzar a ofrecer servicios de orientación familiar como componente formal del programa, aumentar el porcentaje total de niños a los que se ofrecen servicios a través del Centro de Recursos Familiares, intensificar las actividades de alcance comunitario, poner en práctica nuevas iniciativas tales como Fresh Start, y fortalecer las relaciones con las escuelas públicas a las que asisten los alumnos de

Si bien ninguno de estos ejemplos contiene todos los elementos del resumen ejecutivo ideal, ambos plantean el caso de manera atractiva para el lector.

4

Elaboración de la propuesta: Necesidad a la que responde el proyecto

Si después de leer el resumen, el representante de la fundación continúa leyendo, ya despertó su interés. El próximo paso será reforzar este interés inicial, describiendo el problema y cómo el proyecto podrá remediarlo.

El planteamiento de la necesidad le permitirá al lector conocer más a fondo los temas tratados. Presenta los hechos y las pruebas que fundamentan la necesidad de desarrollar el proyecto, y revela que la organización comprende los problemas y es capaz de resolverlos de forma razonable. La información empleada para respaldar el caso podría provenir de expertos en el tema y de la propia experiencia de la organización.

La sección correspondiente al planteamiento de la necesidad debe ser concisa, aunque persuasiva. Para expresar bien las ideas, es aconsejable organizar primero todos los argumentos y luego presentarlos en una secuencia lógica que convenza al lector de la importancia de abordar este proyecto. Al organizar los argumentos, tenga en cuenta los siguientes seis puntos.

Primero, decida qué datos o estadísticas apoyan mejor al proyecto. Asegúrese de que los datos que presente sean correctos. No hay nada más incómodo que la institución donante señale que la información es incorrecta o está desactualizada. Incluir datos demasiado generales o amplios no le ayudará a presentar un argumento persuasivo para el proyecto. La información que no se relacione con su organización o con el proyecto dará lugar a que la institución donante cuestione la propuesta. Por lo tanto, es importante que exista un equilibrio entre la información presentada y la escala del programa. He aquí una lista de posibles fuentes a las cuales recurrir al recopilar datos, cifras y estadísticas que fundamenten la presentación:

- evaluaciones de las necesidades, realizadas por terceros ajenos a la organización o por su propia institución;

- encuestas locales, regionales o nacionales, llevadas a cabo por su institución u otras entidades;

- grupos de debate con representantes de públicos clave;

- entrevistas con miembros de grupos interesados;

- estadísticas de uso;

- cobertura del problema o de la falta de servicio en los medios de comunicación;

- informes de organismos gubernamentales u otras organizaciones sin fines de lucro;

- estudios demográficos;

- proyecciones para el futuro que indiquen cómo empeorará la situación si no se aborda el problema y/o cómo mejorará si se encara la solución.

Todas ellas deben derivar de autoridades con antecedentes intachables y estar lo más actualizadas posible.

El siguiente ejemplo podría ser útil. Su organización sin fines de lucro planea poner en marcha un programa para mujeres golpeadas, para el que usted solicitará apoyo financiero a fundaciones y empresas de su comunidad. Ha reunido impresionantes estadísticas nacionales. Además, puede demostrar que cada vez más mujeres de su localidad, junto con sus hijos, necesitan ayuda. Sin embargo, los datos locales son limitados. En función del alcance del proyecto y la base de posibles donantes institucionales, es probable que tenga que limitarse a utilizar la información local más restringida. Estos datos son de mucho más interés para las fundaciones que están cerca del lugar. Si tuviera que solicitar fondos a instituciones filantrópicas orientadas a nivel nacional, sería útil la información a mayor escala, complementada por detalles basados en la experiencia local.

Segundo, al lector hay que darle esperanzas. El panorama que se presente sobre la situación no debe ser tan crítico que parezca no tener solución. La institución donante dudará si vale la pena invertir en una solución. He aquí un ejemplo contundente sobre el planteamiento de una necesidad: "El cáncer de mama causa la muerte. Sin embargo, las estadísticas demuestran que los controles periódicos pueden detectar los síntomas de cáncer en sus fases iniciales, y reducir así de forma considerable las posibles muertes causadas por esta enfermedad. Es así como un programa que promueva los controles preventivos periódicos puede ayudar a reducir el riesgo de muerte a causa de cáncer de mama". Evite exageraciones o explicaciones muy emocionales.

Tercero, decida si quiere que su proyecto sirva de modelo. Esto ayudaría a ampliar la base de posibles donantes. Recuerde que un modelo funciona solamente en ciertos tipos de proyectos. No trate de desarrollar un argumento alrededor de esta idea si en verdad no se adapta al proyecto. Las instituciones filantrópicas podrían suponer que la organización realmente considera llevar adelante un plan similar si lo presenta como un proyecto modelo.

Si decide hacer un modelo de este proyecto, debe documentarse sobre la manera en que el problema planteado ocurre en otras comunidades. Explique cómo la solución propuesta podría servir también para otras personas.

Cuarto, determine hasta qué punto es prudente mostrar que la necesidad es realmente grave. Usted le está pidiendo al donante institucional que se interese en su propuesta ya sea porque el problema que usted plantea es más grave que los otros, o la solución que propone es más viable que otras. He aquí un ejemplo de un escrito contundente y equilibrado a la vez: "El abuso de drogas es un problema nacional. Cada día mueren niños en todo el país a causa de sobredosis. En el sur del Bronx, el problema es más crítico. Aquí mueren más niños que en cualquier otro lugar. Es como una epidemia. Por esta razón, nuestro programa de prevención es más necesario en el sur del Bronx que en cualquier otra parte de la ciudad".

Quinto, decida si puede demostrar que su programa aborda las necesidades de una manera diferente, o está mejor estructurado que otros proyectos que lo han precedido. Es muy difícil describir la necesidad del proyecto sin ser crítico con otras organizaciones con las cuales está compitiendo por los mismos recursos. Sin embargo, debe evitar estas críticas. Criticar a otras organizaciones no está bien visto por los donantes institucionales. Podría instar a la fundación a mirar más de cerca su proyecto e investigar por qué lo presentó desprestigiando a otras organizaciones. Es posible que la institución filantrópica haya invertido dinero en los proyectos de estas organizaciones o que comience a considerarlos viables, ahora que usted se los ha hecho notar. En lo posible, es mejor aclarar que conoce y tiene buenas relaciones con las otras organizaciones en el campo donde presta sus servicios. Recuerde: hoy en día los donantes institucionales están muy interesados en la colaboración entre las organizaciones. Hasta podrían preguntarle por qué no está colaborando con aquellos que usted considera como sus competidores principales. Entonces, lo mínimo que debe describir es cómo la labor de su organización complementa el trabajo de otras, sin duplicarlo.

Sexto, evite el razonamiento circular. En este tipo de razonamiento, usted presenta la ausencia de una solución como el verdadero problema y luego ofrece su solución como una forma de resolver la cuestión. Por ejemplo, el razonamiento circular para la construcción de una piscina comunitaria podría presentarse así: "El problema es que en nuestra comunidad no tenemos piscina. Es por eso que la construcción de una piscina resolverá el problema". Una manera más persuasiva de presentar su caso sería mencionar que, en una comunidad vecina, la piscina permitió ofrecer programas de recreación, ejercicios y rehabilitación física, convirtiéndola en un importante recurso. Su presentación podría incluir una encuesta que haga hincapié en las expectativas de la comunidad sobre el uso de la piscina y concluir con la relación entre cómo se piensa utilizar este servicio y cuáles son los posibles beneficios que podrían mejorar la calidad de vida en la comunidad.

Para que el planteamiento de la necesidad de la organización sea convincente, es buena idea humanizar el problema. Existen diversas formas de lograrlo:

- incluya anécdotas, relatadas en forma sucinta;

- brinde ejemplos de la vida real (con nombres ficticios si fuera necesario) para que los destinatarios de sus servicios cobren vida;

- incluya citas textuales de quienes se han beneficiado o se beneficiarán con sus servicios;

- haga hincapié en las necesidades de los destinatarios de sus servicios, no en las suyas;

- siempre haga que la institución donante perciba que hay esperanzas de resolver el problema.

El planteamiento de la necesidad no tiene que ser largo ni complejo. Por el contrario, es recomendable que sea breve, dado que la información concisa capta la atención del lector. Este es el caso en el siguiente ejemplo extraído de la propuesta del Center for Black Women's Wellness a The Community Foundation for Greater Atlanta, Inc.

Necesidad a la que responde el proyecto

Desde 1988, las actividades de colaboración y el enfoque centrado en la comunidad del Centro lo han posicionado de manera única para prestar servicios de salud holística de forma eficaz. En esta tarea, el Centro ha tenido un éxito extraordinario al utilizar valores culturales, creencias y actitudes para influir en cambios positivos en la forma de vida, independientemente de la situación socioeconómica. Sin embargo, diversos desafíos dentro de la comunidad y el país, entre ellos problemas de crecientes disparidades de salud, reformas en el sistema de bienestar social, aburguesamiento y reducciones en los presupuestos de muchos organismos, han generado necesidades adicionales. Además, pese a la disponibilidad de numerosos prestadores de servicios en nuestra zona y sus cercanías, el conocimiento acerca de los servicios, la falta de confianza en los profesionales de la salud y múltiples prioridades coexistentes son obstáculos que dificultan el acceso a la atención de salud de nuestros clientes. Fortalecer la estructura organizativa es primordial para atender estas necesidades de crecimiento.

El Centro se encuentra en un punto crucial de evolución y cambio, lo cual hace que la necesidad de desarrollo de la organización y de los fondos sea más imperiosa. Se han producido cambios recientes en el personal y en la junta. Por ejemplo, Jamea Smith, ex coordinador de programas y vicepresidente de la organización, pasó a ocupar el cargo de gerente general del Centro en mayo de 2005. Además, en los últimos meses hubo incorporaciones en la junta directiva. En razón de estos cambios en la estructura del personal y de la junta directiva, el personal adicional y el desarrollo gerencial permitirán asegurar el éxito de la organización durante esta transición. Luego, en mayo de 2005, el Centro recibió cuatro años adicionales del aporte gubernamental Healthy Start. Sin embargo, como esta contribución comprende el 57% del presupuesto operativo total del Centro, se requiere un plan de desarrollo del fondo para asegurar la sustentabilidad de los programas después de este período de financiamiento. Por último, el acceso a la tecnología apropiada es esencial para la eficaz prestación de servicios. El desarrollo permanente de actualizaciones de software, tecnología y sistemas, y capacitación en tecnología y bases de datos para el personal y trabajadores comunitarios, incrementarán la eficiencia y la calidad de los datos, consolidarán un conjunto de habilidades y mejorarán los esfuerzos de documentación necesarios para atraer más recursos.

El próximo ejemplo ha sido extraído de una propuesta presentada a la Blue Ridge Foundation New York por WomensLaw.org. Observe el uso de notas a pie de página.

Casi un tercio (el 31%) de las mujeres estadounidenses afirman haber sufrido abuso físico o sexual por parte de su esposo o pareja en algún momento de su vida[1]. El abuso y la violencia, allí donde duermen, comen y viven, son aterradores para muchas mujeres y sus hijos. Afortunadamente, todos los estados de los Estados Unidos ofrecen un mecanismo para que las mujeres soliciten una orden judicial que exija al abusador alejarse y cesar en la conducta abusiva. Estas leyes sobre órdenes judiciales que prohíben determinada conducta están diseñadas para permitir a las víctimas acudir a los tribunales y peticionar una orden sin la ayuda de un abogado. En realidad, las normas pueden ser intimidantes y confusas. En cuanto al procedimiento, la experiencia podría convertirse en una pesadilla.

Para las mujeres de todo el país, a menudo resulta difícil encontrar información acerca de las leyes y procedimientos sobre órdenes judiciales de prohibición. Por lo general, es necesario acudir a los tribunales, a una oficina de asistencia jurídica gratuita, o a un organismo de acción contra la violencia doméstica. Todo esto presenta enormes dificultades para las mujeres que temen que su abusador descubra sus actividades y tome represalias, para las mujeres que no cuentan con ayuda para el cuidado de sus hijos, para mujeres que no tienen dinero o de escasos recursos, o para aquellas que tienen empleos de tiempo completo. Para las mujeres que viven en zonas rurales los obstáculos pueden ser prohibitivos. Para los asesores legales especialistas en casos de violencia doméstica, también es difícil encontrar información legal correspondiente a otros estados. A menudo las mujeres que viven con la violencia doméstica también necesitan información legal clara sobre el divorcio, la custodia, inmigración, los tribunales tribales, la vivienda o sus derechos dentro de las fuerzas armadas.

La red electrónica mundial ofrece una herramienta inigualable para abordar estos problemas. La tasa de crecimiento del uso de Internet en los Estados Unidos es en la actualidad de dos millones de nuevos usuarios por mes, y más de la mitad del país tiene acceso a la red. Los hogares rurales y de bajos ingresos se encuentran entre los grupos de usuarios de Internet de más rápido crecimiento[2]. A través de su sitio web, WomensLaw.org puede brindar información legal en lenguaje sencillo e información sobre el procedimiento paso a paso en forma directa a una cantidad ilimitada de personas, a un costo reducido. A través de Internet, ofrecemos un paso intermedio que permite a las mujeres acceder a información actualizada en forma anónima, segura y sencilla.

1. *The Commonwealth Fund, Health Concerns Across A Woman's Lifespan: The Commonwealth Fund 1998 Survey of Women's Health*, mayo de 1999.

2. *A Nation Online: How Americans Are Expanding Their Use of the Internet*, Departamento de Comercio de los Estados Unidos, Administración de Economía y Estadística, Administración Nacional de Telecomunicaciones e Información, febrero de 2002.

Un buen ejemplo fue presentado por el Youth Ensemble of Atlanta a The Community Foundation for Greater Atlanta, Inc. Describe las dificultades que ha experimentado el Youth Ensemble por falta de un espacio permanente para sus ensayos y presentaciones.

Necesidad

La falta de espacio para nuestras presentaciones y ensayos hace que YEA funcione siempre al límite de la capacidad de los centros con los que actualmente contamos. A menudo, no conseguimos espacio para presentar nuestras producciones. Nuestro actual plan estratégico de tres años exige un mayor número de funciones de nuestra Serie de "Tippy Toes Arts" y del Programa GRIP. Además, requiere seguir ampliando nuestra programación principal. La falta de espacio inhibe nuestra principal fuente de ingresos: la venta de entradas. Este cambio nos permitirá actuar dentro del plazo y con períodos de ejecución más adecuados para nuestras producciones. Además, podremos planificar nuestra temporada con anticipación, sin las numerosas dificultades que solemos enfrentar.

Durante 15 años, YEA ha sido una compañía itinerante que se ha presentado en más de ocho sedes sólo en los últimos 3 años. Estas sedes implican aumentos en los costos de nuestras producciones (en muchas ocasiones, los costos técnicos superan $12.000 semanales) y nos permiten realizar apenas una sola semana de funciones. Esto limita nuestra posibilidad de contar con reseñas de nuestros espectáculos en los principales diarios y aumentar nuestros ingresos por la venta de entradas. Además, estas sedes no brindan a los integrantes del grupo el tipo de base que necesitan. Las actividades de YEA no se limitan a las representaciones y la formación artística: somos una compañía decidida a cambiar nuestro mundo a través de jóvenes capacitados.

Estos problemas de espacio limitan la capacidad organizativa de YEA. Sin el espacio suficiente para nuestros programas, no podremos continuar con nuestra expansión ni lograr nuestra meta de poseer un espacio teatral propio para convertirnos en una institución del ambiente artístico de Atlanta.

Como puede apreciarse en estos tres ejemplos, el planteamiento de la necesidad es el primer paso del proceso. En ella, la organización presenta su caso y expone su situación. Este proceso continúa en la siguiente sección de la propuesta, que describe la forma en que el proyecto abordará la necesidad.

5

Elaboración de la propuesta: La descripción del proyecto

En esta sección, será necesario describir los aspectos esenciales del proyecto de tal manera que el lector se entusiasme con el tema. Además, deberán presentarse argumentos persuasivos a favor del enfoque adoptado. Vale la pena plantear desde el comienzo que el plan no es inalterable sino que podría modificarse según los comentarios que se realicen respecto de la propuesta y la experiencia adquirida durante su puesta en práctica. No conviene colocar a la organización en una postura defensiva al negociar con las instituciones filantrópicas y, por cierto, no es aconsejable sorprender a un donante institucional en el informe final del proyecto informándole que el enfoque inicial se ha modificado.

Esta sección de la propuesta debe comprender a su vez cinco puntos: objetivos, métodos, personal y administración, evaluación y sustentabilidad. Los objetivos y los métodos definen, en conjunto, los requisitos administrativos y de dotación de personal. Luego, pasan a ser el aspecto central de la evaluación para medir los resultados del proyecto. La sustentabilidad del proyecto es consecuencia directa de su éxito. De ahí su capacidad para atraer el apoyo de otras fuentes. Los cinco puntos presentan un panorama interrelacionado de todo el proyecto.

Objetivos

Los objetivos son los resultados del programa que se pueden medir y que ayudan a definir sus métodos. Los objetivos tienen que ser tangibles, específicos, concretos, mensurables y deben poder cumplirse en un lapso de tiempo determinado. Las organizaciones que solicitan apoyo financiero suelen confundir los objetivos con las metas, que son conceptuales y más abstractas. A modo de ejemplo, veamos la meta de un proyecto con un objetivo subordinado:

Meta: Nuestro programa de servicios fuera del horario escolar ayudará a los niños a leer mejor.

Objetivo: Nuestro programa de refuerzo académico fuera del horario escolar ayudará a 50 niños a mejorar su rendimiento en lectura pasando al nivel del grado superior. Esta mejora se demostrará en las evaluaciones uniformes de lectura administradas después de participar en el programa durante seis meses.

En este caso, la meta (mejorar el nivel de lectura) es abstracta, mientras que el objetivo es mucho más específico. Puede cumplirse en el corto plazo (seis meses) y se puede medir (mejorar el puntaje de lectura de 50 niños al nivel del grado superior).

Con tanta competencia por conseguir fondos, expresar claramente los objetivos es cada vez más crucial para que la propuesta logre una respuesta favorable.

Con un ejemplo diferente, es posible identificar al menos cuatro tipos de objetivos:

1. Comportamiento. Se prevé una acción humana.
   Ejemplo: Cincuenta de los setenta niños participantes aprenderán a nadar.

2. Desempeño. Se contempla un período determinado dentro del cual se producirá un comportamiento a un nivel de aptitud esperado.
   Ejemplo: Cincuenta de los setenta niños aprenderán a nadar al cabo de seis meses y aprobarán un examen básico de natación administrado por un salvavidas con certificación de la Cruz Roja.

3. Proceso. La manera en la cual se llevan a cabo las actividades es un fin en sí mismo.
   Ejemplo: Documentaremos los métodos de enseñanza aplicados e identificaremos los que sean más eficaces.

4. Producto. El resultado será un objeto tangible.
   Ejemplo: Se elaborará un manual para enseñar natación en el futuro a grupos de esta edad y nivel de aptitud.

En cualquier propuesta determinada, se establecerán uno o más objetivos de este tipo, según la naturaleza del proyecto. Los objetivos deben presentarse con mucha claridad. Es importante asegurarse de que estos no se pierdan en exceso de palabras y de que se destaquen en el escrito. Por ejemplo, podrían utilizarse números, viñetas o sangrías para resaltar los objetivos en el texto. Sobre todo, es aconsejable ser realista al establecer los objetivos. No hay que prometer lo imposible. Recuerde que el donante institucional deseará que el informe final mencione que el proyecto cumplió efectivamente esos objetivos.

El siguiente ejemplo se ha extraído de una propuesta que el Arts & Business Council of Miami, Inc. presentó a la Dade Community Foundation. Expresa de manera sucinta los objetivos del proyecto, numerándolos para facilitar su análisis por la institución filantrópica.

Objetivos:

Ampliar el público para las artes:

1. otorgará capacidad de acción a los grupos de arte para atraer a nuevos clientes a sus programas y formará un considerable público nuevo para el arte en el sur de Florida, en especial en comunidades desatendidas.

2. ayudará a los grupos de arte a usar la tecnología para eliminar sus actuales errores de promoción, que producen escasez o inmovilidad en la cantidad de público.

3. brindará a la comunidad artística herramientas para que promocionen sus obras de manera eficaz y colectiva con patrocinadores nuevos y actuales.

4. permitirá trabajar con un equipo de expertos en computación y profesionales de comercialización para capacitar a ejecutivos del negocio del arte sobre el uso eficaz y eficiente de la tecnología en función de los costos y la promoción a través de Internet.

5. permitirá el empleo de tecnología y analistas para desarrollar un plan de acción diseñado a fin de aprovechar al máximo las gestiones de comercialización de los grupos participantes al identificar un patrón de compras, compradores múltiples y patrocinadores y captar a los que podrían estar interesados en mejorar su participación.

6. permitirá trabajar con los administradores de 25 centros artísticos para elaborar un plano de sus asientos y proveer este recurso a los grupos de arte que trabajan en su espacio.

7. ofrecerá a los empresarios de arte de grupos locales acceso a expertos del sector privado para que los asesoren sobre cómo aprovechar al máximo la comercialización en línea y a través de Internet.

Métodos

Por medio de los objetivos, ha explicado a la fundación donante qué se logrará con el proyecto. La sección de métodos describe las actividades específicas que se realizarán para cumplir con los objetivos. Consideramos útil dividir nuestro análisis sobre los métodos de la siguiente manera: cómo, cuándo y por qué.

Cómo: Se trata de una descripción detallada de lo que ocurrirá desde el comienzo del proyecto hasta su finalización. Los métodos deben coincidir con los objetivos que se establecieron anteriormente. En nuestro ejemplo (enseñar a nadar a 50 niños), los métodos adecuados describirían 1) cómo se reclutará a los jóvenes, 2) cómo se les enseñará a perfeccionar sus destrezas, y 3) cómo se evaluarán sus destrezas en natación. No habría razón para describir una actividad que no se relacione con el proyecto, como ayudar a los padres a disfrutar de la natación con sus hijos, pues utilizar la natación para unir a la familia con ejercicios saludables no es uno de los objetivos del proyecto.

El siguiente ejemplo, extraído de la propuesta presentada por Common Ground a The Frances L. & Edwin L. Cummings Memorial Fund, permite apreciar la forma en que la institución llevará a cabo el programa S2Hi.

S2Hi solicita el apoyo de esta fundación para continuar brindando a las personas de la zona oeste del distrito central de la ciudad (de Nueva York) que carecen de hogar en forma crónica el apoyo y los servicios necesarios para obtener y mantener una vivienda. Al hacerlo, alcanzaremos nuestro objetivo de reducir en dos tercios la población sin hogar de las calles de la zona oeste del distrito central de la ciudad y de realizar el seguimiento necesario para garantizar la estabilidad habitacional de los destinatarios de nuestros servicios. Los logros del programa S2Hi han demostrado que, con servicios individualizados, asistencia coordinada de casos y asignación ágil de viviendas, aquellas personas que sufren una carencia crónica de hogar pasan directamente de esa situación a poseer una vivienda estable. A medida que nos aproximamos al cumplimiento de las metas iniciales del programa, estamos desarrollando una estrategia de salida, que incluirá una iniciativa de asistencia posterior para clientes que ya tienen viviendas asignadas. Nos concentraremos en la nueva tarea de ayudar a otras organizaciones que estén interesadas en imitar el modelo. El año que viene, concentraremos nuestra atención en las siguientes actividades clave:

- Albergar al resto de la población de la zona oeste del distrito central de la ciudad que habitualmente no tiene hogar.
- Poner en práctica una iniciativa de asistencia posterior a la asignación de la vivienda.
- Promover el proyecto Homeless Connect.
- Asistir a otras organizaciones que deseen imitar el modelo de S2Hi.

A) ASIGNACIÓN DE VIVIENDAS

Nuestros cálculos iniciales, basados en nuestros "cómputos" semestrales de personas sin hogar que viven en las calles de la zona oeste del distrito central de la ciudad, habían indicado, en principio, la existencia de 416 personas sin hogar en la zona. Sin embargo, estos cómputos no distinguían entre quienes habían estado sin hogar por mucho tiempo y las personas que habían vivido en las calles durante menos de un año. A medida que precisamos la información y recabamos datos más fiables acerca de esta población, comenzamos a identificar por su nombre a quienes sufrían una carencia crónica de hogar.

Durante el verano, conjuntamente con Times Square Alliance y el distrito de mejora empresarial Fashion Business Improvement District (BID), hemos creado un registro de las 75 personas sin hogar más vulnerables que quedan en la zona y dirigiremos activamente nuestras gestiones a este grupo el año que viene. Una vez que hayamos albergado a estas personas, nos concentraremos en la estación de autobuses Port Authority y en la estación Penn, donde viven otras 80 personas que carecen de hogar en forma crónica.

Desde el inicio del programa, hemos albergado a 75 personas y casi 100 se encuentran en el proceso de asignación de vivienda. Entre estos clientes y la población destinataria de nuestros servicios antes descrita, esperamos poder albergar en total a 227 personas (o dos tercios de nuestra cifra inicial) para fines del año 2006.

B) INICIATIVA DE ASISTENCIA POSTERIOR A LA ASIGNACIÓN DE VIVIENDA

El programa S2Hi ha permitido brindar a las personas que sufren carencia crónica de hogar acceso a una vivienda permanente. Sin embargo, hemos descubierto que el mantenimiento de la vivienda y el apoyo posterior a la asignación de la misma son tan importantes como la asignación inicial. Al aproximarnos a nuestra meta, hemos puesto en marcha acciones específicas para responder a las necesidades de las personas que ya han recibido una vivienda. Los participantes del programa S2Hi han vivido en las calles durante un promedio de diez años, por lo que puede resultarles muy difícil reintegrarse a la sociedad y mantener una vivienda estable. Durante todo el desarrollo del programa, hemos permanecido en comunicación con nuestros usuarios una vez que ellos accedieron a la vivienda. Esto nos permitió mejorar nuestro renombre entre los proveedores de viviendas en toda la ciudad de Nueva York. De hecho, en los últimos meses, los proveedores de viviendas se han comunicado con nosotros a fin de referirnos clientes para ocupar las próximas vacantes.

A medida que cada vez más clientes del programa S2Hi reciben una vivienda, hemos comenzado a desarrollar un componente formal de este programa para atraer a los clientes al programa de asistencia posterior a la asignación de viviendas "Aftercare". Aunque nuestro personal se comunica de manera habitual con clientes anteriores, crearemos un nuevo puesto para el mantenimiento de la vivienda y para brindar apoyo posterior a su entrega. Nuestro especialista en la materia trabajará con los nuevos coordinadores de casos de nuestros clientes en sus respectivas sedes de apoyo habitacional, a fin de ayudarles a mantener su vivienda y a adaptarse al nuevo estilo de vida.

C) PROYECTO "HOMELESS CONNECT"

El 13 de septiembre pasado, Common Ground Community y Times Square Alliance lanzaron el primer proyecto "Homeless Connect" en la ciudad de Nueva York. "Homeless Connect", un acontecimiento de un día de duración diseñado conforme a la exitosa iniciativa de San Francisco, reunió una amplia variedad de servicios, que abarcaron desde vivienda y servicios médicos hasta asesoramiento sobre prestaciones, a fin de lograr el objetivo principal: albergar a las personas sin hogar de Times Square. Equipos de servicio comunitario recorrieron la zona de Times Square y llevaron a las personas sin hogar a la sede de Homeless Connect. Allí, un trabajador social evaluó a cada persona y le brindó referencias para recibir los servicios que necesitaba.

Este acontecimiento fue un gran éxito, pues reunió a más de 200 voluntarios del personal de Common Ground, de las organizaciones que colaboran con S2Hi y de la comunidad en general. En un solo día:

- captamos a 124 clientes sin hogar;
- brindamos asistencia a 77 personas sobre prestaciones, que incluyen Medicaid, cupones para alimentos, asistencia pública y asesoramiento legal;
- prestamos servicios médicos y/o odontológicos a 54 personas;
- ayudamos a cuatro personas a comenzar el tratamiento para la drogadicción;
- brindamos tratamiento médico de emergencia a dos personas;

- ofrecimos asesoramiento individualizado sobre viviendas y consultas con el personal de S2Hi a 67 personas;
- enviamos a 25 personas sin hogar a refugios o a centros de servicios diurnos;
- asignamos viviendas temporarias a 13 personas durante 10 días mientras trabajamos para garantizarles una vivienda permanente adecuada.

El proyecto "Homeless Connect" ya ha ampliado el alcance del programa S2Hi a través de una sola jornada de movilización masiva. Al complementar el trabajo del personal de S2Hi con voluntarios, logramos multiplicar de forma significativa el número de personas sin hogar a las que alcanzábamos con nuestros servicios en forma aislada. Además, con una demostración práctica de los pasos iniciales del proceso de asignación de viviendas de S2Hi, hemos ilustrado los primeros pasos del modelo de nuestro programa para que otras organizaciones lo imiten. Sobre la base de nuestro éxito inicial, alentamos al Municipio de Nueva York a que adopte este programa, uniéndose a otras ciudades de Project Connect del país, como un elemento permanente del compromiso del Municipio para resolver el problema de las personas sin hogar.

D) ASISTENCIA TÉCNICA

Un objetivo fundamental del programa S2Hi es extender este modelo exitoso a otras comunidades que lo necesiten. De esta forma, la respuesta de los proveedores de servicios al problema de las personas sin hogar dejará de lado las medidas de emergencia para brindar soluciones y vivienda permanentes. A medida que S2Hi continúa con la asignación de viviendas a personas con carencia crónica de hogar, comprobando que estas personas están verdaderamente preparadas para eso, el prestigio del programa se ha difundido entre las entidades gubernamentales, los interesados de la comunidad y los proveedores de vivienda que brindan su apoyo. Dos organizaciones, una en la zona del Upper East Side y otra en el Bronx, han comenzado a aplicar nuestro modelo de programa, han contratado a especialistas en vivienda y trabajan con el personal de S2Hi para elaborar su programa. Además, otros seis barrios de la ciudad de Nueva York han expresado su interés en replicar el programa S2Hi. Por último, el Departamento de Vivienda y Desarrollo Urbano de Estados Unidos ha prometido su apoyo para una variante de nuestro programa destinada al subconjunto de personas que carecen de hogar en forma crónica, y que además son alcohólicos crónicos.

El año que viene, trabajaremos en la elaboración de un currículo para imitar el modelo que luego se ofrecerá a las organizaciones interesadas el próximo año. Este currículo se basará en nuestro trabajo con las dos organizaciones a las que asistimos en la actualidad. Nuestro programa de replicación invitará a las organizaciones interesadas a participar en una serie de seminarios que comprenderán conferencias, visitas de campo a sedes del programa y capacitación en métodos de alcance comunitario, evaluaciones psicosociales básicas y asesoramiento sobre prestaciones, así como también los pasos para agilizar los procesos de solicitud y asignación de viviendas. Contaremos con un empleado de tiempo completo que se dedicará a trabajar con estas organizaciones a fin de asegurar que los programas que se inician adopten nuestras "mejores prácticas" comprobadas. A medida que el programa S2Hi siga ampliándose, confiamos en que brindará una solución a largo plazo y eficaz en función de los costos al problema de las personas en situación de carencia crónica de hogar en comunidades urbanas de toda la ciudad.

Next Generation, en su propuesta para su campaña "Youth Peace Campaign", describió a la Agape Foundation una serie de actividades muy claras destinadas a cumplir sus objetivos.

Next Generation solicita un aporte filantrópico de $2.000 para su campaña "Youth Peace Campaign", destinada a brindar a los jóvenes información sobre la política exterior y los gastos militares de los Estados Unidos, a adquirir habilidades como activistas, a formar organizaciones de base comunitaria y a trabajar por la paz.

Nuestra visión es un planeta donde los conflictos se resuelvan de manera pacífica y sin violencia, con estilos de vida, empresas y gobiernos sustentables que den prioridad a las necesidades sociales y ambientales sobre las ganancias corporativas y las soluciones temporarias, a través de la capacidad de acción de las comunidades locales que colaboran a favor de la paz y la sustentabilidad.

En la actualidad, nuestros jóvenes se están organizando para crear un movimiento juvenil que contribuya a poner fin a la guerra en Irak y prevenir conflictos armados en el futuro. Next Generation trabaja para alcanzar sus metas a través de seis elementos organizativos. A continuación, se describen brevemente las metas y actividades de cada elemento:

- **Educación:** Ampliar el conocimiento de 1.000 alumnos del condado de Marin sobre temas relacionados con la paz a través de talleres, asambleas y presentaciones en clase acerca de las causas fundamentales de la guerra y la paz, la política exterior estadounidense, la manera en que el Gobierno gasta el dinero de nuestros impuestos y del presupuesto nacional, la predisposición de los medios de comunicación, la sustentabilidad y las libertades civiles, entre otros temas. El año pasado, nuestros talleres y asambleas convocaron a 500 jóvenes de seis escuelas, y varios centenares más se reunieron a través de nuestros eventos.

- *Capacitación y desarrollo de liderazgo:* Mejorar las habilidades de liderazgo y organización de 100 jóvenes de todo el condado de Marin a través de cursos de capacitación y conferencias sobre liderazgo eficaz, organización a nivel de grupos de base comunitaria, desarrollo de una base de miembros, oratoria, planificación de eventos y actividades, recaudación de fondos, publicidad, etc. El año pasado, capacitamos a 50 jóvenes activistas por la paz y la justicia mediante talleres, conferencias y retiros en las escuelas locales y a través de nuestro Equipo de Acción.

- *Organización de base comunitaria:* Apoyar el trabajo de organización y activismo de 50 a 100 jóvenes en Marin a través de la estrecha colaboración con dirigentes de clubes estudiantiles, actividades individuales para alumnos y miembros del Equipo de Acción integrado por estudiantes de Next Generation para movilizar y hacer participar a más jóvenes en sus gestiones de paz y sustentabilidad. El Equipo de Acción integrado por estudiantes es una coalición nacional de 20 alumnos de diversas escuelas y orígenes que se reúne cada semana para realizar campañas en colaboración y brindar apoyo a proyectos y clubes específicos de cada una de sus escuelas.

- *Acontecimientos comunitarios:* Intensificar la sensibilización y los conocimientos de 1.000 habitantes (jóvenes y adultos) acerca de temas vinculados con la paz y las relaciones interpersonales a través de acontecimientos tales como conferencias, oradores, ceremonias de entrega de premios y festivales. Entre los acontecimientos que se han llevado a cabo se encuentra nuestro foro anual sobre la guerra en Irak, la ceremonia de entrega de premios a jóvenes activistas y nuestro evento de gala *"Turn the Tide"*. Hemos contado con oradores como Julia Butterfly Hill, Randy Hayes, Helen Caldicott y Van Jones.

- *Acciones y campañas a nivel de base comunitaria:*
  Este año, algunas de nuestras metas para la campaña "Youth Peace Campaign" incluyen:
    - Crear un movimiento por la paz dinámico y diverso dirigido por jóvenes.
    - Aumentar la exposición de los temas relacionados con la paz en el condado a través de acciones dirigidas por jóvenes tales como vigilias, marchas, concentraciones y acontecimientos en los medios de prensa, con la participación de 500 jóvenes y 200 adultos.

— Apoyar la legislación de la ciudad, el condado y el estado que promueva el fin de la guerra. En la actualidad, dirigimos una campaña local a fin de peticionar a la Asamblea Legislativa del Estado de California el dictado de una resolución que condene la guerra en Irak y exija el retiro de los miembros de nuestra Guardia Nacional.

- **Colaboración:** Reunir a grupos comunitarios, organizaciones sin fines de lucro, gobiernos locales, escuelas y público en general a través de las actividades de la campaña, en especial las relacionadas con la educación, los acontecimientos comunitarios y las acciones de grupos de base comunitaria. Algunos de los colaboradores anteriores y actuales son la Marin Peace and Justice Coalition, la Junta de Supervisores del Condado de Marin, la Comisión de Jóvenes del Condado de Marin, Code Pink, el Consejo para la Educación Ambiental de Marin, la Coalición de Ciclismo del Condado de Marin y muchos alumnos, maestros, escuelas, particulares y miembros de la comunidad en general.

Piense en la forma de elaborar de la manera más sencilla una secuencia lógica a partir de cada objetivo hasta llegar al método correspondiente. Esta tarea puede realizarse de muchas formas; algunas simplemente se relacionan con la distribución visual de la información en la página.

Una manera de organizar esta sección es escribir cada objetivo y, debajo de él, hacer una lista del método o los métodos que posibilitarán la concreción del objetivo. Por ejemplo, podría verse así:

Objetivo: reclutar a 70 niños

Métodos:

- Colocar carteles en la Asociación Cristiana de Jóvenes (YMCA).

- Asistir a cada escuela y dar charlas a los cursos sobre lo divertido que es nadar.

- Publicar avisos en el periódico local.

- Incluir un volante sobre el programa en la próxima publicidad por correo que se envíe a cada familia de la comunidad.

Los métodos deben coincidir con la magnitud de los objetivos. Una vez que esté seguro de que cada objetivo cuenta con métodos relacionados que describen cómo se logrará el objetivo, debe comprobar que el énfasis en cada método coincida con la importancia del objetivo pertinente. En nuestro ejemplo sobre natación, es probable que el reclutamiento de 70 niños sea el objetivo de menor importancia; demostrar que 50 de ellos podrían aprobar el examen de la Cruz Roja es más crucial. Para estar a la altura de la magnitud de los objetivos con suficientes detalles sobre el proyecto, se debe hacer más hincapié en el examen que en el reclutamiento. (Detallar y destacar información permitirá al lector comprender el proyecto y confiar en su organización.)

Los métodos deben parecer factibles; de lo contrario, se perderá credibilidad. Por ejemplo, si el curso de natación será dictado por un nadador olímpico cuyo nombre no se menciona, es posible que el lector dude acerca de la capacidad de la organización para cumplir con lo prometido. Sin embargo, si la estrella olímpica se identifica con su nombre y ya ha aceptado dictar el curso, es probable que el lector se convenza.

Cuándo: La sección dedicada a los métodos debe presentar el orden y las fechas en que se llevarán a cabo las diversas tareas. Tal vez sea útil incluir un cronograma para que el lector no tenga que planificar la secuencia por su cuenta. El cronograma podría ser similar al que se describe a continuación, extraído de la propuesta del Arts & Business Council of Miami. Observe que la cantidad de meses previstos para realizar cada tarea se incluye entre paréntesis.

Plazos del proyecto

1. Trabajar directamente con grupos de arte para implementar nuevas soluciones en la emisión de entradas en sedes de los tres condados y de esta manera alcanzar a más de 100.000 mecenas, donantes, patrocinadores y personas del mundo del arte. Esta iniciativa no requerirá inversión adicional por parte de la sede y brindará apoyo a la actividad cultural al facilitar que grupos de teatro se presenten en varios centros de la región. (12 meses)

2. Aprovechar la infraestructura existente para reducir el gasto regional total en operaciones de emisión de entradas en todo el sector cultural. (12 meses)

3. Llegar a más de 100 ejecutivos de arte y ampliar los conocimientos de los gerentes artísticos sobre servicio al cliente y ampliación del público a través de diversas actividades de capacitación por medio del Arts and Business Council. (De 6 a 9 meses)

4. Mejorar el nivel de los servicios para mecenas al ofrecer el sistema de emisión de entradas por Internet durante las veinticuatro horas del día, los siete días de la semana, y un centro de atención telefónica permanente abierto siete días a la semana. (Últimos 3 meses)

5. Promover la colaboración entre 100 grupos de arte para alcanzar a otros públicos y atraer nuevas fuentes de financiamiento a través del sitio web. (Últimos 3 meses)

6. Formar un grupo de trabajo para ampliar el público para las artes que esté compuesto por ejecutivos de este medio, miembros de consejos de arte, ejecutivos de empresas y socios de cámaras locales, consejos de arte y organizaciones sin fines de lucro relacionadas. (Últimos 3 meses del proyecto)

Otro ejemplo de un plan de trabajo sólido proviene de una propuesta que el Departamento de Salud Indígena de Hualapai presentó ante la Flinn Foundation para la edición anterior de esta *Guía*. El cronograma describe un proyecto de un año de duración.

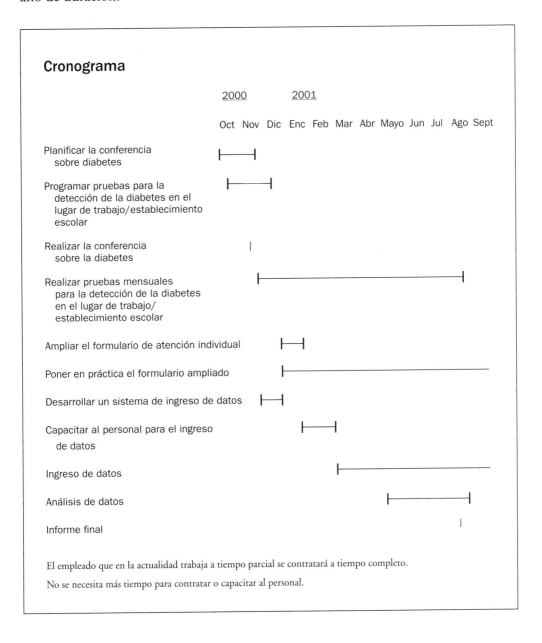

Cronograma

2000   2001

Oct Nov Dic Enc Feb Mar Abr Mayo Jun Jul Ago Sept

Planificar la conferencia
    sobre diabetes

Programar pruebas para la
    detección de la diabetes en el
    lugar de trabajo/establecimiento
    escolar

Realizar la conferencia
    sobre la diabetes

Realizar pruebas mensuales
    para la detección de la diabetes
    en el lugar de trabajo/
    establecimiento escolar

Ampliar el formulario de atención individual

Poner en práctica el formulario ampliado

Desarrollar un sistema de ingreso de datos

Capacitar al personal para el ingreso
    de datos

Ingreso de datos

Análisis de datos

Informe final

El empleado que en la actualidad trabaja a tiempo parcial se contratará a tiempo completo.

No se necesita más tiempo para contratar o capacitar al personal.

Este cronograma informa al lector "cuándo" y ofrece otra síntesis del proyecto que respalda el resto de la sección relacionada con los métodos.

Por qué: Es necesario defender los métodos que ha elegido, en especial si son novedosos o poco ortodoxos. ¿Por qué el plan de trabajo producirá los resultados previstos? Es posible responder a esta pregunta de muchas formas, incluso con ejemplos de otros proyectos comprobados y testimonios de expertos.

La sección relacionada con los métodos permite al lector visualizar la puesta en práctica del proyecto. Debe convencer al lector de que la organización sabe lo que hace y así generar credibilidad.

Personal y administración

Al describir los métodos, habrá mencionado al personal que se asignará al proyecto. Es importante dedicar algunas oraciones para indicar la cantidad de empleados, sus títulos y estudios, así como sus funciones específicas. La información detallada sobre determinados empleados que participan en el proyecto puede incluirse como parte de esta sección o bien en el apéndice, según la extensión e importancia de estos datos.

El término "personal" puede referirse a voluntarios o consultores, así como a empleados remunerados. La mayoría de las personas que escriben propuestas no elaboran una sección sobre el personal cuando los proyectos están en gran medida a cargo de voluntarios. Sin embargo, describir las tareas que realizarán los voluntarios puede resultar muy útil para el lector de la propuesta. Esta información subraya el valor agregado que aportan los voluntarios y la eficiencia del proyecto en función de los costos.

En el caso de un proyecto con personal remunerado, es importante indicar qué empleados trabajarán en puestos de tiempo completo y cuáles lo harán en puestos de tiempo parcial. Debe identificarse al personal que ya trabaja para la organización y a aquel que se contratará especialmente para este proyecto. ¿Cómo hará un empleado que ya tiene todo su horario ocupado para dedicar tiempo al proyecto?

Los títulos y aptitudes del personal influyen en los sueldos y en los costos del proyecto. Será necesario definir la experiencia práctica, así como el nivel de especialización y formación académica, que debe poseer el personal clave. Si ya se ha seleccionado a una persona para dirigir el programa, es aconsejable resumir sus títulos académicos e incluir una breve biografía en el apéndice. Un director de proyecto con una imagen sólida puede influir en la decisión de otorgar un aporte institucional.

Es importante explicar cualquier aspecto fuera de lo común sobre el personal propuesto para el proyecto. Siempre es preferible incluir esta información en la descripción de la propuesta en lugar de que la fundación formule preguntas una vez que haya comenzado a analizarla.

A continuación, se ofrecen tres ejemplos de la sección sobre el personal. El primero es parte de una propuesta de National Industries for the Blind (NIB).

Personal

Karen Pal es gerenta del programa "Business Leaders Program" de National Industries for the Blind y está a cargo del desarrollo, ejecución y dirección de esta novedosa y apasionante iniciativa. Con más de 15 años de experiencia en desarrollo de liderazgo, dirección de programas, comunicaciones y recursos humanos, el cargo más reciente que ocupó fue el de gerenta de comunicaciones y ejecución en la Cruz Roja Americana, donde dirigió la puesta en práctica del programa nacional de liderazgo de la organización y estuvo a cargo de las comunicaciones estratégicas en un sector integrado por 30 personas, con un presupuesto de $1 millón. La señora Pal posee una maestría en Salud Pública en Comercialización Social y Promoción de la Salud de la Universidad George Washington y una licenciatura de la Universidad de Washington en Seattle. Además, está acreditada por el Instituto de Certificación en Recursos Humanos como Profesional Superior en Recursos Humanos (SPHR, por sus siglas en inglés).

Sandra Smith es la especialista en capacitación y desarrollo del programa. Con una maestría en Trabajo Social de la Universidad de Tennessee y una licenciatura en Trabajo Social del Cedar Crest College, la señora Smith aporta al Programa de Dirigentes Empresarios más de dos décadas de experiencia en trabajo social y supervisión del mismo. Ha trabajado en Associated Services for the Blind y en el Center for the Blind de Filadelfia, así como en el sector privado. Como instructora, dictó diversos cursos de capacitación a grupos de alumnos de postgrado y profesionales médicos.

La junta directiva de NIB, muy dinámica y completamente independiente, contribuye su experiencia y talento a este proyecto. Una comisión *ad hoc* de la Junta Directiva y Jim Gibbons, presidente y gerente general, quien fue la primera persona ciega que obtuvo una maestría en Administración de Empresas en la Escuela de Postgrado de Negocios de Harvard, detectaron desde el inicio la necesidad de contar con este programa. Esa comisión supervisó el desarrollo del programa y verificó el cumplimiento de sus metas.

La sección sobre personal extraída de la propuesta de Operation Exodus Inner City describe el trabajo de sus empleados y voluntarios.

Personal

Matthew Mahoney, director ejecutivo, supervisa la planificación de Exodus. El señor Mahoney se graduó en la Universidad de Princeton, fue maestro en la ciudad de Nueva York y es miembro de la comunidad de Washington Heights. Sus funciones incluyen, entre otras: elaboración del plan de estudios, coordinación de la capacitación permanente del personal y evaluación del programa y del personal.

Nuestro plantel también incluye profesores particulares remunerados y capacitados que trabajan con los niños y nos permiten mantener una proporción de 1 adulto por cada 10 alumnos. Mantener una baja proporción de adultos y alumnos es de crucial importancia, pues las clases particulares suelen cumplir la función de sesiones informales de orientación. Esto permite al personal identificar mejor las áreas en que nuestros alumnos tienen dificultades dentro y fuera del entorno escolar. Nuestros maestros participan en talleres semanales de capacitación sobre el plan de estudios, que se dictan en nuestra sede. Además, asisten a los talleres periódicos de PASE (*Partnership for After School Education*).

Los empleados y los voluntarios de Exodus están absolutamente comprometidos con el programa: la antigüedad promedio de un profesor particular es de 2 a 3 años, y varios de ellos forman parte del programa desde el año 2001. La baja rotación de personal nos ayuda a mantener una planificación académica coherente y de alta calidad y a cultivar relaciones sólidas tanto con los estudiantes como con sus familias.

Por último, incluimos una sección sencilla y directa sobre personal, extraída de una propuesta del Ali Forney Center (AFC).

El Ali Forney Center fue fundado por su director ejecutivo, Carl Siciliano, que ha trabajado con personas sin hogar durante los últimos veinte años. Desde 1994, se ha concentrado en brindar servicios a adolescentes sin hogar y ha creado programas reconocidos a nivel nacional por su calidad e innovación. Junto al señor Siciliano, trabajan en el AFC 29 empleados de tiempo completo y 8 de tiempo parcial, que incluyen el especialista en salud mental, el director de vivienda, el coordinador vocacional, el coordinador de políticas y capacitación y una serie de consejeros para jóvenes. El AFC cuenta además con un grupo de más de 50 voluntarios de gran dedicación, que están a cargo del coordinador de voluntarios del AFC.

Describa al lector sus planes para administrar el proyecto. Este punto cobra especial importancia en un emprendimiento grande, si más de una institución colabora en el proyecto o si cuenta con un agente financiero. Deberá indicar con toda claridad quién está a cargo de la administración financiera, de los resultados del proyecto y de la presentación de informes.

Evaluación

Un aspecto clave de la mayoría de las descripciones de proyectos es la evaluación en la propuesta para obtener el aporte filantrópico. Esta sección de la propuesta describe cómo usted y la fundación donante sabrán si el proyecto propuesto ha sido exitoso o no. En los últimos años, este componente de la propuesta ha adquirido una importancia tal que merece un análisis por separado en esta *Guía* (véase el Capítulo 6).

Sustentabilidad

En la actualidad, un claro mensaje de las instituciones filantrópicas es que las organizaciones que buscan aportes deben demostrar de maneras muy concretas la viabilidad financiera a largo plazo del proyecto y de la propia organización sin fines de lucro. La mayoría de las instituciones filantrópicas entrevistadas afirmaron que buscan listas de las actuales y posibles fundaciones donantes entre los documentos adjuntos a la propuesta. Es en realidad uno de los primeros elementos que esperan recibir de la organización que solicita el aporte.

Esto se debe a que la mayoría de las instituciones filantrópicas no desean asumir un compromiso financiero permanente con ninguna organización en particular. David Egner, de la Hudson Webber Foundation, al definir la lista de elementos que busca durante el proceso de análisis de propuestas, sostuvo que, para su fundación, esta es un "área de riesgo": "¿La fundación tiene alguna estrategia de salida? Dado que no podemos financiar ningún proyecto eternamente, ¿tenemos alguna manera de desligarnos de manera inmediata o eso nos va a llevar una década?". Las instituciones filantrópicas desearán que demuestre que su proyecto es finito (con fechas de comienzo y finalización), o que genera capacidad (que contribuirá a que su institución sea autosuficiente en el futuro y/o le permitirá ampliar los servicios que puedan generar ganancias), o bien que atraerá a otros donantes institucionales en el futuro. Dado que en la práctica filantrópica hay una tendencia a adoptar algunos de los principios de inversión de los grupos de capitales de riesgo, las pruebas de sustentabilidad fiscal se han vuelto una característica muy preciada en una propuesta exitosa. Piense en qué presentará como plan para que su proyecto sea sustentable. Los detalles se ajustarán a medida que avance el proyecto y sus gestiones para recaudar fondos. Si su proyecto consiste en una actividad por única vez, es un proyecto piloto o se sustentará por sí mismo en poco tiempo, y en consecuencia no requerirá financiamiento en el futuro, no olvide explicar este punto a la institución filantrópica.

Los dos ejemplos de sustentabilidad que se ilustran a continuación fueron extraídos de propuestas presentadas a The Community Foundation for Greater Atlanta, Inc. El primero es parte de una propuesta de Dress for Success de Atlanta.

Nuestro plan anual de recaudación de fondos para los próximos tres años proyecta un aumento de los ingresos de un 8% por año. Estos aumentos provendrán principalmente de donantes particulares e institucionales que realizan aportes anuales (en el año 2005, recaudamos más de $20.000 a través de estas fuentes) y de ingresos por ventas trimestrales de artículos del inventario (esta es una nueva iniciativa para el año 2006; sin embargo, en función de las experiencias de otras filiales de Dress for Success, somos optimistas en cuanto a los resultados). Si recibimos un aporte filantrópico de la Community Foundation para este ciclo, prevemos reemplazar el monto del aporte de la fundación a través de nuestras gestiones regulares de recaudación de fondos para junio de 2007.

El siguiente es un plan de sustentabilidad para Youth Ensemble Atlanta.

Este aporte filantrópico permitirá a Youth Ensemble Atlanta (YEA) ampliar sus programas y producciones en la comunidad y aumentar las posibilidades de que YEA logre su propia financiación a través de la venta de entradas e ingresos por alquileres en los próximos años. De hecho, después de esta campaña inicial para nuestros gastos de origen, esperamos que el espacio pueda autofinanciarse sin más aportes de instituciones donantes. Durante los últimos cuatro años, YEA ha dado grandes pasos para lograr la estabilidad financiera y prepararse para ocupar un espacio propio. Hemos operado con superávit desde nuestra fundación y hemos logrado aumentar los ingresos por ganancias y por contribuciones en más de un 20% anual durante los últimos cinco años.

Proyectamos un aumento del gasto operativo anual de $60.000 a 90.000, que incluye mayores gastos de programación, producción, personal y mantenimiento. Estos gastos se cubrirán fácilmente con el incremento anual estimado de $100.000 por la venta de entradas. En la actualidad, tenemos un ingreso promedio por ventas de $10.000 a 15.000 por semana en una sede de 200 asientos. Agregaremos por lo menos 10 semanas más de presentaciones en una sede de 600 asientos, por lo que se cumplirán holgadamente estas proyecciones iniciales. Se constituirá una reserva en efectivo con el superávit para adquirir un espacio propio en el futuro.

Es su deber brindar información muy precisa acerca de los flujos de fondos actuales y proyectados, provenientes tanto de ganancias como de recaudación externa, así como acerca de la base de apoyo financiero para su organización sin fines de lucro. En esta área es importante tener preparadas cifras de respaldo y previsiones, en caso de que una posible institución donante las solicite. Por supuesto, algunas instituciones filantrópicas desearán saber qué otra institución recibirá una copia de esta misma propuesta. No se muestre reticente a brindar información de esta naturaleza.

6

Elaboración de la propuesta: La evaluación

Introducción

En la actualidad, la evaluación de la eficacia de los programas y las estrategias es una tendencia en aumento entre las fundaciones y otras organizaciones sin fines de lucro. Se trata de un aspecto al que debe prestar especial atención quien escribe la propuesta. El componente de evaluación bien concebido de una propuesta es un medio cada vez más importante para demostrar la forma en que la organización que solicita apoyo financiero y la posible institución donante podrán determinar el grado de éxito alcanzado por la organización en aquello que se propone realizar.

En este contexto, la evaluación va mucho más allá de la rendición de cuentas acerca de la forma en que se utilizarán los fondos de la contribución. Se trata más bien de un mecanismo para desarrollar la capacidad organizativa, que permitirá a la organización destacarse en cualquier emprendimiento que se proponga. Si se elabora correctamente, la evaluación responde a las siguientes preguntas: ¿Se obtuvieron los resultados deseados? ¿Surgieron estos resultados como consecuencia de la intervención de la organización? ¿Las estrategias aplicadas fueron las correctas o existían métodos tal vez más eficaces? ¿El impacto en el público de la organización es apreciable y perdurará? El componente de evaluación que elabore como parte de la descripción del proyecto para la propuesta debe brindar respuesta a la mayor cantidad posible de estas preguntas.

La evaluación es más eficaz cuando la institución filantrópica y la organización sin fines de lucro la realizan en conjunto, y cuando participan en su diseño todos los interesados, entre ellos, los miembros de la junta directiva y quienes se beneficiarán con el proyecto. Los mejores planes de evaluación reúnen los datos, tanto objetivos como subjetivos, que contribuirán al aprendizaje de todos los que participan en el proyecto. La evaluación como actividad debe ser permanente, no algo en lo que se piensa una vez y nunca vuelve a considerarse.

En el ámbito de los donantes institucionales, la evaluación deriva de las ciencias sociales. Por ello, hay un vocabulario específico relacionado con ella. Las organizaciones sin fines de lucro que solicitan aportes a las fundaciones estadounidenses en el siglo XXI, en especial las más grandes y las que poseen personal, se encontrarán con una amplia terminología acerca de la evaluación en las directrices que estas instituciones filantrópicas establecen para las entidades que buscan apoyo financiero. Pueden consultarse las definiciones completas y un análisis profundo de estos diversos términos según los utilizan las fundaciones donantes en *A Funder's Guide to Evaluation*, de Peter York, 2006.

El plan de evaluación y el informe sobre el aporte filantrópico

Entre las instituciones filantrópicas que entrevistamos para esta *Guía*, a menudo se aludió a la evaluación, y en varios contextos diferentes. Todas parecían estar de acuerdo en que es esencial que la organización sin fines de lucro posea un plan para evaluar sus programas y estrategias. Además, coincidieron en que una descripción sucinta de ese plan de evaluación es un elemento necesario para la aceptación de la propuesta. Cuando se les preguntó sobre la evaluación, varios donantes institucionales mencionaron de inmediato los informes de las entidades que reciben aportes como los mecanismos principales para determinar el éxito. De hecho, muchos donantes institucionales parecen tener presente el "informe de evaluación".

Como es lógico, contar con un plan de evaluación sólido facilitará en gran medida el informe sobre el uso de los fondos que necesitará confeccionar al final del proyecto y es muy posible que siente las bases para obtener aportes en el futuro. Por estos motivos, la evaluación no puede considerarse un complemento al final del proceso de elaboración de la propuesta, sino que debe formar parte del diseño conceptual del proyecto desde el comienzo. Según Laura Gilbertson, de la William Bingham Foundation: "Deseamos comprobar que una organización cuente con mecanismos internos para evaluar los programas. ¿Cómo determinan si el programa fue un éxito? Deben aprender a llevar un control para su propio uso. En un informe sobre el aporte filantrópico, pedimos a la organización que lo recibe que analice los objetivos establecidos en la propuesta".

En el Capítulo 12, podrá consultar información adicional acerca del informe sobre el aporte filantrópico.

Los fundamentos de la evaluación

La mayoría de las instituciones filantrópicas entrevistadas para esta *Guía* mencionaron que esperan encontrar una descripción de al menos uno o dos párrafos sobre un plan de evaluación bien concebido y algunos indicadores de éxito proyectados, ya sean cualitativos, cuantitativos o de ambos tipos, en el cuerpo principal de la propuesta. De hecho, cada vez más donantes institucionales estipulan de forma específica qué debe contener el componente relacionado con la evaluación en la propuesta, y no aceptarán solicitudes en las que falte este elemento clave. En el caso de algunas fundaciones de mayor envergadura cuyos directivos exigen una evaluación más rigurosa por parte de las organizaciones sin fines de lucro, las instrucciones para redactar esta sección de la propuesta podrían ser bastante extensas. El siguiente es un fragmento del conjunto de herramientas para la evaluación ("Evaluation Toolkit") publicado en el sitio web de la W.K. Kellogg Foundation, diseñado para asistir a las entidades que solicitan fondos (en particular, a aquellas que recurren a evaluadores externos):

(SITIO WEB DE LA W.K. KELLOGG FOUNDATION)

CONJUNTO DE HERRAMIENTAS PARA LA EVALUACIÓN

Presentación

➤ Publicaciones y recursos

Presentación del conjunto de herramientas

➤ Para comenzar

➤ Métodos de evaluación

➤ Preguntas de la evaluación

➤ El plan de evaluación

➤ Presupuesto para una evaluación

➤ Contratar y dirigir a un evaluador

Recursos adicionales

Conjuntos de herramientas

PRESENTACIÓN DEL CONJUNTO DE HERRAMIENTAS

Este conjunto de herramientas está diseñado para brindar orientación a quienes reciben fondos de nuestra institución y se comprometen a evaluar y aprender de su trabajo. Está destinado principalmente a aquellos que trabajarán con un evaluador externo o llevarán a cabo sus propias evaluaciones internas rigurosas. Sin embargo, creemos que podría ser útil para cualquier institución que desee diseñar una evaluación eficaz.

Las herramientas y métodos de este conjunto tienen su fundamento en nuestra misión y filosofía de evaluación y se basan en nuestro Manual de Evaluación. El conjunto de herramientas consta de siete secciones (los enlaces con estas secciones están ubicados en la columna izquierda y aparecen en todas las páginas del conjunto de herramientas):

1. **Para comenzar:** Describe algunas de las primeras cuestiones a abordar al comienzo de una evaluación.

2. **Métodos de evaluación:** Brinda detalles sobre diversos métodos de evaluación y la forma en que ellos se relacionan con la contratación de un evaluador y el diseño de la evaluación.

3. **Preguntas de la evaluación:** Ofrece sugerencias para elaborar las preguntas que orientarán el trabajo de evaluación.

4. **Plan de evaluación:** Proporciona detalles sobre los componentes más importantes de un plan de evaluación, entre ellos, la recolección y el análisis de datos, la elaboración de informes y el uso eficaz de las conclusiones.

5. **Presupuesto:** Indica cómo crear un presupuesto inicial destinado a la evaluación.

6. **Contratar y dirigir evaluadores:** Sugiere aspectos a tener en cuenta en la selección y dirección del mejor evaluador para su proyecto.

7. **Recursos adicionales:** Enlaces con recursos útiles en Internet sobre evaluación.

Agradeceremos sus comentarios sobre nuestro conjunto de herramientas.

Más allá de las consideraciones prácticas que se refieren a mejorar las posibilidades de obtener los aportes, un proyecto bien concebido sencillamente requiere un aspecto evaluativo que permita tanto a la organización que recibe los fondos como a la institución donante determinar si, en definitiva, el proyecto es exitoso o no. La forma que se adopte para el plan de evaluación será diferente en cada caso, pero sin duda estará estrechamente vinculada con los objetivos iniciales del proyecto y se diseñará teniendo en cuenta resultados que se puedan medir, de modo que la organización que recibe el aporte pueda informar de sus logros a la institución filantrópica al final del período. El componente de evaluación de la propuesta puede constar de uno o dos párrafos, o una o más páginas, según el tipo del proyecto.

Por lo general, el componente de evaluación de la propuesta formará parte de la descripción del proyecto. Además, es razonable que el alcance y la complejidad de la evaluación coincidan con los del proyecto. Por ejemplo, si pide fondos para adquirir una computadora más para su institución, tal vez no sea necesario crear un plan minucioso para evaluar el efecto en sus operaciones. En cambio, si solicita una suma considerable de dinero para llevar a cabo un experimento científico en el que participarán muchos investigadores que utilizarán equipos sofisticados, deberá brindar detalles sobre los mecanismos específicos para determinar si la metodología descrita en su propuesta cumple sus metas y objetivos y produce los resultados deseados.

Recuerde que no todas las instituciones filantrópicas requieren una evaluación formal: algunas solicitan sólo informes de control. En este caso, usted tendrá que averiguar primero qué se necesita y luego determinar si un plan de evaluación formal es un aspecto esencial del proyecto o no. Sin embargo, muchas de las instituciones filantrópicas entrevistadas para este libro afirmaron que un componente sólido de evaluación basado en resultados que se puedan medir es la marca distintiva de una propuesta que probablemente financiarán. Es conveniente ser flexible en cuanto a la forma precisa en que evaluará su proyecto pues, al analizar la propuesta, es posible que algunos representantes de la institución filantrópica deseen contribuir al diseño de la evaluación. Según Bruce Esterline, de la Meadows Foundation: "Le pedimos a la entidad que solicita los fondos que nos explique cómo medirá su propia eficiencia. A veces, debemos insistir para que profundicen y sean más precisos sobre lo que van a evaluar".

Tipos de evaluaciones

Es esencial que la descripción de los métodos previstos para la evaluación del proyecto muestre una clara voluntad de evaluar su posibilidad de éxito con honestidad. Algunos planes de evaluación miden el producto, es decir, el resultado final. Otros evalúan el proceso, es decir las actividades en curso. Tal vez considere que uno o ambos serán adecuados para evaluar su proyecto en particular, según la naturaleza de sus operaciones y los objetivos del proyecto. Cualquiera sea el tipo de evaluación que se elija, es aconsejable explicar cómo recabará la información necesaria, cómo se analizarán los datos y quién llevará a cabo esta tarea.

Ya sea que la evaluación se refiera al proceso, al producto o a ambos, deberá reunir dos clases de datos: cualitativos y cuantitativos. La mayoría de los planes de evaluación eficaces incluyen ambos tipos.

Los métodos de evaluación cualitativos incluyen entrevistas, grupos de debate, cuestionarios, notas recopiladas por observadores objetivos y/o encuestas. De estos métodos, debe surgir un panorama global que refleje múltiples perspectivas. Por ejemplo, la evaluación de un programa de natación para niños pequeños que empiezan a caminar podría incluir una observación formal y notas escritas con respecto a las actividades educativas, que abarcan las lecciones de natación y un cuestionario para los padres a fin de comprender cómo influyeron las técnicas utilizadas en la experiencia de aprendizaje del niño.

Los métodos cuantitativos de evaluación son más formales en cuanto a su ejecución y numéricos en cuanto a su representación. Los medios cuantitativos se utilizan para generar estadísticas que demuestran la eficacia del programa, a través de parámetros de medición tales como puntajes en exámenes o cantidad de participantes. Por ejemplo, una evaluación del mismo programa de natación para niños que comienzan a caminar puede incluir la edad y la cantidad de niños participantes y cuántos realizaron ciertos avances y aprobaron la prueba de natación.

Consejos para elaborar el componente de evaluación

Crear un módulo de evaluación sólido para su propuesta es una habilidad que la mayoría de las organizaciones que buscan contribuciones deberían desarrollar. En la actualidad, quienes toman la decisión de otorgar aportes filantrópicos tienden a suponer que un plan de evaluación bien concebido indica que la organización está bien administrada, es confiable y merece recibir los fondos. En otras palabras, inspira confianza al donante institucional. Según Danah Craft de la Sun Trust Bank, Atlanta Foundation: "Un buen componente de evaluación ayuda a posicionar a la entidad que solicita el apoyo financiero para el próximo aporte".

Tal como hemos mencionado, es crucial que la evaluación guarde congruencia con el proyecto. Otro aspecto clave que debe tener en cuenta al redactar la sección sobre evaluación de la propuesta es emplear un estilo lineal, partiendo de los objetivos y actividades del proyecto hasta llegar a los resultados previstos y al impacto positivo que estos resultados tendrán en sus destinatarios.

Una persona encargada de la recaudación de fondos que nosotros conocemos recomienda pensar en esta evolución lineal en un orden cronológico inverso. Para comenzar, es aconsejable contemplar el efecto previsto del proyecto. Después, deberá elaborarse una lista de los resultados y, luego, de las actividades que se llevarán a cabo para lograrlos. Por último, será necesario describir los objetivos iniciales. Este método contribuirá a que la sección de evaluación resulte convincente a más largo plazo. Su evaluación debe ser el principal instrumento para medir en qué medida las actividades logran producir los resultados establecidos. Es crucial que incluya indicadores de éxito muy específicos. Esto significa que, cuando se disponga a redactar el componente de evaluación, deberá tener una visión del éxito. La visión ideal es aquella que la institución filantrópica comparte, lo cual a veces se denomina "teoría del cambio". Además, resulta importante revisar y hacer referencia a sus objetivos y actividades para poder señalar una relación causal entre los procedimientos que adopta, las estrategias que los respaldan y los resultados del proyecto.

Para elaborar un componente de evaluación sólido, formúlese las siguientes preguntas:

- ¿Cuál es su concepto del éxito?

- ¿Qué concepto cree que la institución filantrópica tiene acerca del éxito?

- ¿Utiliza una medición cualitativa, cuantitativa o ambas?

- ¿Qué mecanismos específicos de evaluación planea utilizar, por ejemplo, observación, encuestas, entrevistas, pruebas, etc.?

- ¿Qué formato utilizará en el cuerpo principal de su propuesta para describir las diversas etapas de la evaluación (por ejemplo, un texto descriptivo, tablas, cuadros, diagramas, etc.)?

- ¿Estará la evaluación a cargo del personal de su organización o de un consultor externo?

A continuación, ofrecemos varios ejemplos de componentes de evaluación extraídos de propuestas que nos han brindado diversas instituciones filantrópicas. Todos se destacan por su variedad de contenido y formato, y tienden a concentrarse en su mayor parte en la evaluación de los procesos que comprende cada proyecto. El último ejemplo es un fragmento de una propuesta que el

Foundation Center presentó ante la Clark Foundation e ilustra el caso de un componente de evaluación basada en resultados.

El primer ejemplo corresponde a una propuesta que el Southeast Community College presentó ante la Cooper Foundation respecto a su programa para alumnos que recién ingresan. Este es un extracto de un plan de evaluación más extenso. Es importante observar que el autor de la propuesta decidió utilizar tablas, un formato usual para presentar una evaluación y sus resultados esperados, y dividir el proceso de evaluación en mediciones "objetivas" (cuantitativas) y "subjetivas" (cualitativas). Por otra parte, se indican la frecuencia y los plazos de las diversas etapas de la evaluación y quién participará en cada fase de la actividad.

Southeast Community College: Componente de evaluación (fragmento)

Criterios	Proceso de evaluación	Frecuencia	Personal
Para fines del primer año, al menos 80 alumnos de inglés como segundo idioma recibirán orientación académica y profesional a través del centro educativo para alumnos que ingresan "Newcomers Educational Center".	*Evaluación objetiva:* Los registros del proyecto permitirán realizar el seguimiento de la cantidad de alumnos que reciben servicios y del tipo de servicios que se ofrecieron. *Instrumento de evaluación:* Los alumnos responderán a una encuesta que indicará las fortalezas y debilidades del programa.	Trimestral	Proyecto
	Evaluación subjetiva: Se realizarán reuniones del Comité Asesor para analizar la administración y las mejoras del programa.	Trimestral	Coordinador de Programa y Director de Proyecto, Comité Asesor
	Presentación de informes: Se presentará un informe anual que describirá las lecciones aprendidas y los logros del proyecto a la administración, las instituciones filantrópicas y otros interesados.	Anual	Coordinador de Programa y Director de Proyecto

El siguiente ejemplo, bastante diferente, es un fragmento de una propuesta que el Arts & Business Council of Miami presentó ante la Dade Community Foundation. Esta entidad resume el plan de evaluación de su proyecto para ampliar los conocimientos artísticos de su público destinatario.

El Arts & Business Council evaluará el éxito de la iniciativa "Amplifying Arts Audiences" mediante diversos métodos, entre ellos:

- El logro de realizar planos de 25 establecimientos de arte se medirá mediante la creación de diagramas de los asientos de cada espacio y el aprovechamiento de esta información para aumentar las oportunidades de realizar presentaciones en centros de escasos recursos y centros comunitarios.
- Con evaluaciones y casos anecdóticos, se medirá el objetivo de capacitar a gerentes de establecimientos y grupos de arte que se presentan en los centros acerca del uso de las herramientas para obtener el máximo beneficio de la venta de entradas.
- El logro de desarrollar una iniciativa de *marketing* colectivo y el plan de acción para la Boletería Virtual se medirá a través de los comentarios que brinden los grupos de arte y gerentes de establecimientos sobre la eficacia de las herramientas.
- El logro de capacitar a ejecutivos y especialistas en comercialización de arte en el uso de la tecnología y los sitios web para alcanzar a un público nuevo se medirá mediante el uso de formularios de evaluación que llenarán los participantes.
- El grupo de trabajo para ampliar el público para las artes también dirigirá grupos de debate con ejecutivos del sector y posibles consumidores de arte.

A continuación, se incluye la sección de evaluación de la propuesta presentada ante la Blue Ridge Foundation de Nueva York por WomensLaw.org para mejorar su sitio web. Obsérvense los puntos de referencia sumamente específicos que ha establecido la organización.

WomensLaw.org tiene el firme compromiso de ofrecer servicios de calidad y de acceso sencillo. Para garantizar que el sitio web sea eficaz y la información accesible, utilizaremos varios métodos de evaluación.

Uso del sitio web. Todos los meses reuniremos datos sobre el uso del sitio web, mediante el seguimiento de la cantidad de usuarios, las páginas que visitan y los estados en los cuales se registran aumentos en las visitas. También llevaremos un control de los mensajes de correo electrónico. Se tomará nota del estado sobre el cual se solicita la información y las necesidades que se plantean o el tipo de información consultada. Además, realizaremos el seguimiento de las comunicaciones en nuestro servidor de listas de correo o nuestro tablero de anuncios.

Evaluaciones de los usuarios y las instituciones. Para asegurarnos de brindar la información que más se necesita en un formato accesible, enviaremos un cuestionario a los usuarios del sitio que deseen participar y a las instituciones que luchan contra la violencia doméstica de todo el país. Además, publicaremos un cuestionario opcional en el sitio web para los usuarios que deseen enviar sus comentarios.

Puntos de referencia. Hemos establecido puntos de referencia o parámetros para WomensLaw.org, que además ayudarán a ilustrar el éxito de este proyecto. Para fines del año 2003, prevemos lograr los siguientes objetivos:

1. 60.000 sesiones de visitantes por mes (el uso en octubre de 2002 fue de 15.035 sesiones de visitantes),

2. 30.000 visitantes ocasionales por mes (el uso en octubre de 2002 fue de 6.642 visitantes ocasionales),

3. 500 instituciones contra la violencia doméstica informarán que utilizan el sitio con sus clientes,

4. 400 solicitudes de información por correo electrónico por mes (el promedio actual es de 130 solicitudes por mes) y

5. 150 usuarios del tablero de anuncios o del servidor de listas de correo por mes.

Por último, se ofrece un ejemplo de la sección de evaluación de una propuesta que el Foundation Center presentó ante la Clark Foundation para el proyecto del centro First Steps & Next Steps (FS&NS II), un programa para desarrollar la capacidad de recaudación de fondos de las organizaciones sin fines de lucro de la zona de Nueva York.

EVALUACIÓN

Pensar en los resultados inspirará nuestras estrategias de evaluación de First Steps & Next Steps II. Al comienzo del programa, los participantes y los asesores sobre recaudación de fondos analizarán los resultados deseados para participar, y evaluaremos el progreso hacia la concreción de estos resultados de manera constante. Utilizaremos los siguientes métodos para recabar información sobre los resultados de FS&NS II, tanto los que se refieren a promover el conocimiento y las habilidades de los participantes, como aquellos que permitirán producir beneficios tangibles para sus organizaciones:

Evaluación de los componentes del salón de clases: Los participantes llenarán los formularios de evaluación al finalizar cada módulo. En estos formularios, brindarán comentarios sobre su contenido y dictado, autoevaluarán los conocimientos adquiridos y enumerarán las acciones que adoptarán para mejorar sus gestiones de recaudación de fondos que han aprendido en la sesión.

Evaluación por parte de los asesores en recaudación de fondos y moderadores invitados: Al coordinar las reuniones, los asesores en recaudación de fondos y moderadores invitados evaluarán el aprendizaje de los participantes, sobre la base de observaciones durante los talleres, diálogos con los participantes y la comunicación por correo electrónico del grupo entre los talleres y tras su finalización.

Resumen sobre los comentarios brindados por participantes: Cuando finalice el programa, los participantes realizarán un resumen de sus comentarios para indicar su grado de satisfacción general respecto al programa y para identificar los aspectos que les resultaron de mayor o menor utilidad.

Beneficios tangibles para las organizaciones sin fines de lucro: Durante el programa, y tres meses, seis meses y un año después de su finalización, recabaremos información sobre las ganancias de las organizaciones que reflejen los indicadores de éxito enumerados anteriormente en las págs. 2–3.

Movimiento a lo largo de la matriz de las organizaciones con escasos recursos: Al evaluar la condición de las organizaciones participantes, el Foundation Center estableció una matriz de medición de progreso que comprende la gama de condiciones que pueden presentar las organizaciones con escasos recursos, con categorías que van desde "en crisis" hasta "segura". Los asesores en recaudación de fondos de FS&NS II, junto con los participantes, determinarán en qué categoría de esta matriz se encuentra cada organización al comienzo del programa y a su finalización.

¿Quién llevará a cabo la evaluación?

Determinar quién llevará a cabo la evaluación suele representar un reto para la organización sin fines de lucro que solicita el apoyo financiero. Sin embargo, es un aspecto esencial del componente de evaluación de la propuesta. A muchas de estas organizaciones la evaluación les resulta intimidante, no sólo por los posibles costos de esta tarea, sino porque cuentan con poca experiencia en el tema. Lo cierto es que, por lo general, las instituciones filantrópicas dejan a criterio de la organización la determinación de quién llevará a cabo la evaluación. Además, casi todas las evaluaciones de los proyectos financiados por fundaciones están a cargo del personal del programa. Cuando el personal remunerado o voluntario de la organización participa en las actividades de evaluación, es importante que no se limite a llevar un registro de los resultados del programa, sino que determine los resultados reales del proyecto y la repercusión que éste tendrá en definitiva en sus destinatarios.

Por otro lado, los evaluadores externos atienden la necesidad de aplicar al plan de evaluación un diseño exigente fundado en las ciencias sociales, así como de ponerlo en práctica. Estos expertos aportan credibilidad, objetividad, capacidad de investigación, análisis y conocimientos especializados que la mayoría de las organizaciones sin fines de lucro sencillamente no poseen. Además, pueden resguardar la confidencialidad de los datos reunidos cuando resulte necesario. Las evaluaciones que los consultores externos suelen realizar incluyen evaluaciones formales de necesidad, estudios ambientales, análisis financieros, grupos de debate y entrevistas. Las instituciones filantrópicas que requieren evaluadores externos suelen ser las más grandes y, por lo general, este requisito se aplica sólo a proyectos complejos y relativamente costosos.

La ventaja para las organizaciones que solicitan apoyo financiero es que, a menudo, cuando se requiere un evaluador externo, la fundación permitirá que la organización incluya el costo de esa evaluación como una partida separada en el presupuesto del proyecto. En otros casos, ofrecerá su propio evaluador. Según Robert Crane, de la JEHT Foundation: "Cuando deseamos la validación de un consultor externo para un proyecto en particular, financiamos el costo por separado". Por su parte, Robert Jaquay, de la George Gund Foundations, expresa: "Si es necesario, iniciamos una evaluación externa y el costo corre por nuestra cuenta".

Cómo determinar las preferencias de la institución filantrópica

Al igual que con otros aspectos de la redacción de una propuesta, si los requisitos que el donante institucional establece con respecto a la evaluación son poco claros, es importante solicitar las aclaraciones necesarias. Se trata de un área en la que aún existe una gran disparidad de preferencias entre las instituciones filantrópicas. Consultada acerca del tratamiento que la evaluación recibe en la actualidad, Marilyn Hennessy, de la Retirement Research Foundation, respondió: "Hay de todo un poco. Cada vez más instituciones filantrópicas quieren conocer el resultado del dinero que invierten. Pero esto se realiza con diversos grados de sofisticación y a través de personal propio y consultores. El énfasis sobre las evaluaciones causa ansiedad entre las organizaciones sin fines de lucro. Se necesita un mayor equilibrio para obtener la información necesaria y respetar el tiempo y el dinero requeridos para reunir la información a presentar a las fundaciones donantes".

No podemos dejar de señalar que, para algunas instituciones filantrópicas, la evaluación sigue siendo una cuestión relativamente controvertida. En una época en la que es cada vez más difícil conseguir fondos, podría cuestionarse el valor del dinero que se destina a gestiones administrativas, en lugar de dedicarlo a la prestación directa de servicios. Nancy Wiltsek, de la Pottruck Familiy Foundation, expresó la siguiente opinión: "Las organizaciones que solicitan fondos reaccionan de forma negativa cuando se les pide resultados que se puedan medir. ¿Qué son capaces de hacer realmente? Deberían poder definir el éxito por su cuenta, explicar con claridad cómo medir ese éxito, no prometer lo que no pueden cumplir y, en última instancia, tener una buena actitud respecto de lo que hacen. Deberían ser capaces de lograr algo más que resultados".

Conclusión

La evaluación de un proyecto es un aspecto que la entidad que solicita apoyo financiero debe considerar con suma atención. Este modo de medir el éxito, que se basa en resultados, está cobrando entre los donantes institucionales la misma importancia que tiene en el sector empresarial o en el Gobierno. Al abordar lo que para muchas personas es aún una tarea desalentadora en la redacción de una propuesta, lo primero que debe hacer es averiguar con exactitud cuáles son los requisitos de la fundación donante respecto a la evaluación de sus contribuciones. Esta información le ayudará a concebir un plan de evaluación útil y un componente de evaluación eficaz que integrará la descripción del proyecto objeto de su propuesta. Sin embargo, la evaluación no se limita a aquello que la institución filantrópica desea. Es un principio orientador y un mecanismo fundamental de la organización para verificar si cumple lo que se propone. Es evidente que la evaluación se convierte día a día en un aspecto trascendente de la propuesta, y si bien no es tan esencial como la necesidad a la que responde el proyecto o el presupuesto, su elaboración requiere habilidad y un cuidadoso análisis.

7

Elaboración de la propuesta:
El presupuesto

La descripción del proyecto brinda una imagen de su propuesta en palabras. El presupuesto precisa aún más esa imagen con cifras. Un presupuesto bien concebido puede contribuir en gran medida a la comprensión del proyecto por parte de la institución donante. O bien, como expresa Bob Witting, de la Jovid Foundation: "Los números dan una imagen. Los presupuestos le dan profundidad. Deben presentarse con estrategia".

El presupuesto de la propuesta puede consistir en una declaración de una sola hoja en la que consten los gastos estimados. También podría reflejarse en una presentación más compleja, como una hoja de cálculo que incluya los ingresos y las contribuciones proyectadas, o bien una descripción detallada de los diversos rubros de gastos e ingresos. El punto más importante es también el más obvio. Tal como nos recuerda Leslie Silverman, de la Bill & Melinda Gates Foundation: "El presupuesto debe ser congruente con sus objetivos."

Presupuesto de gastos

Cuando se comienza a armar un presupuesto, resulta útil repasar la descripción de la propuesta y elaborar una lista de todos los gastos de personal y de otros costos relacionados con la operación. Es importante incluir cualquier gasto nuevo en el que se incurrirá si el proyecto recibe el aporte filantrópico, como también los gastos corrientes para las partidas presupuestarias que se asignarán al proyecto. Luego, obtenga las cifras pertinentes del encargado de la contabilidad de su institución. Es posible que deba calcular la proporción de los gastos fijos de la organización que corresponden al proyecto y los nuevos costos, como los sueldos del personal del proyecto aún no contratado. Incluya los costos que ha identificado junto a cada rubro de la lista.

Es una práctica aceptada incluir como partidas presupuestarias los costos operativos de la organización que específicamente se destinarán a la gestión del proyecto. En general, estos son los costos de supervisión y de ocupación. Si el proyecto es grande en relación con la organización en su totalidad, estas partidas podrían incluir además gastos de teléfono, servicios (electricidad, gas, etc.), artículos de oficina y gastos de computación. Por ejemplo, si una de las tres líneas telefónicas de la oficina se dedicará al proyecto, sería razonable incluir como gasto del proyecto un tercio del costo mensual del servicio telefónico.

Existen otros costos incurridos por su organización que benefician a su proyecto en forma indirecta. Estos suelen denominarse gastos generales, gastos administrativos, servicios de apoyo o costos compartidos. Se trata de los costos relacionados con el funcionamiento de la organización: alquiler, servicios públicos, mantenimiento, seguro de responsabilidad civil y personal para realizar tareas administrativas, tales como el pago de la nómina y funciones contables. Estas partidas respaldan todos los programas de su organización. La entidad incurrirá en estos costos de todas maneras con independencia de que el proyecto particular presupuestado se encuentre o no en marcha. A menudo se llaman "costos indirectos" del proyecto.

Ejemplos de costos típicos que podrían considerarse indirectos incluyen:

- Personal administrativo
- Gastos de auditoría
- Alquiler de equipos
- Costos de recaudación de fondos
- Seguros
- Honorarios de abogados
- Reuniones de la junta directiva
- Ocupación (alquiler y mantenimiento)
- Servicios (electricidad, gas, etc.)

Dado que algunas fundaciones no otorgarán aportes institucionales para apoyo general operativo, a la organización le convendrá tratar de recuperar una parte de estos costos con cada propuesta que elabore. Después de todo, su proyecto no podría existir si no dispusiera de estos gastos generales para financiar sus actividades. Para describir con exactitud los gastos totales del programa, debe asignar algunos de estos costos a su proyecto.

Suelen utilizarse dos métodos diferentes para incorporar los costos indirectos en el presupuesto de un proyecto. El primero, y sin duda el más usual, implica incorporar un porcentaje correspondiente a los costos indirectos. Algunos donantes institucionales permiten sumar un cierto porcentaje de los costos directos del proyecto a los costos indirectos. Un segundo método consiste en una asignación por partida específica. En este método, se identifican los gastos generales específicos que se sumarán al presupuesto del proyecto, mediante la aplicación de ciertas fórmulas. Ambos métodos requerirán una consulta con el encargado de finanzas, contador u otro profesional contable de la organización.

Es importante incluir los costos indirectos en los presupuestos del proyecto porque los programas no existen en forma aislada. Se necesitarán fondos de alguna fuente para cubrir estos costos, es decir, para pagar los servicios de apoyo de la organización (como la remuneración del contador, del encargado de recaudación de fondos o del departamento de recursos humanos) y para cubrir otros gastos generales, como el alquiler o gastos de teléfono.

Muchos donantes institucionales poseen normas sobre el porcentaje de costos indirectos que admiten en el presupuesto de un proyecto. Algunos no permiten incluir ningún costo indirecto. En lo posible, averigüe las normas de la institución filantrópica sobre costos indirectos antes de presentar su propuesta, pues tal vez tenga que explicar a esa institución cómo cubrirá los gastos generales con otras fuentes de financiamiento.

La lista de partidas presupuestarias y los cálculos realizados para llegar a la cifra que figura en cada una de ellas deben resumirse en hojas de trabajo. Esto puede resultar esencial para recordar cómo llegó a esos números al escribir la propuesta y, en una etapa posterior, al presentarla a las fundaciones. Además, constituyen una valiosa herramienta para realizar el seguimiento del proyecto una vez puesto en práctica y para presentar informes al concluir el período del aporte institucional.

Parte de una hoja de trabajo para un proyecto de un año de duración podría verse así:

Partida	Descripción	Costo
Director ejecutivo	Supervisión	10% del sueldo = $10.000 Prestaciones al 25% = $2.500
Director de proyecto	Contratado en el mes 1	11 meses a tiempo completo a $35.000 = $32.083
Maestros particulares	12, que trabajan 10 horas semanales durante 13 semanas	12 x 10 x 13 x $4,50 = $7.020
Oficina	Requiere el 25% del espacio actual	25% x $20.000 = $5.000
Gastos administrativos	20% del costo del proyecto	20% x $64.628 = $12.926

Ahora que cuenta con las hojas de trabajo, está listo para elaborar el presupuesto de gastos que adjuntará a la propuesta. Para la mayoría de los proyectos, los costos deben agruparse en subcategorías seleccionadas para reflejar los rubros cruciales de gastos. Todos los costos considerables deben distinguirse dentro de las subpartidas. Sin embargo, los gastos menores pueden combinarse en una sola partida. Es usual dividir el presupuesto de gastos en gastos salariales (o de personal) y no salariales. Las subpartidas de personal podrían incluir sueldos, prestaciones complementarias y consultores. Las subpartidas de los costos no salariales suelen abarcar viáticos, equipos y costos de impresiones, para nombrar sólo algunos, con una cifra en dinero adjunta a cada partida.

A continuación, se incluyen dos presupuestos de gastos. El primer ejemplo fue extraído de la propuesta de East Side House para un proyecto de evaluación presentado ante la Altman Foundation.

EAST SIDE HOUSE
Presupuesto del Consultor de Evaluación

Gastos	Total
Consultor (honorarios y gastos)	$ **50.000**
Personal	
Director ejecutivo	15.000
Subdirector ejecutivo	20.000
Subdirector de centros comunitarios	15.000
Subdirector de programas escolares	8.000
Director de tecnología de la información	<u>10.000</u>
Subtotal	$ **68.000**
Costos no salariales	
Desarrollo de la base de datos	17.000
Capacitación del personal	15.000
Desarrollo de herramientas/estudios	<u>12.000</u>
Subtotal	$ **44.000**
Total de gastos	**$162.000**

El segundo ejemplo pertenece a la propuesta presentada por Arts & Business Council of Miami, Inc. ante la Dade Community Foundation. Incluye una columna separada correspondiente a fondos solicitados a la Community Foundation, para distinguirlos de otras fuentes.

Partida de gastos	Total de gastos en efectivo	Fondos de la Dade Community Foundation	Otros fondos para el proyecto propuesto	Aportes en especie
Personal del proyecto (cargo): Coordinador	$5.000	$2.500	$2.500	$0
Personal del proyecto (cargo): Coordinación de capacitación	1.000	0	1.000	0
Personal del proyecto (cargo):	0	0	0	1.000
Servicios subcontratados a colaboradores clave	7.500	3.000	4.500	0
Servicios de consultoría	3.500	0	3.500	0
Otros servicios contratados	7.000	3.000	4.000	5.000
Materiales/suministros				
Mercadeo/Publicidad/Avisos	2.000	1.000	1.000	2.000
Impresiones y copias	1.500	500	1.000	1.000
Correo y servicios de entrega	100	0	100	0
Viáticos locales				
Viáticos fuera del país				
Alquiler de equipos	500	0	500	0
Compra de equipos				
Alquiler de espacio para actividades del proyecto	2.000	0	2.000	1.000
Total de gastos	$30.100	$10.000	$20.100	$10.000

Estado de ingresos y aportes institucionales

En un proyecto típico, no se requiere un estado de ingresos y aportes institucionales. El presupuesto de gastos ilustra el monto del apoyo institucional requerido. Sin embargo, si ya se hubiera otorgado una contribución al proyecto, o si prevé que las actividades del proyecto generarán ingresos, el estado de ingresos y aportes institucionales es el lugar apropiado para incluir esta información.

Al detallar los rubros del apoyo financiero, anote las contribuciones ya asignadas con fines determinados. Esto indicará cómo podrían asignarse los nuevos aportes. El monto total del apoyo financiero ya asignado deberá deducirse de la partida de "Gastos totales" del presupuesto para llegar a la "Cantidad a recaudar" o al "Saldo solicitado".

Todo ingreso previsto también debe incluirse en el estado de ingresos y aportes institucionales. Por ejemplo, si estima que asistirán a una función 50 personas por noche, a $10 la entrada, durante cuatro noches, y supone que cada noche 20 de esas personas comprarán el libro de recuerdo cuyo valor es $5, deberán consignarse dos partidas de ingresos: "Venta de entradas" por un monto de $2.000 y "Venta de libros de recuerdo" por $ 400. Al igual que con el presupuesto de gastos, guarde copias de respaldo de las hojas de trabajo correspondientes al estado de ingresos y aportes institucionales, dado que lo ayudarán a recordar las suposiciones que ha hecho.

Como un estado de ingresos devengados se refiere a los ingresos previstos, más que a las contribuciones comprometidas con las que cuenta, la diferencia entre gastos e ingresos por lo general se denomina "Saldo solicitado" en lugar de "Cantidad a recaudar". La fundación donante apreciará su reconocimiento de que el proyecto ganará aun una pequeña suma de dinero, y es posible que plantee preguntas sobre este punto si no se incluye en el presupuesto.

Ahora que el presupuesto está completo, es importante dedicar algo de tiempo para analizarlo con objetividad. Para ello, resulta vital asegurarse de que las estimaciones de gastos no sean ni demasiado reducidas ni demasiado elevadas. Si se subestiman los costos, tal vez no sea posible operar dentro del presupuesto. Si esto ocurre, será preciso volver a los donantes institucionales que ya están apoyando el proyecto para solicitar asistencia adicional, buscar nuevas instituciones filantrópicas, o financiar parte del costo con fondos generales operativos. Ninguna de estas opciones es atractiva.

Por otra parte, una constante sobrestimación de los costos podría causar otros problemas. El donante institucional adjudica una contribución con la expectativa de que todos los fondos se destinarán a apoyar el proyecto. La mayoría de las fundaciones darán instrucciones para que se les reintegren los fondos remanentes una vez concluido el proyecto. Una suma remanente demasiado elevada reflejará cierta incapacidad en la elaboración del presupuesto y podría afectar la receptividad de la institución filantrópica respecto a los presupuestos que se le presenten en el futuro.

Por último, es importante ser realista acerca de la dimensión del proyecto y del presupuesto. Es probable que incluya una copia de los estados financieros de la organización como apéndice a la propuesta. Quien revise la propuesta tendrá una señal de advertencia si el presupuesto de un nuevo proyecto no guarda relación con las dimensiones del resto de su operación.

Si no tiene experiencia en la preparación de presupuestos, es aconsejable que le pida al tesorero o alguien con experiencia en el manejo de aportes que lo revise por usted. Esto le permitirá identificar problemas evidentes que deben resolverse y prepararse para contestar las preguntas que formulen quienes analicen la propuesta, aunque decida no modificar el presupuesto.

Descripción del presupuesto

La descripción del presupuesto se utiliza para explicar partidas presupuestarias inusuales. No siempre es necesaria. Si los costos se consignan en forma sencilla y directa, y las cifras muestran la imagen del proyecto con claridad, las explicaciones son innecesarias.

Sin embargo, si considera que la descripción es necesaria, esta podría estructurarse de dos formas. La primera consiste en incluir en las partidas del presupuesto notas a pie de página, identificadas con números o letras, que refieran a sus respectivas explicaciones. Como segunda alternativa, en caso de que se requiera una explicación amplia o más general de las cifras, convendría incorporar la descripción del presupuesto en el cuerpo principal del texto. Recuerde, no obstante, que la descripción básica del proyecto y de su organización pertenece a otra sección de la propuesta, no a la descripción del presupuesto.

A continuación, ofrecemos un ejemplo de un presupuesto con una descripción adjunta, que incluye notas a pie de página, extraído de una propuesta de Canal Community Alliance.

Canal Community Alliance
Presupuesto del proyecto del estudio remoto de Radio Canal
Al 4 de abril de 2003

Gastos del proyecto	Suma solicitada				Presupuesto del Proyecto	Notas
	CCA	Milagro Foundation	Marin Arts Council	The Bothin Foundation		
Construcción del estudio y oficina	$8.250				$ 8.250	a
Consola de mezcla				$ 4.000	4.000	b
MAC I Book				1.800	1.800	c
Software de edición de música Pro-Tools				1.500	1.500	d
Micrófonos		$ 250			250	e
Bases para micrófonos		100	$150		250	f
Auriculares			270		270	g
Altavoces			80	20	100	h
1 reproductor de CD dual		500			500	i
2 máquinas de edición		1.200		1.750	2.950	j
Línea telefónica dedicada				550	550	k
Servicio de Internet por 1 año				200	200	l
Muebles				1.400	1.400	m
Alfombra				1.500	1.500	n
Cables y adaptadores				400	400	o

Gastos del proyecto	CCA	Milagro Foundation	Marin Arts Council	The Bothin Foundation	Presupuesto del Proyecto	Notas
2 puertas de madera con pequeña ventana				650	650	p
Material e instalación de aislamiento acústico		700		800	1.500	q
Cortinas para ventanas				400	400	r
Ingeniero de radio a $50/hr. x 50 horas				2.500	2.500	s
Total de gastos	**$8.250**	**$2.750**	**$500**	**$17.470**	**$28.970**	

a. Remodelación y construcción de oficina y estudio en el CCA Teen Center.

b. La consola de mezcla se utilizará para producir entrevistas y segmentos de radio.

c. La computadora portátil se utilizará en la sala de producción, que anteriormente era un armario, y no cuenta con espacio para una computadora de escritorio.

d. Software de edición de música para 3 computadoras a $500 cada una.

e. 5 micrófonos a $50 cada uno.

f. 5 bases para micrófonos a $50 cada una.

g. 6 auriculares a $45 cada uno.

h. 4 altavoces a $25 cada uno.

i. El reproductor de CD se utilizará para transmitir música al aire.

j. Las máquinas de edición radial se utilizarán para grabar y reproducir anuncios de servicio público, segmentos de radio y entrevistas. a $1.150 y un "DLRS Cart-record" a $1.800.

k. Instalación de una línea telefónica para transmitir la señal de radio desde y hacia la emisora de la escuela secundaria San Rafael.

l. Costo de acceso a Internet ADSL por un año.

m. Muebles para reuniones y uso de la producción. Esto incluye una mesa redonda con sillas, 3 sillas de escritorio y una mesa para la consola de mezcla.

n. El centro para adolescentes no tiene alfombra. Se necesita una alfombra para la oficina y el estudio de Radio Canal.

o. Cables e instalación eléctrica para la instalación de los equipos.

p. 2 puertas sólidas de madera con una ventana pequeña para las salas de producción; incluye la instalación.

q. Material e instalación de insonorización.

r. Se utilizarán cortinas como parte del aislamiento acústico sobre una pared con ventanas.

s. Consultor técnico para seleccionar, cablear e instalar todo el equipo de radio.

El presupuesto, de una o varias páginas, ya está listo para incluirse en el documento de la propuesta. Guarde una copia, con sus hojas de trabajo de respaldo, en una carpeta especial. Los materiales incluidos en esta carpeta lo ayudarán a realizar el seguimiento de los gastos reales a medida que se desarrolla el proyecto. Le permitirán contemplar partidas que corren el riesgo de exceder el presupuesto o áreas en las que tal vez tenga fondos adicionales para gastar. De esta forma, podría manejar con eficiencia las contribuciones que reciba. Además, este material será de suma utilidad cuando llegue el momento de redactar el informe del aporte institucional. Puede consultar un ejemplo de presupuesto para un programa en el modelo de propuesta que se incluye en el Apéndice A.

8

Elaboración de la propuesta: Información sobre la organización y conclusión

Información sobre la organización

Normalmente, el perfil de la organización va al final de la propuesta. Si bien la tendencia natural será incluir esta información al comienzo, suele ser más aconsejable describir primero las necesidades del proyecto y, *luego*, la capacidad de la organización para llevarlo a cabo.

No es necesario abrumar al lector con datos acerca de la organización. Esta información puede presentarse en forma sencilla, mediante un folleto u otra información concisa sobre la entidad, o invitando al lector a visitar su página web, si la tiene. Informe, en no más de dos páginas, cuándo se fundó la entidad, cuál es su misión y cómo se articula el contenido de la propuesta con esa misión. Además, describa la estructura de la organización, sus programas y personal calificado. He aquí un ejemplo de la propuesta presentada por Next Generation ante la Agape Foundation.

Información sobre la organización

Desde su fundación hace 3 años, Next Generation ha alcanzado con sus servicios a casi 5.000 jóvenes en el condado de Marin y sus zonas aledañas. Hemos educado a miles de jóvenes, promovido la participación de cientos de jóvenes líderes, organizado decenas de eventos exitosos y acciones directas, generado una amplia cobertura en los medios de comunicación y logrado la modificación de normas y prácticas en todo el país y en las escuelas locales.

Nuestra campaña por la paz "Peace Campaign" brinda a los alumnos información sobre la guerra en Irak y su gigantesco costo, así como sobre la política exterior de los Estados Unidos en general, al mismo tiempo que ayuda a los jóvenes a adoptar acciones de base comunitaria en favor de la paz. El año pasado, los jóvenes de Next Generation aunaron esfuerzos con funcionarios del Gobierno local y la Comisión de Jóvenes de nuestro condado para persuadir a las autoridades locales a fin de que aprueben por unanimidad una resolución que condene la guerra en Irak y exija el retiro de las tropas de los Estados Unidos. Llevamos a cabo eventos educativos e invitamos a jóvenes ex combatientes contrarios a la guerra a concurrir a las escuelas y comunidades locales, para compartir sus historias y su oposición a la lucha armada. Nuestra marcha "Financie nuestra ciudad, no la guerra" tuvo una amplia cobertura en los medios de comunicación y reunió a más de 100 personas, entre ellas la legisladora Lynn Woolsey, en una manifestación que recorrió San Rafael, California y destacó el costo que la guerra origina para organismos locales, como los departamentos de policía y de bomberos, bibliotecas y escuelas. Este evento concluyó con un foro en la alcaldía, que contó con la participación de los principales funcionarios municipales, entre ellos, los jefes de policía y de bomberos, y concejales. Nuestras actividades en el centro local de reclutamiento militar y nuestra vigilia en conmemoración de la muerte del soldado estadounidense número 2000 Irak, así como el llamado al fin de la guerra, congregaron a más de 100 jóvenes y adultos, y aparecieron en las primeras planas de los medios de prensa.

Los programas de Next Generation integran el trabajo por la paz y contra la guerra con resultados de sustentabilidad. Reconocemos que la guerra no es sostenible en función de los problemas de justicia social y del medio ambiente, y que la sustentabilidad social y ambiental promueve la paz. Para abordar algunas de las causas originarias del conflicto, nuestra Iniciativa para escuelas sustentables ayuda a lograr la paz y la justicia al cambiar nuestro estilo de vida y crear instituciones más responsables. Nos enorgullece haber sido una de las principales entidades organizadoras del festival Marin Earth Day 2005. Además, nuestros talleres, guías y recursos han permitido a los alumnos ampliar los programas de reciclado escolar, iniciar jardines escolares y convencer a sus clubes para que comiencen a utilizar prendas orgánicas de comercio justo. Algunos incluso trabajan con sus escuelas para convertir sus sistemas a energía solar. Estos esfuerzos apoyan a los trabajadores y al medio ambiente, además de construir la paz y la buena voluntad.

Mencione cuántas personas integran su junta directiva y explique la forma en que se recluta a nuevos miembros así como su nivel de participación. Brinde al lector un panorama claro de la composición de la junta directiva e incluya la lista completa de sus miembros en el apéndice. Si su organización está integrada por voluntarios o tiene un grupo activo de voluntarios, describa sus funciones. No omita los datos sobre el personal, como la cantidad de trabajadores con dedicación completa y parcial, y su nivel de experiencia.

Describa qué tipo de actividades desempeña el personal. Explique en forma concisa la asistencia que usted brinda. Defina su público destinatario, sus necesidades especiales y la razón por la cual estas personas necesitan los servicios de su organización. Recuerde mencionar la cantidad de beneficiarios de sus programas.

Para completar la información sobre su organización, explique qué tipo de servicios especializados provee, en especial si están relacionados con el contenido de la propuesta.

Esta información, así como los documentos adjuntos que acompañará en el apéndice, es todo lo que el donante institucional necesita en esta etapa. Es posible que las instituciones filantrópicas deseen verificar con otras fuentes la información relacionada con su organización y su desempeño.

Estas fuentes podrían incluir expertos en la materia, contactos en organizaciones similares a la suya, otras fundaciones, o incluso una entidad como Better Business Bureau Wise Giving Alliance, que emite informes acerca de las organizaciones sin fines de lucro más importantes del país.

En el siguiente ejemplo, Dress for Success Atlanta narra su historia en forma sucinta a The Community Foundation for Greater Atlanta, Inc.

Nuestra misión consiste en "apoyar a mujeres de bajos recursos a lograr su autosuficiencia, al proporcionarles vestimenta para entrevistas y actividades laborales, desarrollo profesional y personal permanente, y modelos de roles que han triunfado en casos similares".

Dress for Success Atlanta (DFSA), antes denominada Working Wardrobe, fue fundada en 1997 por Deborah Wolf. La Sra. Wolf creó la organización tras ver a numerosas postulantes altamente capacitadas pasar por su agencia de personal médico, sin que lograran conseguir puestos profesionales por carecer de la vestimenta apropiada para la entrevista. Instó a sus amigos y colegas a colaborar con donaciones de trajes y accesorios en buen estado y a ofrecerse como voluntarios para brindar asistencia personal a sus clientes en la selección y compra de las prendas adecuadas para una entrevista. La Sra. Wolf obtuvo un espacio donado por Apparel Mart. Hasta 1999, DFSA era una organización integrada exclusivamente por voluntarios. A medida que la base del público destinatario creció y se añadieron componentes adicionales al programa, resultó evidente que se necesitaba un director de programa remunerado, con dedicación completa, para administrar a los voluntarios y el inventario, trabajar con organizaciones colaboradoras de la comunidad que envían casos y supervisar las actividades administrativas y de recaudación de fondos.

Conclusión

Cada propuesta debe tener uno o dos párrafos a modo de conclusión. Es aquí donde debe brindar información sobre el futuro, una vez que finalice el apoyo financiero. Si corresponde, conviene presentar algunas de las actividades complementarias que podrían llevarse a cabo y, de esta manera, preparar a la fundación para la próxima propuesta o futura solicitud de fondos.

Esta sección es además el lugar apropiado para realizar la solicitud final para el proyecto. Reitere en pocas palabras qué se propone lograr su organización y por qué este propósito es importante. Señale por qué su organización necesita fondos para cumplir sus metas y objetivos. En esta etapa, no tema recurrir a un poco de emoción para reforzar su caso.

Los dos ejemplos que brindamos a continuación son fragmentos de propuestas presentadas a The Frances L. & Edwin L. Cummings Memorial Fund. La primera es una conclusión sucinta, pero sólida a la vez, extraída de la solicitud de Groundwork.

Conclusión

En un plazo relativamente corto, Groundwork ha desarrollado, financiado y puesto en marcha una institución respetada que brinda servicios a más de 600 jóvenes y 1000 familias en una de las comunidades en mayor situación de riesgo y con menores recursos de la ciudad de Nueva York. Un coordinador de servicios de apoyo con dedicación completa es esencial para atender de forma adecuada la creciente demanda de servicios, al tiempo que nos convertimos en una presencia reconocida y afianzada en la comunidad. Esperamos sinceramente que The Frances L. & Edwin L. Cummings Memorial Fund se una a los esfuerzos de nuestra organización una vez más el próximo año, en nuestra labor para consolidar "Jóvenes fuertes para comunidades fuertes".

El segundo ejemplo constituye un fragmento de la propuesta de Common Ground para su programa S2Hi.

Conclusión

S2Hi ha creado un nivel de comunicación y cooperación sin precedentes entre los prestadores de servicios y sus clientes, y ha demostrado que las personas que carecen de hogar en forma crónica se encuentran en verdad preparadas para tener una vivienda. El enfoque de colaboración del proyecto y su alta tasa de éxito también han originado cambios trascendentes en las normas y prácticas tanto de los prestadores de servicios como de los organismos gubernamentales. Al aproximarnos a nuestro objetivo de reducir en dos tercios la población sin hogar de la zona oeste del distrito central de la ciudad (de Nueva York) hacia fines del año 2006, procuramos ampliar al máximo la repercusión del programa al permitir que otras organizaciones repliquen nuestro modelo en otros barrios de la ciudad de Nueva York y al asegurar la estabilidad habitacional de nuestro público destinatario.

El financiamiento privado era absolutamente esencial para el lanzamiento inicial y la puesta en marcha de S2Hi por parte de Common Ground. Un aporte de $50.000 de The Frances L. & Edwin L. Cummings Memorial Fund nos permitirá cumplir nuestros objetivos de reducir el número de personas sin hogar que viven en las calles de la zona oeste del distrito central de la ciudad (de Nueva York), realizar el seguimiento de nuestro público destinatario para afianzar su situación satisfactoria a más largo plazo y continuar compartiendo nuestra labor con organizaciones de toda la ciudad. Para ello, solicitamos urgentemente su apoyo.

9

Variaciones en el formato de la propuesta

En los capítulos anteriores, se presenta el formato recomendado para los componentes de una propuesta típica. En realidad, no todas las propuestas seguirán estas pautas al pie de la letra. Esto no debe sorprenderle. En algunos casos, un proyecto pequeño podría requerir una propuesta del mismo tamaño. En otros, el tipo de solicitud tal vez no exija todos los componentes de una propuesta en la secuencia sugerida en este libro. En definitiva, usted deberá guiarse por las pautas y normas de cada fundación. En la actualidad, muchas fundaciones prefieren una propuesta breve por carta; otras, requieren llenar una solicitud. De todos modos, es aconsejable consultar los componentes básicos de una propuesta (véase el Capítulo 2) para asegurarse de no haber omitido algún elemento que respalde su caso.

A continuación, se incluye una descripción de una carta propuesta y de otras variaciones de formato.

La carta propuesta

A veces, la magnitud del proyecto determina si se requiere solamente la presentación de una carta o del formato de propuesta más extenso. Por ejemplo, una solicitud para comprar una máquina de fax de $300 no necesita una propuesta extensa. Una contribución pequeña para los gastos operativos de la organización, en especial si se trata de una renovación de aportes anteriores, tal vez requiera sólo una carta en vez de una propuesta más completa.

¿Cuáles son los elementos de una carta propuesta? En la mayoría de los casos, deberá seguir el formato de una propuesta completa, salvo por su extensión. La carta no debe exceder de tres páginas. Tendrá que emplear sus habilidades de redacción para especificar de manera minuciosa todos los detalles necesarios de manera que la carta sea clara y concisa.

En cuanto al flujo de la información, siga estos pasos sin olvidar que su carta se dirigirá al representante de una fundación determinada. Es aconsejable emplear un estilo menos formal que en la propuesta más extensa. Tal vez sea necesario cambiar la secuencia del texto para lograr el tono adecuado y la fluidez deseada en la presentación de información.

He aquí algunos elementos de una carta propuesta bien concebida, con fragmentos de las partes pertinentes de la presentada por St. Ann's School a la Independence Community Foundation.

Solicite el aporte financiero: La carta debe expresar el motivo por el que se dirige a la institución filantrópica y el monto de los fondos que solicita.

Estimada Sra. Gelber:

St. Ann es una escuela católica acreditada para niños de cuatro años de edad (*Pre-K*) a octavo grado, que brinda servicios a una población muy diversa. Algunos de nuestros alumnos no son católicos. Nuestra matrícula ha aumentado en los dos últimos años gracias a actividades de extensión y promoción, y creemos que continuará creciendo en el futuro próximo. Una de nuestras calderas, de cincuenta años de antigüedad, necesita ser reemplazada, para lo cual solicitamos apoyo financiero. Hemos recibido una cotización por $59.000 y tenemos la esperanza de que la mitad de esa suma sea aportada por su fundación. Hemos obtenido el resto de tres fuentes: la parroquia, los alumnos y una contribución de contrapartida (que igualará el monto del aporte filantrópico) por parte de la diócesis. Cualquier suma adicional se cubrirá mediante eventos de recaudación de fondos. El plazo es bastante apremiante, dado que la nueva caldera debe estar instalada antes del comienzo de la temporada invernal.

Describa la necesidad: Explique a la fundación donante, de modo convincente, por qué es necesario este proyecto, o equipo de oficina, etc.

Como escuela católica, nuestros recursos financieros son muy limitados. Tratamos de que nuestra matrícula sea lo más económica posible y ofrecemos descuentos para familias que tienen a más de un niño inscrito. Mientras algunas escuelas católicas han cerrado, hemos podido mantener la matriculación y la estabilidad financiera a través de una cuidadosa gestión financiera y control de costos. Contamos con una comisión de padres muy activa y sus esfuerzos para recaudar fondos y trabajar como voluntarios en diversas actividades es otra de las razones de nuestro éxito. Nuestra población estudiantil diversa se ha beneficiado con esta estabilidad y el resultado obtenido es un excelente rendimiento académico. Esperamos seguir ofreciendo un ambiente de aprendizaje con personal y un cuerpo docente dedicado y una comunidad para nuestros padres y alumnos durante muchos años.

La necesidad de una nueva caldera es una situación excepcional que, según creemos, exige estas medidas. Nuestras operaciones normales se encuentran cubiertas en nuestro presupuesto con cierta previsión para gastos extraordinarios. Se trata de un considerable gasto de capital. Si pudiéramos obtener parte de los fondos necesarios de su fundación, podríamos conseguir una contribución de contrapartida de la diócesis que cubrirá la mayor parte del costo remanente. Además, prevemos contar con la cooperación adicional de nuestro proveedor para controlar el gasto de esta instalación. Si bien podríamos reparar la unidad actual, dicha reparación costaría casi la mitad de una unidad nueva. Por otra parte, en apenas cinco años de servicio se requerirían otras reparaciones importantes o un nuevo reemplazo. Desde este punto de vista, la inversión en una nueva caldera es la opción más sensata. En la actualidad contamos con los medios para solicitar aportes filantrópicos a través de los esfuerzos de un padre voluntario. Por estos motivos, consideramos prudente procurar dichos fondos.

Explique qué hará: Tal como lo haría en una propuesta completa, brinde suficientes detalles que despierten el interés de la institución donante. Describa de manera precisa cuáles serán los resultados del aporte filantrópico.

La instalación de una nueva caldera se traducirá en numerosos beneficios. Es obvio mencionar que se necesita una fuente confiable de calefacción en los meses de invierno. Día tras día, tenemos a nuestro cuidado a 250 alumnos de cuatro a trece años de edad. No sería responsable de nuestra parte no contar con un edificio adecuado para el aprendizaje en la temporada invernal. Con una unidad nueva, tendremos un servicio de garantía, lo cual redundará en una reducción en los gastos de mantenimiento durante varios años. Además, prevemos un considerable ahorro en costos de combustible. La inversión en una caldera nueva ahora se verá reflejada en menores costos durante el próximo ciclo lectivo. Hemos contratado a un proveedor calificado y confiable para este proyecto que ya ha instalado un nuevo tanque de combustible en el edificio y ha demostrado su compromiso de trabajar con nosotros para controlar los costos.

Brinde datos sobre su organización: Ayude al donante institucional a conocer mejor a su organización: incluya su misión, una breve descripción de los programas que ofrece, la cantidad de personas a las que la organización brinda servicios y el personal, los voluntarios y los miembros de su junta directiva, si correspondiera.

St. Ann's fue fundada en 1954. Desde entonces, ha brindado educación de calidad y guía espiritual a sus alumnos. La escuela se encuentra plenamente acreditada por Middle States Association. Mantenemos los más elevados niveles académicos para nuestros alumnos. St. Ann's ofrece un ambiente de aprendizaje seguro. Nuestro establecimiento cuenta con gimnasio, biblioteca, laboratorio de ciencias y laboratorio de computación. Nuestros servicios incluyen una enfermera profesional con dedicación completa, un consejero de orientación, instrucción impartida por compañeros, un especialista en lectura con dedicación completa, clases de música, clases de español para el séptimo y el octavo grado, llegada temprana antes del comienzo de la jornada escolar y un programa supervisado después del horario escolar para padres que trabajan. Nuestras actividades incluyen pruebas de pista de atletismo y equipos de baloncesto, banda de música y coro escolar, un grupo de niñas escultistas (*Girl Scouts*) y acontecimientos especiales para nuestra comunidad de padres y alumnos. Todo esto es posible gracias a la dedicación de nuestro cuerpo docente, el personal, los padres interesados y los miembros de la parroquia de St. Ann.

Incluya la información pertinente sobre el presupuesto: aun en una carta propuesta se puede incluir un presupuesto de media página. Decida si esta información debe incorporarse en el cuerpo de la carta o en un documento aparte. Cualquiera que sea el método que elija, no olvide mencionar los costos totales del proyecto. Sólo mencione futuros aportes si la ausencia de esta información podría originar dudas.

Concluya: Al igual que una propuesta más extensa, una carta propuesta necesita una conclusión fuerte que, a la vez, puede ser breve y concisa.

> Gracias por dedicar su tiempo a la evaluación de esta solicitud. Quedamos a la espera de su respuesta.
>
> Atentamente

Adjunte cualquier otra información adicional requerida: Para una propuesta abreviada, la institución donante podría requerir la misma información que para una más extensa: una lista de miembros de la junta directiva, una copia de la carta de reconocimiento de la condición fiscal 'exento de impuestos' de la IRS, documentación financiera y un historial profesional breve del personal clave. En lugar de preparar un apéndice por separado, es conveniente enumerar los adjuntos al final de la carta propuesta, después de la firma.

El esfuerzo que exige la redacción de una carta propuesta puede ser igual o mayor al que se requiere para elaborar una propuesta completa. No crea que no le llevará tiempo ni le resultará difícil porque se trate solamente de una carta. Cada documento que le entregue a la institución filantrópica dice algo sobre su organización. Cada paso que dé debe forjar una relación para el futuro con la fundación.

Otras variaciones de formato

De la misma forma en que la magnitud del proyecto determinará si corresponde presentar una carta o una propuesta completa, el tipo de solicitud será el factor determinante para definir si se requieren o no todos los componentes de la propuesta completa.

La siguiente sección analiza la información que debe incluirse en la propuesta para cinco diferentes tipos de solicitudes: proyecto especial, propósito general, adquisición de activos fijos, fondo patrimonial y compra de equipos.

PROYECTO ESPECIAL

El formato básico de la propuesta que se describe en los capítulos anteriores se basa en el modelo de la propuesta para un proyecto especial, porque será el más frecuente. Tal como ya se ha explicado, las fundaciones a menudo prefieren otorgar aportes filantrópicos para proyectos específicos, porque estos son finitos y tangibles, y sus resultados pueden medirse.

PROPÓSITO GENERAL

Una propuesta para apoyo general procura obtener fondos para necesidades operativas de la organización. Por este motivo, se concentra de manera más concreta en la entidad que solicita los fondos, en lugar de hacerlo en un proyecto específico. Este tipo de propuesta debe contener toda la información de una propuesta típica, con la diferencia de que no incluirá un componente específico que describa a la organización. Esa información será el foco primordial de la propuesta. Además, el presupuesto de la propuesta será el presupuesto de toda la organización, de modo que no será necesario reiterarlo en el apéndice.

Hay dos componentes de la propuesta para obtener apoyo general operativo que merecen especial atención. Se trata del planteamiento de la necesidad y la información sobre el programa, que reemplaza al componente relacionado con la "descripción del proyecto". La sección que explica la necesidad a la que responde el proyecto es de particular importancia. Debe explicar, en forma sucinta, la situación de su propia organización. ¿Cuáles fueron las circunstancias que motivaron la creación de la entidad? ¿Siguen siendo urgentes esas circunstancias hoy en día? Emplee un lenguaje que interese al lector, pero mantenga la secuencia lógica en la presentación de los datos de respaldo. Por ejemplo, una organización lógica debe citar estadísticas locales, no nacionales.

El siguiente es un ejemplo del planteamiento de la necesidad a la que responde el proyecto, extraído de una propuesta para obtener apoyo general operativo que presentó la South Asian Youth Foundation (SAYA!) a la Independence Community Foundation.

Como ustedes saben, SAYA! es la única organización de su tipo en la ciudad de Nueva York que ofrece programas de desarrollo juvenil a jóvenes sudasiáticos de bajos ingresos y escasos recursos. En nuestra labor con estos jóvenes, es evidente que la comunidad aún enfrenta los siguientes problemas:

1. Pese a la larga historia y presencia de los sudasiáticos en la ciudad de Nueva York, la comunidad ha recibido muy escasos servicios, en cuanto a la identificación y atención de necesidades a través de servicios sociales y comunitarios.

2. Los jóvenes de SAYA! asisten a las escuelas de menores recursos y más superpobladas de Queens. Por ejemplo, Newtown High School, que se encuentra a pocas cuadras de distancia de nuestro centro, es la escuela más superpoblada de la ciudad y funciona a una capacidad del 206%. John Adams High School, una escuela a la que asiste un 75% de población sudasiática, se encuentra a una capacidad del 162%. Richmond Hill High School y W.C. Bryant High School están funcionando al 185% y el 155% de su capacidad, respectivamente. Un artículo de *Queens Gazette* muestra una correlación entre estas escuelas superpobladas y los resultados obtenidos por los alumnos en los exámenes del consejo rector del estado de Nueva York (*Regents*).

3. Los jóvenes de SAYA! asisten a escuelas como John Adams High School, una escuela calificada como "Título I" (escuela que recibe fondos del gobierno federal por su alto porcentaje de estudiantes de bajos recursos económicos) con una tasa de graduación del 43,49%, o bien a WC Bryant High School, que registra un índice de graduación del 52,3%. En verdad, si se toman en cuenta los egresos, estas tasas son aún menores. En general, nuestros jóvenes tienen escaso o ningún acceso a asistencia académica adicional en sus escuelas.

En estas circunstancias, es crucial que SAYA! continúe brindando sus servicios académicos de imperiosa necesidad a jóvenes sudasiáticos de bajos ingresos, al trabajar para cumplir su misión de promover un cambio social y oportunidades a fin de que los jóvenes sudasiáticos desarrollen plenamente su capacidad. Durante los últimos ocho años, hemos atendido de forma satisfactoria necesidades esenciales de los jóvenes de la comunidad. Sin embargo, sólo hemos logrado pequeños avances, debido a la escala y al aumento del problema, y la necesidad de hacer cada día más. Por este motivo, el aporte filantrópico de fundaciones como la Independence Community Foundation resulta crucial.

1. Wilson, Linda J. "Queens Scores Better Than NYC Average But Overcrowded", *Queens Gazette*, 2001.

2. Departamento de Educación de la ciudad de Nueva York. Resultados de cuatro años de la promoción de graduados del año 2004.

Es buena idea incluir detalles acerca de logros recientes y tendencias futuras, tal como puede apreciarse en este fragmento de la propuesta de South Asian Youth Action.

Programa de Preparación Académica y Universitaria

El Programa de Preparación Académica y Universitaria (*Academic and College Preparation Program*) de SAYA! brinda a jóvenes sudasiáticos las herramientas para explorar el sistema educativo y lograr el éxito académico. SAYA! es capaz de cerrar las brechas existentes en el sistema de las escuelas públicas de la ciudad de Nueva York, las cuales afectan en forma desigual a los jóvenes inmigrantes sudasiáticos que aprenden inglés como segundo idioma o tienen necesidades de aculturación.

Los servicios académicos que ofrece SAYA! incluyen preparación para la prueba de rendimiento académico (SAT), la prueba especializada de ingreso a escuelas secundarias (SHSAT) y la prueba del consejo rector del estado de Nueva York (*Regents*), clases individuales y orientación universitaria. Los cursos de preparación para la prueba SAT se ofrecen dos veces al año durante diez semanas y alcanzan como mínimo a un total de 55 alumnos. Los cursos de SHSAT se desarrollan durante seis semanas, dos veces al año, para un total de 15 alumnos. La preparación para el examen del consejo rector es un servicio individual y se basa en las necesidades particulares de cada alumno. Los jóvenes pueden reunirse con su instructor durante todo el año o algunas semanas. Por lo general, se reúnen una vez por semana durante dos horas. La orientación universitaria es también un servicio individual que se ofrece a todos los alumnos. En general, quienes más lo utilizan son aquellos que se encuentran en los cursos de SAT. Este servicio también se basa en la necesidad del alumno y es facilitado por el coordinador de programas académicos.

Componente del programa	Número previsto de jóvenes destinatarios
Cursos de preparación para la prueba SAT y Orientación universitaria (orientación sobre selección de universidades y becas; visitas a las universidades)	55
Curso de preparación para la prueba SHSAT	15
Clases individuales (incluida la preparación para la prueba Regents)	20
TOTAL	90

CONSIDERABLES MEJORAS AL PROGRAMA

Para el próximo ciclo académico 2005-2006 del programa, SAYA! ha diseñado sus programas de forma tal que se integren con el Programa de Preparación Académica y Universitaria. En el pasado, SAYA! ha instado a todos los jóvenes a utilizar sus servicios académicos. Sin embargo, como compromiso adicional a nuestro modelo holístico, SAYA! incluirá ahora en forma activa la asistencia académica y la orientación universitaria como componentes de los programas de desarrollo de liderazgo. Cada joven que participe del Programa de Liderazgo de Hombres Jóvenes, Desi Girls on 'da Rise y ARISE será evaluado por su coordinador de programa en función de la necesidad académica. El coordinador del programa trabajará con los jóvenes y con el coordinador del programa académico para asegurarse de que reciban servicios apropiados en las áreas de preparación académica y universitaria.

ADQUISICIÓN DE ACTIVOS FIJOS

Una propuesta para activos fijos solicita fondos para la compra, construcción o renovación de establecimientos, o tal vez la adquisición de terrenos o mejoras físicas de largo plazo. En la actualidad, muchas instituciones incluyen otros rubros en una campaña de recaudación de fondos para activos fijos, tales como fondos patrimoniales de beneficencia, ampliación de programas y remuneración de profesores. Sin embargo, para nuestros fines, analizaremos la definición más tradicional de activos fijos, es decir, inmuebles o "ladrillos y argamasa".

Una solicitud de fondos para activos fijos incluirá todos los componentes de la propuesta típica. Habrá diferencias de contenido, sobre todo en el planteamiento de la necesidad, la descripción del proyecto, el presupuesto y el apéndice.

En una propuesta de este tipo, la necesidad a la que responde el proyecto debe concentrarse en los motivos por los que la construcción o la renovación resultan necesarias. El desafío consiste en lograr que los programas que se desarrollarán en el nuevo establecimiento se humanicen para el lector. Por ejemplo, es posible que la organización requiera ampliar su programa de cuidado de niños debido a la enorme necesidad de estos servicios entre los padres que trabajan, la extensa lista de espera y el posible valor educativo para los niños de su comunidad. Su propuesta será menos persuasiva si el planteamiento de la necesidad se concentra sólo en cuestiones relacionadas con el espacio o con el cumplimiento de los requisitos establecidos en el código de construcción.

A continuación, se incluye un fragmento de una solicitud de fondos para activos fijos de The Children's Institute.

Cuatro problemas interrelacionados han entorpecido la capacidad del Children's Institute de ofrecer los programas y todos los servicios originalmente previstos. Esos problemas son: (1) el aumento en la cantidad de personas que acuden a TCI en busca de ayuda; (2) la falta de espacio que impide la creación de nuevos programas; (3) la falta de espacio que ha causado superpoblación y un efecto negativo en los programas educativos y terapéuticos para los actuales alumnos; y (4) la falta de espacio que ha tenido consecuencias adversas para las necesidades del personal, las actividades de formación profesional y la creación de un programa de investigación y servicios a la comunidad.

1. *Aumento en la cantidad de personas que solicitan ayuda:* Numerosos informes y estudios destacan la creciente incidencia de los problemas de conducta y aprendizaje entre los niños a los que sirve TCI. Las estadísticas recopiladas por la Junta Educativa del Estado de Nueva Jersey el 1° de diciembre de 2003 indican que, de los 1.381.523 niños en edad escolar (de 3 a 21 años de edad) que se encuentran en el sistema escolar, 225.780 (16,3%) tienen discapacidades que repercuten de forma negativa en su aprendizaje. Casi el 6% de estos niños en edad escolar que se encuentran en el sistema de educación especial, y que totalizan 12.978 debido a la gravedad de su discapacidad, se envían a escuelas privadas autorizadas para discapacitados. De los alumnos remitidos a programas para niños con discapacidades de la conducta (esta categoría incluye a los niños con síndrome de Aspergers), el 23% se envía a escuelas privadas, y de los niños referidos a programas para autistas, el 28% se envía a escuelas privadas.

   Desde que nos trasladamos a nuestro establecimiento actual, hemos comprobado un incremento en los envíos de casos que exceden nuestras proyecciones originales. Al cabo de un año, la matriculación estudiantil estuvo a plena capacidad. Como consecuencia de ello, fue necesario crear una extensa lista de espera de alumnos con necesidades y aptos para el programa. La lista de espera ha tenido, en promedio, unos 90 alumnos por año.

2. *La falta de espacio impidió la creación de nuevos programas:* A causa de la falta de espacio, no fue posible poner en práctica un programa de intervención temprana para niños menores de tres años de edad, cuyo inicio estaba previsto para la fecha de traslado a nuestro establecimiento. La puesta en marcha de este programa es esencial, pues las investigaciones indican que la prognosis para los alumnos es mayor cuando reciben

intervenciones educativas y terapéuticas a más temprana edad. Cada año, TCI recibe una serie de solicitudes para este programa.

Además, ha surgido una enorme necesidad de ampliar el programa de formación profesional para atender las necesidades de alumnos mayores de 14 años de edad.

Por último, necesitamos ambientes separados y diferentes, adecuados para cada edad. TCI brinda servicios a alumnos de 3 a 21 años de edad. Algunos programas escolares incluyen: preescolar, escuela primaria, intermedia, secundaria y formación profesional. En función de los diversos niveles cognitivos, socio-emocionales y físicos de los alumnos de cada programa, se necesita espacio adicional para crear ambientes de aprendizaje separados y diferentes.

3. ***La falta de espacio ha causado superpoblación y un efecto negativo en el programa educativo y terapéutico para los actuales alumnos:***

   Los siguientes programas estudiantiles se ofrecen en ambientes no ideales:

   - terapia física y ocupacional
   - instrucción especializada en lectura
   - formación profesional
   - enseñanza de idiomas
   - reuniones entre padres y maestros
   - representaciones de los alumnos
   - exámenes a los alumnos
   - comidas y socialización
   - ciencias
   - salud y bienestar físico

4. ***Falta de espacio para atender necesidades del personal y actividades profesionales, entre otras:*** espacio de trabajo; formación profesional; investigación; servicios comunitarios; cuidado de niños y reuniones. En suma, es irónico que el éxito de TCI ponga en peligro la capacidad de la escuela de hacer aún más para los alumnos que tanto necesitan de ayuda especial para triunfar.

En una solicitud de fondos para activos fijos, la descripción del proyecto comprende dos elementos. El primero es la descripción de la forma en que sus programas se mejorarán o modificarán como resultado de la obra física. A continuación, debe incluirse una descripción de la obra en sí misma. Se está solicitando al donante institucional que afronte el costo de esta obra, de modo que debe brindársele una descripción completa del trabajo a emprender. Podría complementar esa descripción con dibujos, si los hubiera, como vistas externas del establecimiento, o bocetos interiores en los que se vean personas que utilizan el lugar. Los planos de planta también podrían resultar útiles. No es necesario que sean representaciones gráficas formales de un artista o arquitecto; en general, un diagrama bien dibujado será suficiente. Las fotografías que muestren el "antes" y los dibujos que ilustren cómo quedará "después" serán documentos estupendos a adjuntar a la propuesta para activos fijos.

El presupuesto de una propuesta para activos fijos consistirá en una delineación muy detallada de todos los costos relacionados con la construcción, renovación, etc. Debe incluir lo siguiente:

- Gastos reales de construcción: Estos deben presentarse en cierta secuencia lógica relacionada con la obra a emprender. Por ejemplo, un proyecto de renovación podría seguir una descripción por área. Un proyecto de construcción, en cambio, se presentaría en forma cronológica. No olvide incluir en esta sección gastos correspondientes a conceptos tales como permisos de construcción.

- Otros costos: Los sueldos, honorarios y gastos necesarios para realizar las mejoras fijas. Asegúrese de incluir en su presupuesto los honorarios previstos de arquitectos, abogados y profesionales de relaciones públicas y recaudación de fondos. Muchos encargados de redactar propuestas para activos fijos no contemplan en forma adecuada estos gastos "variables".

- Contingencia: Los cálculos correspondientes a los costos reales de construcción suelen variar durante las etapas de recaudación de fondos y previas a la construcción. Por lo tanto, es buena idea prever una contingencia en el presupuesto en caso de que los costos superen los montos presupuestados. Como regla general, se incluye una contingencia de entre el 10 y el 20 por ciento; una suma que supere estas cifras podría llamar la atención del revisor de la propuesta.

He aquí el presupuesto para el proyecto de construcción de dos fases del Children's Institute.

Proyecto propuesto

PROYECTO DE CONSTRUCCIÓN EN DOS FASES CON SALÓN PARA USOS MÚLTIPLES

Fase I: Nuevo centro de educación secundaria y formación profesional

2 pisos de aprox. 10.000 pies cuadrados cada
 uno = 20.000 pies cuadrados a $230/pie
 cuadrado

Costo de construcción	$4.600.000
Renovaciones/remodelaciones relacionadas con el espacio actual Costo de construcción	$40.000
Total del costo de construcción de la Fase I	**$4.640.000**

Costos relacionados adicionales proyectados:

• Honorarios de arquitectura e ingeniería (estructura/mecánica, electricidad, plomería)	$400.000
• Consultores expertos (tráfico/tecnología, etc.)	25.000
• Obra en el sitio	725.000
• Honorarios de abogados, expertos, planificador	250.000
• Recaudación de fondos	300.000
• Contingencia	350.000
• Equipamiento	200.000
Total	**$2.250.000**

COSTOS TOTALES PROYECTADOS PARA LA FASE I $6.890.000

Fase II: Centro de terapia para usos múltiples, guardería y 5 salones de clases

a. 1er piso: El área incluye un salón para usos múltiples (2.669 pies cuadrados), terapia, guardería y 2 aulas = 7.958 pies cuadrados

2do piso: El área incluye 3 aulas y espacios auxiliares = 3.136 pies cuadrados

Total: 11.094 pies cuadrados a $240/pie cuadrado = $2.662.560

---

b. Renovaciones/remodelaciones al espacio actual (preescolar, departamento de entrenamiento-habilidades para la vida, oficinas) 3.700 pies cuadrados a $150/pie cuadrado = $550.000

Total del costo de construcción de la Fase II   **$3.212.560**

Costos relacionados adicionales proyectados:

• Honorarios de arquitectura e ingeniería (estructura/mecánica, electricidad, plomería)	$50.000
• Consultores expertos (tráfico/tecnología, etc.)	————
• Obra en el sitio	25.000
• Honorarios de abogados, expertos, planificador	————
• Recaudación de fondos	150.000
• Contingencia	200.000
• Equipamiento	125.000
Total	**$550.000**

COSTOS TOTALES PROYECTADOS PARA LA FASE II   **$3.762.560**

COSTOS DE LA FASE I + FASE II   **$10.652.560**

El apéndice a una propuesta para activos fijos puede ampliarse, a fin de incluir planos de planta y representaciones gráficas si estos no figuran en el texto de la propuesta. Si se ha elaborado un presupuesto durante la campaña de recaudación de fondos, sería buena idea adjuntarlo como parte de la sección de apéndices.

FONDO PATRIMONIAL

Un fondo patrimonial es el que utiliza una organización sin fines de lucro para brindar estabilidad financiera y complementar los ingresos por aportes institucionales y ganancias propias. A menudo las campañas, diseñadas como campañas de recaudación de capital, se organizan para atraer dinero para los fondos patrimoniales. Una propuesta que solicite en forma específica aportes para constituir un fondo patrimonial podría asemejarse a un proyecto especial o a una solicitud general operativa, según el fondo patrimonial, sea o no para un propósito especial, como becas o remuneraciones del personal docente, o para las operaciones generales de la organización. Debe concentrarse en los siguientes componentes:

el planteamiento de la necesidad a la que responde el proyecto, la descripción del programa y el presupuesto.

La descripción de la necesidad en una propuesta para constituir un fondo patrimonial destacará los motivos por los que la organización debe crear o incorporar este fondo. Los puntos a plantear podrían incluir:

- la importancia de contar con el interés del capital del fondo patrimonial como complemento del presupuesto operativo;

- el deseo de estabilizar los ingresos anuales, sujetos en la actualidad a los caprichos de las subvenciones gubernamentales o de otro tipo;

- el valor de financiar mediante un fondo patrimonial una actividad específica de su organización que carece de la capacidad de obtener ingresos o atraer apoyo filantrópico.

La descripción del proyecto explicará el efecto positivo del fondo patrimonial en los programas de su organización sin fines de lucro. Brinde la mayor cantidad de detalles posible para explicar los beneficios directos que traerá consigo este aporte. Mencione si el fondo patrimonial podría llevar el nombre del donante o crearse en su memoria.

El presupuesto completará estos datos al indicar cuánto va a recaudar y en qué conceptos. Por ejemplo, podría existir la necesidad de financiar 75 becas a $10.000 cada una por un total de $750.000.

EQUIPOS

A menudo, las organizaciones tienen la necesidad de elaborar una propuesta independiente para la compra de un equipo, ya sea un aparato de resonancia magnética nuclear para un hospital o una computadora personal para los empleados del proyecto. Adquirir un equipo podría requerir sólo una breve carta de propuesta. Sin embargo, la magnitud o importancia de la compra podría exigir una propuesta completa. Nuevamente, serán de especial importancia el planteamiento de la necesidad a la que responde el proyecto, la descripción del programa y el presupuesto.

En la descripción del proyecto, explique los motivos por los que es importante para la organización conseguir este equipo. Por ejemplo, el hospital no cuenta con un aparato de resonancia magnética nuclear y los vecinos tienen que trasladarse a zonas muy distantes cuando se requiere un estudio de este tipo.

Luego, en la descripción del proyecto, explique cómo el equipo cambiará la forma en que se prestan los servicios. Por ejemplo: "El nuevo aparato de resonancia magnética nuclear brindará servicios a unas 500 personas por año. Permitirá diagnosticar desde problemas en la estructura del pie hasta vigilar el crecimiento de un tumor pulmonar. El costo por procedimiento será de $1.000, pero permitirá ahorrar millones de dólares en procedimientos quirúrgicos innecesarios".

Este presupuesto podría ser el más sencillo de preparar. Mencione el costo de compra del equipo, sin olvidar los gastos de transporte e instalación. Tenga en cuenta si debe incluir en el presupuesto, además del costo de esta compra, la capacitación del personal para utilizar el equipo de forma correcta y los mayores gastos de mantenimiento.

10

Presentación de la propuesta

Escribir una propuesta bien concebida exige la mayor parte del esfuerzo al elaborar un paquete sólido. El trabajo que resta consiste en armar el documento para la fundación específica a la que se dirige, sobre la base de su investigación y las comunicaciones intercambiadas hasta la fecha (tal como se describe en los Capítulos 11 y 12).

Es fundamental repasar las instrucciones de la fundación acerca de la forma de presentar solicitudes y el plazo para hacerlo. Algunas instituciones filantrópicas reciben propuestas en cualquier momento. Otras establecen fechas determinadas. Además, las fundaciones difieren en cuanto a la documentación que esperan recibir de la organización solicitante. Ciertos donantes institucionales enumeran la información específica que requieren y el formato a seguir. Otras tienen un formulario de solicitud. Las entrevistas realizadas para esta *Guía* revelaron que cada vez más las fundaciones ofrecen una planilla de solicitud o un formato específico de propuesta. Muchas las publican en sus sitios web como pautas a seguir por las organizaciones que procuran obtener fondos. En cualquier caso, es crucial prestar suma atención y observar las pautas establecidas por la fundación.

Resulta muy frustrante para las instituciones filantrópicas comprobar que la entidad que solicita apoyo financiero no ha dedicado tiempo para averiguar cuáles son sus normas para la presentación de solicitudes. Seguir los consejos del donante institucional será en beneficio de la organización que requiere fondos. De lo contrario, se producirán demoras en el análisis de la solicitud mientras la fundación espera la presentación de los elementos faltantes. Los representantes de fundaciones y empresas donantes expresan su desaliento al tener que demorar el análisis de valiosas propuestas, a veces hasta por un año, porque se ha omitido acompañar los elementos solicitados.

Otro aspecto que preocupa a las fundaciones donantes es la presentación de documentación adjunta que sus pautas no requieren. En todos los casos, las organizaciones sin fines de lucro que solicitan fondos deben abstenerse de acompañar documentos innecesarios. Por el contrario, podría ser aconsejable enviar más adelante otros elementos interesantes no incluidos en el paquete de la propuesta, como parte de las actividades tendientes a cultivar la relación con la entidad filantrópica.

Las páginas siguientes estarán dedicadas a describir la forma de armar el documento. Así se analizarán, entre otros, los siguientes elementos:

- la carta de presentación o carta de transmisión;

- la portada y los títulos;

- el índice de contenidos; y

- el apéndice.

La carta de presentación

La carta de presentación suele ser la base para considerar o rechazar la propuesta. Según nos comentara Hildy Simmons, quien antes se desempeñara en J. P. Morgan Private Bank: "La carta de presentación es clave. Debe ser clara, concisa y tiene que invitar a seguir leyendo. He aquí algunos consejos sobre lo que debe y no debe contener:

- Hagan una solicitud específica. Nos resulta poco práctico si cuesta identificarla.

- Incluyan algunos párrafos para explicar por qué se dirigen a nosotros en busca de aportes. No citen nuestro propio informe sobre contribuciones.

- Brinden referencias, pero no mencionen nombres reconocidos para "darse importancia".

Elizabeth Smith, de la Hyams Foundation, expresa: "La carta de presentación es lo primero que leo". Por su parte, Christine Park, de la Lucent Technologies Foundation, recomienda: "Expongan su caso en forma concisa en la carta de presentación; brinden los detalles en la propuesta". Maria Mottola, de la New York Foundation, observa: "Esta sección marca la diferencia. Nos permite saber quién desea que el proyecto se haga realidad. Cuenta la historia del por qué y del cómo".

Sería un dispendio de recursos para su organización invertir tiempo, energía y dinero para elaborar una propuesta acerca de un fantástico proyecto que luego nadie lea. Para evitar que esto suceda, es fundamental ser claros, concisos y expresar en forma directa los motivos por los que el proyecto cumple con las pautas del donante institucional. Por ejemplo, podría mencionarse lo siguiente: "Nuestra investigación sobre donantes institucionales indica que la Fundación XYZ tiene especial interés en las necesidades de los niños que se encuentran en el sistema de hogares adoptivos, y este es el aspecto central de nuestra propuesta". Si la propuesta no se adapta a las pautas de la fundación, esto debe mencionarse de inmediato en la carta de presentación. Entonces, tendrá que explicar por qué se dirige a esta institución filantrópica.

Si ha conversado con alguien de la oficina del donante institucional antes de presentar la propuesta, la carta de presentación debe hacer referencia a ese diálogo. Por ejemplo, podría decir: "Agradezco el tiempo que Jane Doe, miembro de su personal, dedicó a conversar conmigo el día 1º de diciembre acerca de la Fundación". Sin embargo, no dé a entender que en esa conversación se solicitó una propuesta si en realidad esto no ocurrió.

A veces, al dialogar con un donante institucional, le dirán: "No puedo alentarlo a presentar una propuesta. Sin embargo, si así lo desea, preséntela de todos modos". En este caso, también tendrá que aludir a la conversación, pero su carta debe demostrar que ha escuchado a la institución filantrópica.

La carta de presentación debe describir además qué encontrará el lector en el paquete de la propuesta. Por ejemplo: "Se acompañan dos documentos adjuntos para su análisis. El primero consiste en una breve descripción de nuestro proyecto. El segundo es un apéndice con los documentos exigidos por la Fundación para un estudio más profundo de nuestra solicitud".

Cite el nombre del proyecto, un resumen de lo que se propone lograr y la suma de dinero solicitada. Por ejemplo: "Nuestro Programa de Recreación Después del Horario Escolar atenderá las necesidades educativas y recreativas de 50 niños de Harlem en situación de desventaja económica. Estamos solicitando a la Fundación un aporte de $25.000 para poner en marcha este proyecto".

En el párrafo final de la carta de presentación, es crucial solicitar una entrevista con la institución donante. Esta puede llevarse a cabo en la oficina de la institución filantrópica o en su propia organización. No olvide mencionar su voluntad de responder a las preguntas que pudieran surgir o de brindar información adicional que la fundación requiera.

En resumen, la carta de presentación debe:

- indicar el monto de la solicitud;

- mencionar por qué se dirige a este donante institucional;

- aludir a cualquier otra conversación anterior acerca de la propuesta;

- describir el contenido del paquete de la propuesta;

- explicar el proyecto en forma concisa; y

- expresar la voluntad de concertar una reunión y brindar información adicional.

¿Quién debe firmar la carta? Es importante que el presidente de la junta directiva o el gerente general de su organización sea el portavoz en toda presentación de una propuesta. Algunos donantes institucionales insisten en que la carta sea firmada por el presidente de la junta. Esto indica que la propuesta cuenta con el apoyo y la aprobación de la junta directiva. Sin embargo, la firma del director ejecutivo podría brindar un sentido de continuidad que tal vez el presidente de la junta, cuyo cargo se renueva en forma rotativa, no logra transmitir. Si su entidad no cuenta con personal con dedicación completa, el tema ya está resuelto: el presidente de la junta debe firmar todas las solicitudes. Lo mismo ocurrirá si su entidad se encuentra en el proceso de búsqueda de un nuevo gerente general.

La carta de presentación de la propuesta jamás debe ser firmada por un integrante del personal del departamento de recaudación de fondos y desarrollo institucional. Estas personas realizan la investigación, elaboran las propuestas y se comunican con la fundación donante pero, en general, permanecen detrás de escena cuando llega el momento de la presentación y las reuniones con la institución filantrópica. La persona que firme la carta debe ser la misma que firme la correspondencia posterior, a fin de que la organización tenga un solo portavoz.

Es posible que haya variaciones en circunstancias especiales. Por ejemplo, si un miembro de la junta directiva que no es el presidente se dirige en forma directa a un par, la carta de presentación debe provenir de este funcionario. Como alternativa, el presidente de la junta directiva puede suscribir la carta y, luego, el miembro de la junta podría escribir una nota personal en la carta original. Otra opción consistiría en enviar una carta por separado que apruebe la propuesta.

He aquí un ejemplo de una carta de presentación dirigida por East Side House a la Altman Foundation. La nota incluye:

- una solicitud específica;
- una descripción de la amplia repercusión que tendrá el aporte;
- un ofrecimiento para concertar una reunión.

---

3 de junio de 2005

Karen L. Rosa
Directora Ejecutiva
Altman Foundation
521 Fifth Ave., 35th Fl.
New York, NY 10175

Estimada Sra. Rosa:

Tengo el agrado de dirigirme a la Altman Foundation a fin de solicitar su apoyo financiero para East Side House a través de una contribución de $75.000, que financiará la contratación de un consultor de evaluación con experiencia.

Para brindar un mejor servicio a nuestro público destinatario, East Side House prevé revisar sus sistemas de evaluación en toda la organización, a fin de hallar métodos más eficaces para medir el éxito e identificar recursos correctivos cuando sea necesario. Este proyecto es crucial para nuestro trabajo futuro en Mott Haven y se encuentra entre nuestras principales prioridades según la junta directiva.

Con este propósito, East Side House trabajará con un consultor de evaluación, que aportará experiencia comprobada y capacitación en la materia para crear un sistema de evaluación exitoso y sostenible para cada uno de nuestros programas, que benefician a más de 8.000 personas por año. Esta iniciativa mejorará nuestra capacidad organizativa, nuestra posibilidad de informar acerca de los logros de nuestro público destinatario y, en definitiva, nuestra posibilidad de aprovechar el apoyo financiero de otras fuentes.

Me complacería reunirme con usted para dialogar sobre nuestra solicitud y brindarle información acerca de nuestros actuales programas educativos para la población de Mott Haven. Quedo a su disposición para responder a cualquier pregunta.

Atentamente,

John A. Sanchez
Director Ejecutivo

cc: Stephen R. Seiter, Junta Directiva

A continuación, incluimos otro ejemplo de carta de presentación enviada por Next Generation a la Agape Foundation. Esta carta refleja:

- entusiasmo;

- una solicitud específica;

- la voluntad de responder a consultas o brindar información adicional;

- una nota manuscrita al final.

Next Generation
Fortaleciendo la capacidad de acción de los jóvenes
www.gonextgeneration.org

27 de enero de 2006

Estimada Karen y Miembros de la Junta Directiva de la Agape Foundation:

Con enorme entusiasmo, tengo el agrado de hacerles llegar adjuntas a la presente la solicitud de fondos y la propuesta de Next Generation, una organización de base comunitaria que permite a los jóvenes adquirir habilidades para trabajar por la paz, la sustentabilidad y nuestra democracia.

Next Generation solicita un aporte filantrópico para su campaña "Youth Peace Campaign", destinada a brindar a los jóvenes información sobre la política exterior y los gastos militares de los Estados Unidos, permitirles adquirir habilidades como activistas, organizarse a nivel de bases comunitarias y trabajar por la paz. En la actualidad, nuestros jóvenes se están organizando para crear un movimiento juvenil que contribuya a poner fin a la guerra en Irak y prevenir conflictos armados en el futuro.

Nuestra organización ha concebido un plan diversificado de recaudación de fondos, que incluye aportes filantrópicos de fundaciones. Sin embargo, nos ha resultado difícil obtener fondos para nuestro trabajo por la paz dirigido por jóvenes. El aporte de Agape de $2000 nos permitirá dedicar más tiempo y recursos a la educación y movilización de jóvenes para conocer la verdad acerca de la política exterior de los Estados Unidos y trabajar por la paz en este momento crucial.

Les agradecemos de antemano considerar nuestra solicitud. Quedo a su disposición para responder a cualquier pregunta o brindarles información adicional.

Atentamente,

Roni Krouzman
Director Fundador

¡Muchas gracias por toda su ayuda, Karen!

La portada y el título

La portada cumple tres funciones:

1. brindar información específica al lector;

2. proteger la propuesta; y

3. reflejar la profesionalidad del redactor.

Es fundamental personalizar la información incluida en la portada. Para ello, debe incluirse el nombre de la institución filantrópica a la que se dirige. La información podría presentarse así:

PROPUESTA A LA FUNDACIÓN XYZ

---

o bien

---

26 de octubre de 2005

Luego, escriba el título del proyecto:

CAMPAÑA POR LA ESTABILIDAD

Brinde información clave que la institución donante tal vez necesite para comunicarse con su organización:

Presentado por:
La Organización Sin Fines de Lucro
40 Canal Street
New York, NY 10013

Mary Smith
Directora Ejecutiva
212-935-5300, extensión 23
212-935-9660 (fax)

Susan Jones
Directora de Desarrollo
212-935-5300, extensión 21
212-935-9660 (fax)
Correo electrónico: SJones@aol.com

Es posible que la carta de presentación se separe del resto de la propuesta una vez que llegue a su destino. Sin información clave en la portada, la fundación no podrá seguir en contacto con su organización. Será un gesto de gentileza hacia su posible institución donante añadir lo siguiente:

- la extensión o el número de teléfono directo de la persona que firma la carta y del empleado que será el contacto principal;

- el número de fax de su organización; y

- las direcciones de correo electrónico tanto del firmante como de la persona de contacto, si la hubiere. Es cada vez más habitual que los representantes de las instituciones filantrópicas se comuniquen por correo electrónico con la organización que solicita fondos para formular preguntas y pedir documentación adicional.

La portada de la propuesta de Groundwork es un buen ejemplo de lo que hemos explicado.

Groundwork

Jóvenes fuertes para comunidades fuertes

Propuesta para financiar el Centro de Recursos Familiares

Contacto: Richard Buery, Jr.
Co-fundador y Director Ejecutivo
595 Sutter Avenue Brooklyn, NY 11207
Teléfono: 718-346-2200, extensión 112
Fax: 718-346-2020
rbuery@groundworkinc.org
www.groundworkinc.org

El título que se escoja para la propuesta podría tener un efecto significativo y sorprendente en el lector. Debe reflejar de qué se trata el proyecto. "CAMPAÑA POR LA ESTABILIDAD" indica a quien lee el documento que se está realizando un esfuerzo formal y que el resultado será brindar estabilidad a la organización sin fines de lucro. Es conciso y directo, pero a la vez descriptivo.

He aquí algunas sugerencias para idear el título de la propuesta:

- No hay que esforzarse para que suene bien. La recaudación de fondos es una tarea seria. Un título que sólo suena bien no da a entender que la propuesta constituye un intento serio de resolver un problema concreto.

- Jamás debe copiarse el título de otro proyecto de la organización o de otra entidad sin fines de lucro que la institución filantrópica tal vez conozca. Esto podría causar confusión.

- Es importante que el título signifique algo. Si es sólo un conjunto de palabras sueltas, es mejor pensar en otra alternativa o no usar título alguno.

Hallar el título adecuado suele ser un paso delicado en la redacción de la propuesta. Si está atascado en la tarea, tal vez le resulte útil seguir estas recomendaciones:

- Solicite el consejo del director ejecutivo, el director del proyecto, o una persona creativa de la organización o que no pertenezca a ella.

- Organice una competencia informal entre el personal remunerado y/o voluntario para ver a quién se le ocurre el mejor título.

- Presente algunas ideas a la junta directiva y pida a sus miembros que elijan el más adecuado.

- Anote una lista de palabras clave que contiene la propuesta. Añada uno o dos verbos y pruebe cambiando el orden de las palabras.

Veamos algunos títulos reales y analicemos su eficacia.

Título	Eficacia
De cara al futuro	Despierta interés pero nada dice acerca del proyecto.
	Se trata de una propuesta que solicita fondos para la reconstrucción facial de niños que han sufrido desfiguraciones. Con la ayuda de la organización sin fines de lucro, los niños tendrán una nueva imagen para enfrentar el futuro. El título es un juego de palabras, que suena bien pero no resulta muy eficaz.

Título	Eficacia
Proyecto vocacional, educativo y de empleo	Este título nos indica que se ofrecerán tres tipos de servicios.
	El proyecto está destinado a jóvenes en situación de desventaja económica. Sin embargo, el título no se refiere a este aspecto. Su eficacia podría mejorarse si de algún modo se aludiera a la población destinataria.
Construyendo un futuro más saludable	Este título implica que habrá una construcción y, en realidad, se trata del título de una campaña de recaudación de fondos para activos fijos. Además, indica que la construcción se refiere a algún tipo de establecimiento de salud.
	Esta propuesta es para que la YMCA mejore sus establecimientos de salud y bienestar físico. Por este motivo, el título transmite con gran eficacia el propósito de la propuesta.

Para evaluar los títulos posibles, es importante prever la reacción del representante de la institución donante que leerá la propuesta sin conocimiento previo.

El índice

Resulta obvio que las propuestas presentadas en forma de carta o aquellas que constan de hasta cinco páginas no requerirán un índice. En cambio, si la propuesta tiene más de diez páginas de extensión, el índice será esencial.

En términos simples, el índice de contenidos anticipa al lector qué información encontrará en la propuesta. Las diversas secciones se enumeran en el orden en que aparecen, con números de página que indican su ubicación. El índice debe disponerse de forma tal que ocupe una página completa.

Si se sigue el formato de propuesta recomendado en este libro, el índice de contenido se vería así:

ÍNDICE	PÁGINA
Resumen ejecutivo	1
Necesidad a la que responde el proyecto	2
Descripción del proyecto	4
Presupuesto	7
Información sobre la organización	9
Conclusión	10

Al indicar dónde encontrar datos específicos, estará demostrando consideración hacia la persona que lea la propuesta, quien tal vez desee tener un panorama de la información que incluye y aplicar un criterio selectivo en su revisión inicial.

El siguiente ejemplo ha sido extraído de una propuesta para WomensLaw.org.

Índice

El apéndice

El apéndice es una herramienta de referencia para el donante institucional. Es buena idea adjuntar aquí información no incluida en otra parte de la propuesta y que, según lo indicado por la fundación o empresa donante, es necesaria para analizar la solicitud. Tenga en cuenta que no todas las propuestas requieren un apéndice.

El apéndice debe sujetarse o adjuntarse como documento separado de la descripción de la propuesta. Como por lo general contiene información que la institución filantrópica ha solicitado de manera específica, mantenerlo aparte facilitará a la fundación hallar estos elementos. El apéndice puede tener su propio índice, que indicará al lector su contenido y ubicación.

A continuación, se incluye un modelo de índice del apéndice, extraído de la propuesta del Ali Forney Center:

Ali Forney Center

Documentos adjuntos

1. Lista de miembros de la junta directiva
2. Presupuesto operativo
3. Fuentes actuales de financiamiento
4. Copia de la carta de la IRS 501 (c)3
5. Estados contables auditados

Es aconsejable incluir todos o algunos de los siguientes elementos en el apéndice:

1. *Una lista de miembros de la junta directiva.* Debe contener el nombre de cada miembro de la junta y su actividad u otro cargo. Es opcional añadir información de contacto adicional, como dirección y número de teléfono. El lector la utilizará para identificar a las personas que conoce o cuyos nombres les resulten familiares.

   Un fragmento extraído de la lista de miembros de la junta directiva del King Manor Museum es buen ejemplo:

2. *Carta de reconocimiento de la condición fiscal 'exento de impuestos' de la IRS.* Este documento, emitido por la agencia federal que regula los impuestos de los Estados Unidos (*Internal Revenue Service* o *IRS*, por sus siglas en inglés), indica que la organización ha sido designada conforme al artículo 501(c)(3), que "no es una fundación privada" y que las donaciones que reciba su organización serán deducibles de impuestos para quienes las realicen. Es habitual que los donantes institucionales soliciten esta carta. Resulta más fácil que las fundaciones otorguen contribuciones a organizaciones que cuentan con apoyo público, y las empresas desean que sus aportes filantrópicos puedan deducirse en sus impuestos. Si su organización pertenece a una institución religiosa o es una entidad gubernamental, es posible que no posea este documento. En ese caso, debe explicar esta circunstancia al donante institucional.

3. *Información financiera.* Suele ser útil incluir el presupuesto operativo correspondiente al año fiscal en curso y el último estado contable o estado financiero auditado. Algunas fundaciones solicitan el último formulario 990 para evaluar la estabilidad financiera de la entidad. Si su organización pertenece a una institución religiosa, o si por cualquier otro motivo no presenta un formulario 990, deberá explicar esta circunstancia a la fundación que lo solicita. Sería buena idea incluir una lista de instituciones que han realizado aportes durante el último año fiscal, indicando su nombre y la suma contribuida. Los donantes institucionales también desean saber a qué fundaciones y empresas se dirige en la actualidad en busca de contribuciones, así como aquellas que ya han realizado contribuciones para este proyecto. A continuación, se incluye un fragmento de la lista de instituciones filantrópicas que brindaron apoyo financiero a Operation Exodus Inner City.

Lista de instituciones filantrópicas que brindan apoyo financiero a Operation Exodus Inner City

Fuentes de financiamiento	2003–2004*	2004–2005	2005–2006
Empresa donante anónima	$1.500	$1.000	
Fundación donante anónima			$20.000
American Chai Trust			4.000
Assurant Foundation			2.500
Lily Auchincloss Foundation			10.000
Barker Welfare Foundation		6.000	6.000
Edith C. Blum Foundation	500		500
Robert Bowne Foundation		20.000	29.000
Brick Presbyterian Church	4.000		
The Louis Calder Foundation**		15.000	30.000
Colgate Palmolive	3.000	3.000	3.000
Columbia Neighborhood Fund	500	500	250
Con Edison	500	1.000	2.000
Daniels Foundation	1.000	5.000	10.000
Fifth Avenue Presbyterian Church	5.000	5.000	
The Glickenhaus Foundation	2.500	2.500	2.500
William T. Grant Foundation		5.000	5.000
Hope for New York	13.000	2.500	17.000
Madison Avenue Presbyterian Church		5.950	5.000
Marsiano Foundation	850	4.000	1.000
Metzger-Price Fund, Inc.	1.500	850	
Morgan Stanley Foundation	4.000	1.000	
Newman's Own	10.000		10.000
New York Christian Resource Center	2.000		

Fuentes de financiamiento	2003–2004	2004–2005	2005–2006
New York Mercantile Exchange Foundation		2.500	5.000
Latino Pastoral Action Committee			4.700
PASE			2.000
Pinkerton Foundation		30.000	33.000
Rite Aid Foundation		5.000	
Starr Foundation		25.000	
St. James Church			6.000
TJX Foundation		5.000	
Varnum De Rose Trust		5.500	5.500
Laura B. Vogler Foundation		25.000	
Washington Square Fund	10.000		10.000
TOTAL	**$59.850**	**$153.800**	**$223.950**

*Nota: El año fiscal de OEIC comienza el 1º de septiembre y finaliza el 31 de agosto.
**La Louis Calder Foundation se ha comprometido a otorgar un aporte filantrópico de $60.000 para los programas ASP y SAP durante el transcurso de dos años; los primeros $15.000 fueron asignados a los años 2004 y 2005, $30.000 se asignarán a los años 2005 y 2006, y los últimos $15.000 se asignarán a los años 2006 y 2007.

4. ***Historiales profesionales del personal clave.*** Si las experiencias anteriores y los antecedentes de los miembros clave del personal no se incluyen como parte de la descripción del proyecto de la propuesta, deben acompañarse en el apéndice.

5. ***Organigrama.*** Adjúntelo si considera que podría ser útil.

No debe acompañar en el apéndice documentos que la institución donante no requiera ni considere esenciales para exponer el caso. La clave es brindarle a la institución filantrópica lo que necesita para analizar su propuesta sin que la presentación resulte abrumadora. Por ejemplo, muchas organizaciones sin fines de lucro suelen añadir artículos periodísticos en el apéndice. Si el paquete se ve demasiado voluminoso y los recortes de periódicos son de importancia sólo tangencial para el análisis de la propuesta, es aconsejable enviarlos a la institución donante en otro momento, cuando recibirán mayor atención. Sin embargo, si estos artículos son esenciales para analizar la solicitud, adjúntelos de todos modos.

En esta etapa del armado de la propuesta, tendrá una carta de presentación y dos componentes adicionales, dispuestos por separado: la descripción de la propuesta y el apéndice. Identificar cada uno de estos elementos con claridad le permitirá a la institución donante ahorrar tiempo y energía en la revisión inicial de la propuesta.

La presentación

La presentación se refiere tanto a la preparación física de los documentos como a su armado.

PREPARACIÓN FÍSICA

Todo paquete de propuesta debe prepararse para cada institución filantrópica en particular. Esto permite adaptar la presentación a los intereses de cada fundación y demostrar que se ha realizado un estudio preliminar. Este es el momento de volver a verificar los requisitos establecidos en las pautas de la institución donante específica respecto del paquete de la propuesta. Karen Topakian, de la Agape Foundation, recomienda: "Respondan a las preguntas que les hacemos. No se trata de un trabajo inútil; hay cosas que necesitamos saber. No las ignoren. No podemos evaluar su propuesta sin las respuestas. Correrán el riesgo de que la junta rechace la propuesta si omiten una respuesta. Si alguna pregunta no corresponde a su organización, menciónenlo; no se limiten a omitirla". Por su parte, Lita Ugarte, de The Community Foundation for Greater Atlanta, nos recuerda: "Investiguen. Es frustrante recibir solicitudes de gente que, claramente, no ha leído las instrucciones. Busquen en nuestro sitio web. Lean nuestras pautas y sigan las instrucciones".

Con los actuales programas de tratamiento de textos, será bastante sencillo adaptar la carta de presentación, la portada y otros componentes del paquete que incluyen variables. En caso de que se requiera fotocopiar algún documento, asegúrese de que los originales se vean nítidos y legibles. Por ejemplo, si la carta de reconocimiento de la IRS se encuentra en mal estado, escriba a la agencia federal que regula los impuestos de los Estados Unidos a I.R.S., Exempt Organizations Determinations, P.O. Box 2508, Cincinnati, OH 45201, o llame gratis al 1-877-829-5500, para solicitar un nuevo ejemplar de este documento. La solicitud debe enviarse con el membrete oficial de la organización. La carta debe contener el nombre de la entidad, el domicilio, el número de identificación del contribuyente, un número de teléfono de contacto en horas hábiles y la firma de un funcionario competente. En cuanto a los demás documentos, podrán realizarse copias de los originales cuando sea posible.

ARMADO

Cuando llega una propuesta a la oficina de la institución donante, suele quitarse de la carpeta antes de su revisión. Por lo tanto, no vale la pena gastar demasiado dinero en encuadernación para la propuesta y el apéndice. Simplemente sujete cada documento con grapas, o use una banda plástica para asegurarlo. Christine Park, de la Lucent Technologies Foundation, recomienda: "Los elementos superfluos distraen y son innecesarios. Por favor, no envíen discos compactos, carpetas de tres anillos y hojas en cubiertas plásticas. Quito todos los accesorios al recibir el paquete. No malgasten tiempo y energía, material de empaque y franqueo".

Usted tiene tres documentos: la carta de presentación, la propuesta y el apéndice. Los últimos dos se sujetan por separado. Es muy probable que estos documentos requieran un sobre. Asegúrese de que los datos del destinatario y dirección de envío estén claramente impresos en el sobre. Tal vez sea buena idea colocar un trozo de cartón en el sobre para proteger los documentos. Luego, incluya los tres documentos con la carta de presentación arriba, seguida de la propuesta y del apéndice.

Respecto a la dirección de la institución donante, si sigue el procedimiento recomendado en el Capítulo 11 para presentar la solicitud, es probable que haya hablado con la oficina de la fundación antes de enviar la propuesta. Aproveche esa oportunidad para comprobar la dirección y el nombre de la persona a quien debe dirigirse la documentación.

Por supuesto, esta recomendación supone que usted enviará la propuesta por correo. Muchas de las instituciones filantrópicas entrevistadas para este libro afirman que han comenzado a aceptar propuestas como documentos adjuntos a cartas de presentación enviadas por correo electrónico. Otras comentan que lo harán en el futuro muy cercano. David Odahowski, de la Edyth Bush Charitable Foundation, señala: "Estamos tratando de determinar qué tenemos que hacer y cómo hacerlo antes de comenzar a aceptar entregas por medios electrónicos". Además de estas, otras organizaciones analizan el uso de planillas de solicitud en línea que las organizaciones llenan y presentan en forma digital. La John S. & James L. Knight Foundation ha optado por poner en práctica la presentación electrónica de propuestas por fases. Julie Brooks nos describe cómo funciona el sistema: "En enero de 2006, comenzamos a aceptar cartas de intención presentadas sólo a través de nuestro sistema en línea. Luego, continuaremos con las propuestas a comienzos de 2007. En este momento, estamos desarrollando la función para recibir propuestas y esta se pondrá a prueba en el cuarto trimestre del año 2006. Prevemos aceptar informes por Internet en el año 2008. Nuestra meta es lograr que todas nuestras interacciones se lleven a cabo en línea en el año 2008. Es una gran oportunidad de capitalizar nuestra tecnología. Operar en forma digital agilizará el procesamiento de las solicitudes y los informes. Podremos simplificar el proceso tanto para el público interno como el externo". Sin embargo, en muchos casos, la documentación adjunta, como la carta de reconocimiento de la IRS, los estados contables auditados y el formulario 990 de la organización, tendrán que seguir enviándose por correo común. David Palenchar, de El Pomar Foundation, intenta resolver este dilema: "Nos basamos mucho en la información financiera. Pedimos numerosos documentos que sólo pueden remitirse en formato impreso. Y si vamos a pedir que nos envíen esa documentación por correo, ¿cuál es la ventaja?".

Las instituciones filantrópicas que entrevistamos sugieren algunos consejos para quienes transmiten propuestas en forma electrónica. Primero, no hay que esperar hasta el último momento para presentar la propuesta sólo porque ya no se dependerá del servicio postal de los Estados Unidos. Segundo, es fundamental asegurarse de que el documento llega a la persona correcta. Podría comprobarse la recepción mediante el envío de un mensaje de seguimiento por correo electrónico después de remitir el documento, o una llamada telefónica para averiguar si ha llegado. Tercero, jamás deben enviarse propuestas de "envío generalizado" por correo electrónico, pues no se les prestará más atención que a los envíos masivos por correo postal.

11

Búsqueda de posibles donantes institucionales

Es fundamental que, al comienzo del proceso de elaboración de la propuesta, identifique a las fundaciones y empresas donantes a las que solicitará apoyo financiero para su organización. Al contar con una lista de posibles donantes institucionales, podrá adaptar su propuesta a los intereses específicos en que cada institución filantrópica se basa para financiar proyectos.

En este capítulo, analizaremos los principios para realizar una investigación eficaz y los factores que deben tomarse en cuenta al elaborar la lista de posibles fuentes de financiamiento. Luego, describiremos los tipos de recursos disponibles y sus aplicaciones para crear la lista de posibles donantes institucionales, así como los pasos a seguir para evaluar a aquellos que resulten más apropiados para su organización.

La importancia de la preparación e investigación

La clave del éxito es realizar un estudio detallado de las fundaciones. Para identificar a posibles donantes institucionales, es necesario llevar a cabo una investigación seria que requerirá mucho tiempo. Sin embargo, la mayoría de las organizaciones que solicitan apoyo financiero consideran que el esfuerzo vale la pena. Los ejecutivos de fundaciones y empresas que entrevistamos para esta *Guía* coinciden en que es recomendable que tales entidades se esmeren en la investigación. Robert Crane, de la JEHT Foundation, brinda algunos consejos basados en la experiencia: "Las fundaciones son idiosincrásicas. Al no haber dos semejantes, por lo general, las fórmulas para acercarse a ellas no sirven. Investigue. Sepa a quién va a dirigirse y cómo lo hará".

El objetivo de la investigación para obtener fondos filantrópicos consiste en encontrar fundaciones que tengan los mismos intereses y valores que su organización. En general, los fiduciarios y el personal de las fundaciones están profundamente interesados en los problemas de la sociedad y se esfuerzan para determinar las estrategias más eficaces que podrían emplear para lograr los mejores resultados con el dinero que aportan. Los resultados de una minuciosa planificación y estrategia pueden observarse cuando describen sus programas en su sitio web o en su material impreso, o bien cuando anuncian sus nuevas áreas de interés. Las organizaciones que solicitan apoyo financiero tienen la responsabilidad de analizar de manera exhaustiva toda la información disponible sobre la institución filantrópica, a fin de determinar si los programas de la organización solicitante podrían coincidir con los intereses expresados por la fundación. Según Lita Ugarte, de la Community Foundation for Greater Atlanta, Inc.: "La mayoría de las entidades que solicitan nuestro apoyo financiero han realizado un estudio preliminar. Es sumamente recomendable que quienes no lo hayan llevado a cabo visiten nuestro sitio web y lean nuestro material, y luego nos vuelvan a llamar. Comprobamos que regresan a la entrevista más preparados con preguntas e ideas".

Cuando lleve a cabo su investigación, sea realista en cuanto a sus expectativas. Las fundaciones y empresas no pueden responder a todas sus necesidades y, tal vez, ni siquiera a la mayoría de ellas. En realidad, la mayor parte del dinero que reciben las organizaciones sin fines de lucro proviene de donaciones de personas particulares. Como ya hemos mencionado, en la actualidad las fundaciones y las empresas otorgan el 16,8 por ciento de todas las contribuciones filantrópicas. Sin embargo, sus aportes pueden constituir un porcentaje importante del apoyo financiero que reciba su organización.

Antes de comenzar

Una recaudación eficaz de fondos depende de lograr la coincidencia exacta entre su organización y los donantes institucionales adecuados. Por cierto, como en la mayoría de las relaciones, ambas partes deben tener intereses y motivaciones en común para que ese vínculo prospere. Al determinar sus opciones para obtener aportes de fundaciones y empresas, es necesario analizar en forma minuciosa dónde convergen estos intereses en común. Antes de comenzar el proceso de investigación, es conveniente analizar las características de su organización y definir con claridad sus programas y necesidades financieras a fin de armonizar esas necesidades con el posible interés y la capacidad de financiamiento de las fundaciones. En esta etapa, su objetivo debe ser pensar en el trabajo de su organización desde la perspectiva en que las instituciones filantrópicas se identificarán con él. Formúlese las siguientes preguntas:

- *¿Tiene una idea clara del propósito del programa o del proyecto para el que solicita apoyo financiero?* Es conveniente contar, por lo menos, con una descripción detallada de su proyecto o con una propuesta preliminar antes de comenzar la investigación sobre la posibilidad de obtener apoyo financiero de fundaciones y empresas. Lo que ha escrito sobre las características particulares de su organización y los detalles específicos de su proyecto le aportarán los datos y la terminología que necesita para hallar donantes institucionales con intereses similares.

- *¿Cuál es la misión de su organización?* Conozca los principios rectores y los objetivos fundamentales de su entidad. Por ejemplo, imaginemos que representa a una organización cuya misión es "fortalecer la vida de comunidades diversas al ayudar a las personas a lograr su autosuficiencia". Reflexione sobre estos conceptos importantes, en este caso, "fortalecer la vida de comunidades diversas" y "lograr su autosuficiencia", y sobre la manera en que estas frases clave podrían relacionarse con donantes institucionales cuya misión o intereses programáticos sean similares.

- *¿Puede describir al público destinatario de los programas de su organización?* ¿Su organización brinda servicios a la población en general o responde a las necesidades de uno o varios grupos determinados que se distinguen por su raza, origen étnico, edad o sexo, u otros grupos, como por ejemplo, asiáticos, latinos, inmigrantes, personas con discapacidad, mujeres o jóvenes?

- *¿Dónde aplica sus programas su organización?* Debe ser capaz de describir el alcance geográfico de sus actividades, por ejemplo, en qué pueblo, ciudad, condado o estado presta sus servicios. ¿Se concentra su programa en áreas nacionales o internacionales, o su organización opera en ciertos países?

- *¿Cuáles son las características distintivas de su proyecto o de su organización?* ¿Colabora o está asociada con otra organización? ¿Sus servicios generan ingresos? ¿Está creando un programa modelo que otras organizaciones pueden replicar? ¿Su organización brinda servicios directos o es un grupo de investigación o de defensa y promoción de derechos? Es posible que su organización o proyecto tenga otras características que diferencien sus actividades. En cada uno de los ejemplos que aquí se incluyen, hay algunas instituciones filantrópicas que tal vez se inclinen más por una organización que cumpla con uno o varios de estos criterios.

- ***¿Sabe cuál es el monto total de dinero que su organización o proyecto necesitan obtener de las fundaciones?*** Al redactar la descripción de su propuesta, decidirá si buscará apoyo financiero general para su organización o para un proyecto específico. Si solicita apoyo para un proyecto, debe elaborar un presupuesto a efectos de definir el monto que necesitará durante un período determinado (véase el Capítulo 7). Luego, deberá establecer qué porcentaje de estos fondos podrían provenir de una o más fundaciones y empresas donantes, o bien de otras fuentes.

- ***¿Cuál es el monto del aporte institucional que solicita?*** Antes de comenzar su investigación, puede resultar útil considerar el monto general de los fondos que solicita. Este análisis, a su vez, le permitirá calcular la cantidad de instituciones filantrópicas que necesitará para financiar la totalidad del proyecto. Por ejemplo, si el presupuesto de su proyecto es $80.000, ¿solicitará cuatro aportes de $20.000 cada uno o dos aportes de $40.000 cada uno? El presupuesto anual de su organización y el tamaño del presupuesto del proyecto, así como la capacidad de donación de diversas instituciones filantrópicas y el monto habitual de sus contribuciones, le ayudarán a responder a esta pregunta.

El proceso de investigación

Una vez que haya estudiado en detalle el programa de su organización, sus ventajas particulares y las maneras en que puede relacionarse con los intereses de una fundación, estará preparado para elaborar la lista de instituciones filantrópicas. El proceso de investigación de las posibles fuentes de financiamiento consta de dos pasos. El primero consiste en organizar una lista de posibles donantes institucionales que abarque la mayor cantidad posible de entidades. El segundo es refinar la lista tras investigar toda la información disponible sobre cada institución filantrópica. Ese paso le ayudará a evaluar a cada posible donante institucional para verificar si guarda coincidencia con su organización. Al mismo tiempo, dará prioridad a las instituciones filantrópicas más adecuadas entre el resto de los potenciales donantes.

Paso 1: Crear la lista preliminar de posibles donantes institucionales

En este primer paso del proceso de investigación, debe buscar fundaciones que cumplan, como mínimo, con estos dos importantes criterios:

- tener interés en programas que coincidan con las necesidades de su organización o antecedentes comprobados de haber otorgado aportes institucionales en su área de interés;

- otorgar apoyo filantrópico en la zona donde actúa su organización, o no tener restricciones con respecto a la zona geográfica en la que realizan aportes.

Al igual que las personas y las empresas que los han creado, los programas filantrópicos de las empresas y fundaciones difieren de manera considerable en cuanto a sus intereses. Algunos recursos clave le servirán para concentrarse en aquellos donantes institucionales cuyas prioridades armonicen mejor con los intereses de su organización. En esta primera etapa de la investigación, procure incluir a la mayor cantidad de entidades. Si, luego de la investigación preliminar, considera que debe sumar a la lista alguna fundación o empresa donante determinada, añádala. A medida que continúe investigando a esa institución, sabrá si debe excluirla.

Estos recursos le resultarán útiles para recopilar su lista de posibles donantes institucionales:

- bases de datos y directorios de fundaciones y empresas;

- fuentes de noticias;

- sitios web y publicaciones de instituciones filantrópicas;

- formularios 990-PF de la IRS.

Recursos disponibles

De conformidad con su misión de fortalecer el sector de las organizaciones sin fines de lucro al promover los conocimientos sobre la actividad filantrópica en los Estados Unidos, el Foundation Center brinda al público acceso gratuito a recursos sobre financiamiento en cinco bibliotecas/centros de aprendizaje (en Nueva York, Atlanta, Cleveland, San Francisco y Washington, DC) y en más de 300 Colecciones Afiliadas (*Cooperating Collections*) en los Estados Unidos. Quienes visitan las cinco sedes administradas por el Foundation Center, pueden utilizar las bases de datos publicadas por el centro (*Foundation Directory Online* y *FC Search*), su sitio web que ofrece vastos contenidos y una amplia colección de materiales sobre recaudación de fondos y actividades filantrópicas. A través de las Colecciones Afiliadas, también se puede acceder de manera gratuita al *Foundation Directory Online* o a *FC Search*, el sitio web del Foundation Center y un conjunto de publicaciones fundamentales de esta entidad. Los materiales disponibles sobre recaudación de fondos varían en cada sede y suelen reflejar el enfoque regional de la colección. El Foundation Center ofrece cursos de capacitación gratuitos y pagos sobre la solicitud de aportes filantrópicos y el proceso de redacción de una propuesta en sus bibliotecas/centros de aprendizaje, Colecciones Afiliadas y en todo el país, así como en el aula "virtual" de su sitio web.

Bases de datos de fundaciones y empresas

Por su amplia cobertura del ámbito filantrópico y su capacidad de buscar múltiples características de los donantes institucionales, muchas entidades que solicitan apoyo financiero comienzan su investigación en el *Foundation Directory Online,* una herramienta muy valiosa, sólo disponible en inglés, que brinda el Foundation Center, o bien con su versión en CD-ROM, *FC Search* (visite foundationcenter.org/marketplace/fdcdchrt.pdf, donde podrá consultar el cuadro comparativo que presenta las funciones de ambas bases de datos).

Foundation Directory Online se ofrece en varias modalidades de suscripción y cada una de ellas brinda acceso a información adicional. En estos ejemplos, se utiliza la modalidad de suscripción más completa, el *Foundation Directory Online Professional,* que contiene más de 88.000 fundaciones y empresas donantes. El sistema permite buscar con facilidad posibles donantes institucionales en cuatro bases de datos: instituciones filantrópicas, empresas, aportes institucionales y formularios 990.

FUNDACIONES

Base de datos de instituciones filantrópicas ("Grantmakers"). Una buena estrategia inicial consiste en comenzar la búsqueda de donantes institucionales en la base de datos de instituciones filantrópicas (*Grantmakers*) del *Foundation Directory Online,* donde identificará fundaciones por perfiles. Por ejemplo, imaginemos que representa a una organización sin fines de lucro de Chicago que busca apoyo financiero para un programa de teatro. Con las palabras del índice predeterminado del *Foundation Directory Online,* puede crear algunas búsquedas simples que combinen los temas de interés con criterios geográficos.

- *Búsqueda 1:*
  Preferencia geográfica: Illinois
  Área de interés: Arte

- *Búsqueda 2:*
  Ciudad de la fundación: Chicago
  Área de interés: Arte escénico, teatro

En ambas búsquedas, 1 y 2, se aplican estrategias adecuadas para comenzar. En la búsqueda 1, se utilizan términos amplios para obtener una lista tal vez más extensa de posibles donantes institucionales, en tanto que la búsqueda 2 se centra más en los intereses filantrópicos y la ubicación geográfica exactos de la organización. Comenzar con una búsqueda más amplia o más restringida depende en parte de la cantidad de fundaciones que cree que podrá obtener y de sus preferencias personales.

Si la búsqueda es eficaz, obtendrá una lista de fundaciones y/o empresas que poseen un interés comprobado en su área temática *y, además,* en su zona geográfica. Luego, investigará a cada donante institucional de la lista, en primer lugar analizando su perfil.

La siguiente imagen parcial corresponde al perfil de una fundación incluida en el *Foundation Directory Online.*

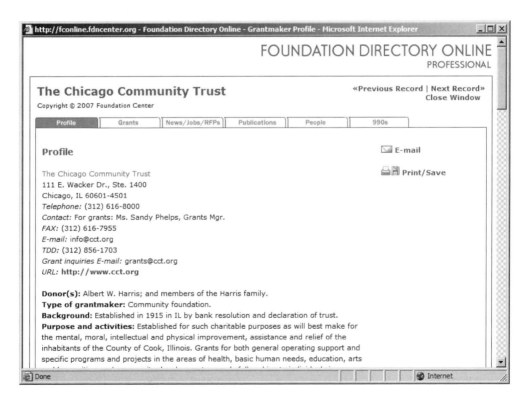

Siempre es conveniente realizar varias búsquedas diferentes. Si bien al comienzo es posible que prefiera encontrar sólo a aquellos donantes institucionales cuyos intereses coincidan exactamente con los suyos, este enfoque no siempre es el mejor. Esta estrategia puede producir buenos resultados. Sin embargo, es posible que excluya a otras fundaciones que no hayan brindado apoyo financiero al programa preciso que usted desea financiar pero que, de todos modos, estén interesadas en su organización.

Además, puede añadir otros criterios de búsqueda de fondos filantrópicos, como el público destinatario de su programa. En nuestro ejemplo, el público destinatario del programa es la población afroamericana.

- *Búsqueda 3:*
  Ubicación geográfica: Illinois
  Área de interés: Arte y Afroamericanos/Negros

- *Búsqueda 4:*
  Ciudad de la institución filantrópica: Chicago
  Área de interés: Arte escénico, teatro y Afroamericanos/Negros

La base de datos de instituciones filantrópicas del *Foundation Directory Online* le permite seleccionar entre 11 criterios distintos para crear otras variantes en su estrategia de búsqueda, tales como agregar el tipo de apoyo financiero que procura obtener (capital inicial, refuerzo de capital, etc.) o buscar algo muy específico, con la función de búsqueda por palabras clave, que facilita encontrar términos que aparezcan en el perfil de la fundación. Además, esta función de búsqueda por palabras clave permite identificar a aquellas fundaciones que en la actualidad aceptan propuestas en idioma español.

EMPRESAS DONANTES

Entre las estrategias para recaudar fondos de muchas organizaciones sin fines de lucro, se encuentra la de solicitar aportes filantrópicos a las empresas. Las empresas pueden brindar apoyo financiero a las organizaciones sin fines de lucro de diversas maneras. Algunas sólo lo hacen a través de una fundación privada, mientras que otras únicamente llevan a cabo su labor filantrópica a través de programas directos de apoyo financiero. Ciertas empresas, incluso, emplean ambos métodos para realizar contribuciones a las organizaciones sin fines de lucro de su comunidad. Si una empresa posee una fundación, entonces habrá un Formulario 990-PF de ese donante institucional, al igual que en otras fundaciones privadas. Si la empresa cuenta con un programa de apoyo financiero directo, no está obligada a presentar un informe público sobre las donaciones otorgadas bajo ese programa. Esto puede causar dificultades para obtener información sobre las donaciones institucionales que una empresa no realiza a través de una fundación. No obstante, algunas empresas incluyen secciones especiales dedicadas a sus actividades filantrópicas en sus sitios web, en tanto que otras dan a conocer pautas sobre sus donaciones institucionales.

Cuando se solicitan aportes de empresas, es importante considerar los motivos por los que financian a organizaciones sin fines de lucro. A diferencia de las fundaciones, el objetivo de las empresas no es donar dinero. Por el contrario, se dedican a sus clientes, accionistas, empleados y, principalmente, a los resultados finales. Es lógico suponer que, aunque muchas empresas realizan aportes filantrópicos por una mezcla de altruismo e interés propio, la mayoría de las compañías procuran obtener algún beneficio de sus actividades de beneficencia. La organización que solicita apoyo financiero debe determinar cuáles de sus características resultarán interesantes para cada empresa que integra la lista de posibles donantes institucionales. Por ejemplo, una orquesta local o un centro comunitario pueden recibir apoyo financiero porque responden a los intereses de los empleados de la empresa y de la comunidad en general, en tanto que una clínica que brinda servicios de atención de salud a la comunidad latina podría obtener fondos filantrópicos, en parte, porque la compañía desea mejorar su imagen ante los miembros de esa población.

Un buen sitio para comenzar su búsqueda de posibles empresas donantes es el *Foundation Directory Online*.

Base de datos de empresas ("Companies"). El *Foundation Directory Online* contiene información sobre más de 4.000 fundaciones patrocinadas por empresas y otros programas corporativos de apoyo financiero. Estas empresas donantes también se encuentran en la base de datos de instituciones filantrópicas, pero esta base le permite buscar datos específicos sobre compañías. Por ejemplo, como las empresas suelen realizar contribuciones en las áreas geográficas en las que actúan, es buena idea buscar empresas que posean sedes, filiales o plantas en su zona o que lleven a cabo actividades en el extranjero, en países en los que su organización administra programas.

- *Búsqueda 5:*
  Ciudad de la filial: San Diego

- *Búsqueda 6:*
  Estado o país de la filial: Brasil

En esta base de datos, también puede realizarse una búsqueda por el tipo de actividad de la empresa para identificar a aquellas que tal vez tengan afinidad con su organización. Por ejemplo, además de aportes monetarios, podría descubrir un posible donante institucional en su estado, cuya donación de productos sería beneficiosa para su actividad, como en el siguiente ejemplo de búsqueda.

- *Búsqueda 7:*
  Tipo de actividad: Equipos de computación y de oficina
  Estado de la empresa: Connecticut

A continuación, puede apreciarse el perfil de Xerox Corporation, que se obtuvo como resultado de la búsqueda anterior.

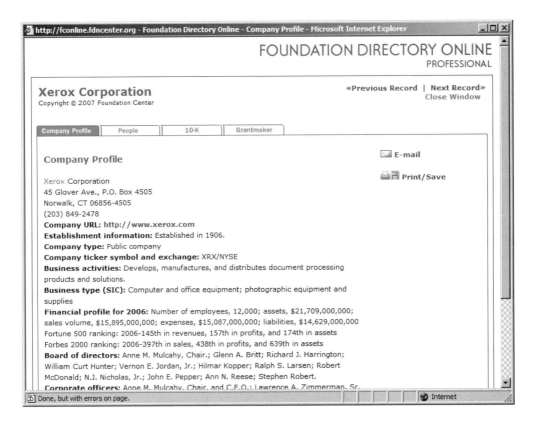

Además de buscar características de las empresas que coincidan con los objetivos de su organización, es recomendable usar el *Foundation Directory Online* para hallar programas filantrópicos determinados en la base de datos de instituciones filantrópicas y antecedentes comprobados de financiamiento en la de aportes institucionales (*Grants*), que se describe más adelante.

Las bases de datos de empresas, como *CCInet,* de la Charities Aid Foundation, o *Corporate Giving Online,* del Foundation Center, también podrían resultar útiles para identificar a posibles empresas donantes. Otras herramientas de investigación son los materiales impresos, tales como *Corporate Philanthropy Report,* una publicación periódica de Aspen Publishers (sólo disponible en inglés); *National Directory of Corporate Giving,* publicado por el Foundation Center (sólo disponible en inglés); y los recursos sobre fundaciones y empresas donantes publicados por diversas asociaciones regionales de instituciones filantrópicas.

Base de datos de aportes filantrópicos ("Grants"). Otra estrategia de investigación consiste en buscar los aportes concretos realizados por los donantes institucionales que comparten los intereses de su organización. Andrew Lark, del Frances L. and Edwin E. Cummings Memorial Fund, recomienda: "Analice los aportes financieros que otorgamos en el pasado. A menudo, esta estrategia permite conocer la probabilidad de que su solicitud reciba una respuesta favorable en el futuro". La base de datos de aportes filantrópicos del *Foundation Directory Online* contiene más de 700.000 contribuciones realizadas por las fundaciones más grandes del país. Analizar el historial de aportes de una fundación permite verificar cómo lleva a la práctica su misión e intereses en el financiamiento real de organizaciones y proyectos específicos. Además, podría revelar el comportamiento reciente de la institución al brindar apoyo financiero.

Para comenzar, es aconsejable buscar contribuciones otorgadas a organizaciones de su ciudad o estado para fines similares a los que persigue su proyecto. Con el mismo ejemplo que utilizamos para buscar instituciones filantrópicas, podríamos realizar las siguientes búsquedas:

- *Búsqueda 8:*
  Estado de la entidad que recibe la contribución: Illinois
  Tema: Arte

- *Búsqueda 9:*
  Ciudad de la entidad que recibe la contribución: Chicago
  Tema: Arte escénico, teatro

En este caso, advertirá una vez más que es posible realizar una búsqueda amplia (es decir, buscar organizaciones dentro de un estado y una categoría temática general) así como emplear criterios más específicos.

Otra estrategia de investigación que puede utilizar con la base de datos de aportes filantrópicos consiste en averiguar qué fundaciones financian a otras entidades de su comunidad con intereses similares. Estas fundaciones podrían ser fuentes de apoyo financiero para su organización. Por ejemplo, es posible buscar donantes institucionales para una organización que, según la información disponible, administra un programa similar al suyo en la zona de Chicago buscando el nombre de esa organización.

Búsqueda 10:
Nombre de la entidad que recibe el aporte: Black Ensemble Theater Corporation

Si la búsqueda es eficaz, obtendrá una lista de los aportes filantrópicos que se otorgaron recientemente a esta organización, como en el siguiente ejemplo que ilustra el perfil de un aporte financiero.

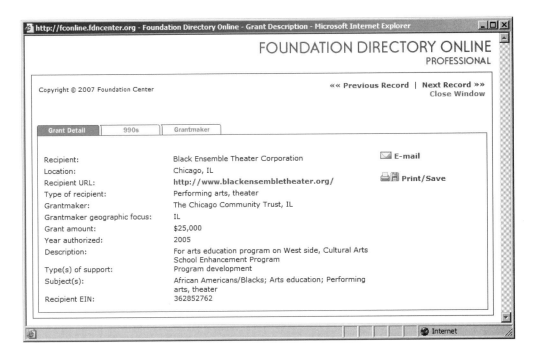

Al igual que la base de datos de instituciones filantrópicas, la de aportes filantrópicos también permitirá hallar donantes institucionales que hayan otorgado fondos para ciertos tipos de proyectos. Como alternativa, es posible buscar por palabra clave para encontrar algo muy específico, como contribuciones para una compañía de mimos.

Base de datos de formularios 990 ("990 database"). La base de datos de formularios 990, también incluida en el *Foundation Directory Online,* puede ser útil para identificar donaciones institucionales menores y/o realizadas por fundaciones más pequeñas que no figuran en la base de datos de aportes filantrópicos. Cualquiera sea su tamaño, todas las fundaciones deben presentar cada año ante la IRS una declaración de impuestos a través del formulario 990-PF. Por su parte, todas las fundaciones públicas con ingresos de $25.000 o superiores deben presentar un formulario 990. Entre otra información, el formulario 990-PF incluye una lista de aportes filantrópicos otorgados cada año. La base de datos de formularios 990 busca cada palabra incluida en más de 325.000 formularios 990-PF y 990. Esta base se utiliza con palabras clave que pueden encontrarse en la descripción de un aporte, tales como "arte" o "teatro", o buscando por el nombre de una organización a fin de identificar aportes otorgados a entidades similares a la suya.

Por cierto, esta base de datos puede utilizarse además para hallar un determinado formulario 990-PF de una fundación sobre la que desea conocer más información. Asimismo, es posible localizar los formularos 990-PF a través del *Foundation Finder*, una herramienta gratuita de búsqueda que se ofrece en el sitio web del Foundation Center, y también está disponible en otros sitios de Internet como Guidestar.org y los sitios web de los procuradores generales de ciertos estados. Si bien el formulario 990-PF no brinda tantos datos sobre una institución filantrópica como su sitio web, el informe anual o las normas impresas, es la única fuente de información sobre la mayoría de las fundaciones pequeñas y medianas que no cuentan con estas fuentes de información alternativas. Entre otros datos útiles que ofrece el formulario 990-PF, la revisión de las contribuciones realizadas por una fundación durante dos o tres años permite averiguar sus antecedentes en cuanto al otorgamiento de apoyo financiero a ciertas organizaciones y proyectos similares a los suyos.

Además de las bases de datos del *Foundation Directory Online* y los formularios 990-PF presentados por fundaciones privadas, el sitio en Internet o el informe anual de una organización sin fines de lucro en ocasiones incluyen listas de sus donantes, que podrían ser otros posibles donantes institucionales de su organización. En forma periódica, otras organizaciones sin fines de lucro agradecen a las entidades que realizan aportes en el periódico local. Las organizaciones de arte suelen incluir una lista de sus donantes en los programas de los eventos.

Medios informativos

Los medios informativos que cubren actividades filantrópicas podrían ser útiles para crear y refinar su lista de posibles donantes institucionales. Uno de ellos es *The Chronicle of Philanthropy*, una publicación quincenal sobre actividades benéficas y organizaciones sin fines de lucro, que incluye artículos sobre fundaciones y otros donantes institucionales, datos sobre informes anuales recientes y anuncios de aportes otorgados también recientemente. Además de servir como fuente para mantenerse actualizados en el ámbito de las fundaciones, los suscriptores de la versión impresa pueden buscar palabras clave en ediciones anteriores a las que se accede mediante una contraseña. Por ejemplo, esta función resultaría útil para encontrar un artículo reciente sobre una fundación en particular o una lista de aportes institucionales otorgados para un área temática determinada.

Philanthropy News Digest (PND), del Foundation Center, es otro recurso que podría ayudarle a crear la lista de posibles donantes institucionales. *PND* es un servicio diario de noticias por Internet que ofrece resúmenes de artículos relacionados con la filantropía publicados en los principales medios, comunicados de prensa de fundaciones y otras noticias. Además, incluye entrevistas, comentarios y perfiles de directivos de fundaciones y organizaciones sin fines de lucro y de las entidades que representan. Dado que se puede buscar cualquier palabra que aparezca en el texto de los archivos de *PND*, será de gran utilidad para encontrar artículos recientes relacionados con su área temática o información sobre una institución filantrópica determinada. Otra fuente que permite buscar por área temática es la herramienta del Foundation Center llamada *RFP Bulletin*, una recopilación de solicitudes recientes de apoyo financiero publicadas por las fundaciones. Al examinar estos medios informativos periódicamente, además de los periódicos y diarios de su comunidad, y todos los boletines de noticias publicados por instituciones filantrópicas locales o por sus asociaciones, podrá incorporar posibles donantes institucionales a su lista. Puede suscribirse a versiones gratuitas de estos recursos que se envían por correo electrónico en el sitio web del Foundation Center.

Sitios web de instituciones filantrópicas

Si bien la mayoría de las instituciones filantrópicas no tienen sitio en Internet (sólo 7.000 lo poseen), aquellas que sí los tienen brindan información que permite determinar si los programas de su entidad convergen con las prioridades de una fundación. Los contenidos habituales de un sitio web suelen comprender una breve historia de la fundación, descripciones de sus programas, listas de aportes filantrópicos recientes y pautas para la solicitud de fondos. Además, algunos contienen los informes anuales de la fundación en formato electrónico.
La amplitud de la información en los sitios de Internet de las instituciones filantrópicas puede variar de manera considerable de una entidad a otra. Aunque la cantidad de información disponible suele guardar relación con el tamaño del donante institucional, a veces se puede encontrar una fundación pequeña con un sitio web muy completo, y viceversa.

Dado que la información que se encuentra en el sitio web de una fundación suele ser la más *actualizada*, es importante analizar todos los datos pertinentes para la posible solicitud por parte de su organización ante esa institución filantrópica. Recuerde que, además del formulario 990-PF o el informe anual, esta es una de las pocas fuentes fundamentales de información disponibles sobre una fundación. Además, suele ser el mejor medio para informarse sobre los intereses de la entidad, según sus propias palabras. Ilene Mack, de la Hearst Foundation, Inc., comenta lo siguiente: "Nuestro sitio web brinda información específica sobre las actividades que financiamos y las que no promovemos. Como las organizaciones que solicitan aportes visitan nuestro sitio en Internet, las denegaciones de solicitudes han disminuido y las propuestas incluyen la mayor parte de la documentación de respaldo que requerimos. En verdad, es un instrumento que nos permite ahorrar tiempo".

El Foundation Center ayuda a las organizaciones que solicitan apoyo financiero a identificar qué programas de fundaciones y empresas donantes cuentan con sitios en Internet. El sitio web del Foundation Center permite buscar a través de *Foundation Finder*, que contiene enlaces con las fundaciones que tienen sitios en la red. Asimismo, *Foundation Directory Online* y *FC Search* le permiten visitar la página web de una institución filantrópica, al hacer clic en un enlace que se encuentra en su perfil.

Pautas de la institución filantrópica

Las pautas de una fundación o empresa donante relacionadas con la presentación de una solicitud ofrecen información crucial para la organización que solicita apoyo financiero. Por lo general, las pautas describen los programas y organizaciones que los donantes institucionales financiarán o no, así como otras restricciones sobre sus criterios para otorgar aportes filantrópicos. Algunas contienen descripciones detalladas de programas. Otras, en cambio, mencionan en forma concisa las principales áreas de interés de la fundación. Además, suelen indicar los procedimientos específicos de solicitud y los plazos para presentar las propuestas.

Si una institución filantrópica no ofrece este tipo de información en su sitio web, consulte las bases de datos o directorios que utiliza para comprobar si la fundación informa que ha publicado pautas. Aun si ha conseguido una copia de las pautas de una institución filantrópica, siempre es recomendable consultar para asegurarse de que posee la versión más actualizada. Aunque las fundaciones tienden a mantener su orientación durante varios años, ha habido casos en que una institución filantrópica ha realizado un cambio importante en el objetivo de su programa o ha modificado sus procedimientos para la solicitud de aportes.

El informe anual de la fundación

Si la fundación publica un informe anual, este será un valioso elemento para conocer mejor a ese donante institucional. Este instrumento es importante no sólo al determinar sus criterios actuales para otorgar aportes filantrópicos, sino también para prever tendencias futuras. El informe anual refleja la naturaleza, el estilo y los intereses de la fundación. En la actualidad, más de 2.600 fundaciones publican informes anuales. A menudo, estos documentos se incluyen en el sitio web de la fundación y en la sección PubHub del sitio web del Foundation Center. En muchos casos, incluso pueden solicitarse en formato impreso directamente a la fundación, aunque ahora algunas los publican sólo en línea.

Al leer un informe anual, es esencial prestar especial atención a dos secciones. En primer lugar, analice el informe del presidente o director general. Busque pautas que revelen la filosofía que sirve de fundamento a la institución filantrópica. ¿Cuáles son los problemas de la sociedad que desea abordar la fundación? ¿Qué tipo de repercusión esperan lograr los directivos con el aporte filantrópico? Esta sección indicará además si hay un área nueva o que haya sufrido cambios en el programa. Tales cambios de orientación le brindarán una valiosa oportunidad en caso de que su proyecto encuadre dentro de las nuevas áreas que la fundación desea explorar.

Otra sección que es aconsejable analizar en detalle es la lista de organizaciones que obtuvieron apoyo financiero de esa fundación durante el último o los últimos años. Compare la lista de aportes filantrópicos otorgados con lo que la fundación expresa que desea financiar. Debe buscar indicios que ejemplifiquen áreas específicas de interés y la manera en que la fundación lleva a la práctica las prioridades que manifiesta tener con respecto a los aportes filantrópicos que otorga.

Paso 2: Evaluar su lista de posibles donantes institucionales

En esta segunda etapa de la investigación, evaluará a los donantes institucionales de su lista recabando información importante sobre aquellos cuyas pautas o criterios usuales de financiamiento se adecuan mejor a las necesidades de fondos de su organización. Al investigar a los donantes institucionales de su lista inicial, intente responder a las siguientes preguntas:

- *¿El donante institucional acepta solicitudes?* Es posible que le llame la atención comprobar que algunos no las aceptan. Resulta conveniente averiguar este aspecto al comienzo del proceso de investigación para no perder tiempo. Sin embargo, aunque la fundación sostenga que no acepta solicitudes y/o que otorga aportes filantrópicos sólo a organizaciones preseleccionadas, no debería descartarla como posible donante institucional si su investigación demuestra que tal vez resulte adecuada para su organización. Verifique si algún miembro de la junta directiva, del personal o algún voluntario de su organización conoce a alguien relacionado con la fundación y/o envíe una carta de presentación de su entidad al posible donante institucional para comenzar a cultivar vínculos.

- ***¿El donante institucional ha demostrado un verdadero compromiso con el financiamiento de su área temática?*** Constate si la misión que expresa la fundación, las descripciones de sus programas y/o los aportes filantrópicos que otorgó en el último tiempo muestran coincidencias con las necesidades de fondos de su organización. En algunos casos, tal vez observe que una determinada fundación realizó uno o más aportes para un proyecto en su área temática, pero pueden ser excepciones a la regla. Es posible que esos aportes se hayan otorgado por razones que no sean el compromiso con esa área, sino por una relación especial entre un miembro de la junta directiva y la organización que recibió los fondos. Otras fundaciones tienen una relación histórica y permanente con determinadas organizaciones, tal vez debido a un interés específico de la institución donante, que puede llevarlas a financiar actividades no contempladas en sus criterios actuales para otorgar apoyo financiero.

- ***¿Es probable que el donante institucional otorgue aportes a organizaciones en su zona geográfica?*** La mayoría de las fundaciones y empresas establecen límites geográficos. Aunque no es necesario que un donante institucional haya otorgado fondos en su estado o ciudad, los antecedentes de haber realizado aportes filantrópicos en su zona geográfica son un buen indicio de que la entidad tal vez esté interesada en su proyecto. Consulte las pautas de la fundación para verificar si tiene restricciones geográficas y preste atención a sus criterios filantrópicos locales o regionales, o si concentra sus aportes en zonas rurales o urbanas, pues esto podría excluir su proyecto.

- ***¿Qué condiciones financieras podrían afectar la capacidad de otorgar fondos de una fundación?*** En general, el nivel de las donaciones institucionales anteriores es un buen indicio de su capacidad para otorgar aportes filantrópicos en el futuro, pues las fundaciones deben aportar el cinco por ciento de sus activos cada año. Sin embargo, este monto podría aumentar si la fundación ha recibido un aporte considerable poco tiempo atrás, posiblemente del donante original. Además, la situación económica afecta a las fundaciones. En un contexto económico estable, los bienes de una fundación suelen aumentar, mientras que en una economía inactiva los bienes suelen disminuir y se reducen los fondos disponibles para las organizaciones que solicitan apoyo financiero.

- *¿El donante institucional otorga fondos a los mismos grupos de organizaciones sin fines de lucro todos los años o ha comprometido sus recursos a muy largo plazo?* Algunas fundaciones brindan apoyo financiero a las mismas organizaciones todos los años y les queda poco dinero para financiar proyectos de nuevas entidades. Consulte la lista de aportes otorgados por la fundación en los últimos dos o tres años para identificar este tipo de criterios usuales que reducirían sus posibilidades de obtener fondos. Otras fundaciones se comprometen a financiar proyectos de varios años de duración. Esto podría limitar los fondos disponibles para otros proyectos. Las listas de aportes también deberían indicar tales compromisos de financiamiento a largo plazo.

- *¿La suma dinero que solicita está dentro del rango que habitualmente aporta la fundación?* Usted analizará los criterios usuales que la fundación ha aplicado en el pasado para otorgar aportes instituciones. Si su investigación demuestra que el mayor aporte que realizó la institución filantrópica durante los últimos años es de $25.000, no debe solicitar $40.000. A la vez, trate de identificar diferencias más sutiles, como el nivel de aportes para el área temática específica que desea financiar. Recuerde además que es posible que algunas fundaciones otorguen montos menores la primera vez hasta que tengan una relación estable con la organización.

- *¿Tiene el donante institucional una política que prohíbe los aportes para el tipo de apoyo financiero que usted solicita?* Ciertas fundaciones no otorgan fondos para gastos generales operativos de una organización. Otras no realizan aportes para fondos patrimoniales, proyectos de construcción o compra de equipos. Averigüe si el donante institucional está dispuesto a considerar el tipo de apoyo que necesita.

- *¿Suele la fundación otorgar aportes que cubren el costo completo de un proyecto o se inclina por proyectos en los que participan otras fundaciones?* Salvo que busque aportes institucionales para un proyecto muy pequeño, es poco probable que una fundación financie todo el proyecto la primera vez. La mayoría de las fundaciones dan por sentado que las organizaciones que solicitan apoyo financiero se dirigirán a varios donantes institucionales en busca de aportes para su proyecto y solicitarán a cada una que contribuya con un porcentaje de los fondos necesarios.

- *¿El donante institucional establece límites en cuanto al período de tiempo durante el cual financiaría un proyecto?* Algunas fundaciones son partidarias de apoyar proyectos por única vez, en tanto que otras continúan realizando aportes durante algunos años. Sin embargo, es poco común que una institución filantrópica se comprometa a financiar a una organización por tiempo indefinido.

- **¿Qué tipos de organizaciones suele financiar la fundación?** Como parte de su investigación, verifique si la fundación se inclina por grupos grandes y sólidos, como universidades y museos, o por grupos más pequeños de base comunitaria. Algunas fundaciones brindan apoyo financiero a una amplia variedad organizaciones, mientras que otras no lo hacen. Esta información puede obtenerse a través de las listas de organizaciones que recibieron aportes filantrópicos en el pasado. Es posible que estos datos no se consignen en las pautas impresas de la fundación.

- **¿La fundación establece plazos para presentar las solicitudes?** Preste mucha atención a cualquier información sobre los plazos y las fechas de las reuniones de la junta directiva para presentar su propuesta en el momento adecuado. Ciertas fundaciones establecen plazos para la presentación de solicitudes. Otras, en cambio, analizan propuestas en forma permanente.

- **¿Usted o algún miembro de la junta o del personal de su organización conoce a alguien relacionado con el donante institucional?** Es conveniente recabar información sobre los antecedentes de los actuales fiduciarios y del personal de la fundación. Al hacerlo, es posible que encuentre alguna relación entre su organización y un posible donante institucional. Esto podría facilitar el acercamiento a la fundación. Conocer a alguien vinculado con un posible donante institucional no suele ser suficiente para garantizar la obtención de los fondos, pero podría facilitar el proceso (véase el Capítulo 12 para obtener más información sobre cómo cultivar la relación con el donante).

Refine la lista de posibles donantes institucionales

No se puede dejar de destacar la importancia de responder a todas las preguntas anteriores de la mejor manera posible y de realizar una investigación exhaustiva. Recordamos nuevamente a Andrew Lark, cuando nos comenta: "Cada fundación tiene sus propias cualidades y características particulares. Realice una buena investigación. Obtenga información acerca de ella. Para lograr mejores resultados, diríjase a muchas instituciones filantrópicas a la vez con solicitudes *adaptadas a cada institución*, en lugar de emplear una misma propuesta para todas.

A medida que refine su lista y establezca prioridades en ella, es posible que se sienta tentado a concentrar todas sus energías en uno o dos donantes institucionales "ideales". Debe resistir esta tentación. Mientras las pautas de la fundación y otra información que averigüe sobre ella no descarten que su entidad pueda recibir fondos de esa entidad, debe conservarla en la lista. Tal vez las características de su programa no correspondan exactamente al área específica de interés de la fundación, pero es posible que el programa esté comprendido en sus objetivos más amplios de financiamiento.

Entre aquellas fundaciones que conserva en su lista, debe colocar al comienzo las que presenten más coincidencias con los intereses de su organización y tengan la capacidad para brindar el mayor apoyo financiero, pero no olvide a las otras que han aprobado el análisis preliminar. Por ejemplo, las fundaciones más pequeñas podrían cumplir una función importante en sus estrategias generales de financiamiento. Recuerde que una pequeña contribución en este año puede transformarse en contribuciones de mayor magnitud en el futuro y que tanto las fundaciones grandes como las pequeñas pueden convertirse en donantes institucionales a largo plazo. Además, es posible que el trabajo de su organización cause una muy buena impresión a las fundaciones que rechazan su pedido este año porque su proyecto no coincide exactamente con sus intereses, pero quizás aprueben su próxima solicitud.

12

Comunicación y promoción de vínculos con posibles donantes institucionales

Cómo establecer la comunicación inicial

Una vez que ha determinado que una fundación podría realizar un aporte filantrópico, debe iniciar la comunicación con ella. Algunas fundaciones prefieren que antes llame por teléfono para averiguar si el proyecto se ajusta a las pautas específicas de la institución donante. Sin embargo, tenga en cuenta que no todas las fundaciones consideran que este paso sea apropiado.

Si decide comunicarse primero en forma telefónica, no debe dar la impresión de estar a la pesca de algo. A las fundaciones les resulta especialmente molesta esa actitud. A través de su conversación, deje en claro que ha leído las pautas y que desea más explicaciones para saber si su proyecto específico se ajustaría a los intereses de la entidad. Dé a entender que no está solicitando apoyo financiero por teléfono.

Las fundaciones advierten que, si llama, deberá prestar mucha atención a lo que le informan. Julie Brooks, de la John S. & James L. Knight Foundation, comenta: "Alentamos a las organizaciones que solicitan fondos a que nos llamen por teléfono. Deseamos una comunicación sincera con el público sobre nuestro proceso para otorgar aportes filantrópicos, nuestros objetivos y estrategias. Creemos que una conversación franca aclara dudas y evita que la organización que solicita apoyo financiero tome un rumbo equivocado". Jonathan Goldberg, de la Surdna Foundation, añade: "La gente llama a menudo. Conversamos sobre la información previa a la propuesta. Esta conversación ayuda a aclarar dudas y nos permite reducir la cantidad de solicitudes que no se ajustan a nuestros intereses".

Por otro lado, la institución filantrópica que entrevistamos nos advirtió que el solicitante también debe estar preparado para percibir que se le está diciendo que "no" como respuesta.

La llamada telefónica inicial tiene tres objetivos:

- facilitar el reconocimiento del nombre de su organización;
- comprobar si podría haber compatibilidad entre el posible donante institucional y su organización;
- recabar información adicional acerca de la fundación y de su posible reacción ante su proyecto antes de presentar la propuesta concreta.

¿Cuáles son los siguientes pasos? En primer lugar, ensaye lo que dirá sobre su organización. Es posible que el representante de la fundación o la empresa le dé sólo algunos minutos. Además, es conveniente tener a mano la información que ha recabado sobre los antecedentes de este posible donante institucional, la suma que necesitaría su entidad y el destino que tendrían los fondos. Si existe una relación anterior con su organización sin fines de lucro, conozca muy bien los detalles de la misma. Tal como explica Elizabeth Smith, de la Hyams Foundation: "Es mejor que la organización que solicita los fondos llame después de llevar a cabo su investigación. Entonces, nuestro personal responderá a preguntas específicas durante la llamada telefónica".

En segundo lugar, llame por teléfono. Sería fantástico poder hablar directamente con el presidente de la fundación o con el vicepresidente ejecutivo a cargo de los aportes filantrópicos de la empresa, pero esto no suele ocurrir. Confórmese con algún miembro de la entidad que pueda responder a sus preguntas. En este proceso, no subestime la importancia del personal de apoyo, pues podría ser muy útil. Puede brindarle información clave y asegurar que su propuesta se tramite con rapidez. Averigüe el nombre de la persona que lo atiende para hacer referencia a esta conversación cuando presente su solicitud formal. Tal vez sea su persona de contacto para futuras comunicaciones telefónicas y por correspondencia.

¿Qué debe decir? Es fundamental estar preparado para:

- Presentar a su institución: su nombre, ubicación, propósito y objetivos.

- Expresar sin rodeos la razón de su llamada. Demuestre que ha realizado un estudio exhaustivo y que considera que los intereses de la institución filantrópica son compatibles con los de su organización.

- Preguntar si puede presentar una propuesta. Especifique de qué propuesta se trata y el nivel de apoyo financiero que espera obtener.

- Solicitar una entrevista. Pocas fundaciones acceden a conceder una entrevista sin tener al menos una propuesta inicial, pero siempre vale la pena averiguar este punto. De hecho, cada vez que hable con un donante institucional, pregunte si consideran conveniente tener una conversación personal.

En cada llamada surgirán temas imprevistos. Por eso, debe ser perspicaz y estar atento y preparado para responder. Al mismo tiempo, demuestre tranquilidad y seguridad a medida que se desarrolla la conversación. Recuerde que, desde la perspectiva de la fundación, usted es un posible socio.

Muchas fundaciones no cuentan con personal o poseen pocos empleados administrativos. Algunas empresas encomiendan las actividades filantrópicas a ejecutivos que tienen mucho trabajo a su cargo. El hecho es que tal vez no atiendan las repetidas llamadas. Sobre todo, sea persistente: esta cualidad diferenciará a su institución de muchas organizaciones sin fines de lucro cuyos directivos inician la tarea de recaudar fondos con determinación, pero se desaniman con rapidez. Si no puede comunicarse por teléfono con un posible donante institucional, envíe una carta para solicitar la misma información que pediría por teléfono. En caso de no recibir respuesta a su carta, entonces presente una solicitud de todos modos.

Lo que intentamos transmitir es que, al igual que las personas, cada fundación es diferente. De hecho, las fundaciones están compuestas por personas. Es importante escuchar y respetar la información que le brinda el representante de la fundación sobre las formas de comunicación que la entidad prefiere.

La carta de solicitud de información

En la actualidad, muchas instituciones filantrópicas piden a las organizaciones que solicitan apoyo financiero una carta de solicitud de información (o de intención) relacionada con su proyecto antes de presentar una propuesta completa. Al igual que la llamada telefónica de presentación, las fundaciones utilizan esta carta como un sencillo elemento de selección preliminar, que permite a la institución filantrópica evitar la recepción de solicitudes inadecuadas y favorecer la presentación de aquellas que podrían aprobarse. Además, permite que las fundaciones que prefieren participar en el diseño de la propuesta lo hagan en las primeras etapas del proyecto. La carta de solicitud de información puede ser útil para la entidad que solicita el aporte, ya que evita pérdidas de tiempo en reunir documentos y anexos extensos para solicitudes con escasas posibilidades de recibir una respuesta favorable.

El requisito de presentar una carta preliminar de intención no siempre es una ventaja para la organización que solicita los fondos. En primer lugar, es un paso adicional, que requiere prever más tiempo para el proceso de solicitud. En segundo lugar, algunos consideran que este procedimiento constituye una forma en que la fundación detiene la solicitud antes de que la organización que procura obtener fondos haya tenido la oportunidad de describir por completo los beneficios del proyecto. Por último, será necesario contar con la propuesta completa, al menos en borrador, antes de presentar la carta de intención que, de alguna manera, es una propuesta muy sintetizada que comprende la mayoría de sus componentes, aunque de forma concisa. Según David Ford, de la Richard and Susan Smith Family Foundation: "La carta de intención debe constar como máximo de tres páginas, además del presupuesto. Tiene que explicar quién es el grupo, los objetivos que desea lograr, su plan de crecimiento y la manera en que nuestro aporte le permitirá alcanzar sus metas".

Christine Park, de la Lucent Technologies Foundation, expresa: "La carta de intención nos ahorra tiempo a todos. Nosotros responderemos, y si hay alguna posibilidad de forjar una alianza, les explicaremos los pasos siguientes".

Sin duda, es necesario tener poder de síntesis para redactar bien la carta de solicitud de información. No debe exceder de dos o tres páginas.

La siguiente es una carta de la solicitud de información que Neighbors Together envió a la Independence Community Foundation:

21 de septiembre de 2005

Sra. Marilyn Gelber
Directora Ejecutiva
Independence Community Foundation
182 Atlantic Avenue
Brooklyn, NY 11201

Estimada Sra. Gelber:

Ha sido un privilegio trabajar con la Independence Community Foundation el año pasado a fin de consolidar la capacidad de Neighbors Together para mejorar las condiciones de vida de nuestra comunidad de bajos ingresos. Como es de su conocimiento por mi trabajo con Stuart Post, Neighbors Together está ejecutando un plan estratégico para ampliar sus programas clave, que nos permitirá hacer más hincapié en la capacidad de acción a largo plazo de nuestros vecinos con menores ingresos. Quisiera solicitar a la Independence Community Foundation un apoyo financiero de $20.000 para nuestra organización para el año próximo, que nos ayudará a poner en marcha nuestro proyecto.

Neighbors Together tiene el compromiso de poner fin al hambre y la pobreza en Ocean Hill Brownsville, el barrio con menores ingresos de Brooklyn. El firme fundamento de nuestra misión radica en nuestra creencia en la dignidad y el potencial de cada persona. Desde 1982 hemos combatido el hambre en tres niveles:

- Nuestro comedor comunitario alivia la crisis inmediata al proveer comidas calientes y nutritivas a 300 personas por día, seis días por semana.
- Nuestro Programa de Prevención y Capacidad de Acción para Personas sin Hogar aborda los problemas que van de la mano del hambre: el desempleo, la falta de educación, la falta de vivienda, las adicciones y los servicios de salud insuficientes.
- Nuestras actividades de defensa y promoción de derechos y de desarrollo comunitario procuran transformar las estructuras sociales que provocan el hambre y la pobreza.

NECESIDAD A LA QUE RESPONDE EL PROYECTO

Si bien nuestra comunidad ha mejorado en muchos aspectos en los últimos cinco años con un gran aumento en la construcción de viviendas, aún recibimos entre 250 y 300 personas en nuestro comedor comunitario cada día; aún vemos a una gran cantidad de personas que sufren adicciones y enfermedades mentales, personas desempleadas con historiales laborales muy inconstantes, personas que poseen trabajos de tiempo completo pero no cuentan con los ingresos suficientes debido al aumento en los alquileres; aún vemos a una comunidad abrumada por la violencia y la desesperación.

Esta primavera, Neighbors Together realizó una evaluación de las necesidades de la comunidad que contó con la coordinación de los alumnos de la Escuela de Postgrado Milano de la Universidad New School. A través de este proceso, que incluyó entrevistas con actuales beneficiarios, descubrimos que nuestro público está integrado por quienes se encuentran en situación de mayor marginación y cuya participación resulta más difícil de conseguir, y que no existen servicios suficientes en nuestra zona para responder a sus necesidades. Si bien los destinatarios de nuestros servicios sufren a causa de la falta de respeto y oportunidades para las personas de escasos ingresos por parte de nuestra sociedad, la mayoría de ellos tiene otros problemas personales (enfermedades mentales, adicciones, depresión, discapacidades físicas) que les dificultan en extremo lograr una vida estable y agradable.

La mayoría de las personas desempleadas a las que nos dirigimos tienen verdaderas intenciones de trabajar, pero no cuentan con la formación, la capacitación o las habilidades adquiridas durante la vida para mantener un empleo. El 78% de nuestro público ha estado desempleado durante más de un año. Otras estadísticas significativas incluyen las siguientes:

- El 94,5% de nuestro público destinatario tiene ingresos menores a $12.000 anuales ($1.000 por mes).

- El ingreso principal del 66% de nuestro público destinatario son las prestaciones del Gobierno; el 13% no posee ningún ingreso salvo las donaciones de familiares; el 13% tiene empleo, el 5% tiene seguro de desempleo y el 2% recibe una jubilación o pensión.

- El 95% de nuestro público destinatario asiste a comedores comunitarios como mínimo una vez por semana; el 88% concurre por lo menos algunas veces por semana y el 66% acude a centros de distribución gratuita de alimentos por lo menos una vez por semana.

- El 78% de nuestro público destinatario tiene entre 30 y 60 años de edad; el 12% tiene más de 60 años de edad y el 10% tiene entre 18 y 30 años de edad.

- El 78% de nuestro público tiene hijos, pero en sólo el 12% de esos casos, sus hijos viven con ellos.

DESCRIPCIÓN GENERAL DE LAS ACTIVIDADES

Cuando finalizó el largo proceso de planificación, la junta directiva y el personal se reunieron para debatir sobre cómo producir los cambios más significativos en nuestra comunidad. Sobre la base de nuestra investigación, la junta y el personal decidieron que Neighbors Together debía fortalecer la solidez y la demanda de sus tres programas principales, ampliando cada uno de ellos en forma moderada a fin de profundizar su influencia en la vida del público actual.

En particular, nos proponemos cumplir los siguientes objetivos:

1. ampliar nuestro programa de Emergencia para Paliar el Hambre al ofrecer la cena cuatro días por semana, además del almuerzo seis días por semana;

2. ampliar nuestro Programa de Prevención y Capacidad de Acción para Personas sin Hogar al incorporar a un trabajador social de tiempo completo que pueda brindar continuidad, desarrollar relaciones terapéuticas con la gente, ampliar nuestros servicios individualizados y coordinar oportunidades de aprendizaje complementario para la formación del público a través talleres y grupos de apoyo;

3. ampliar nuestro programa de Defensa y Promoción de Derechos y Desarrollo de la Comunidad al incorporar a un coordinador comunitario capaz de brindar oportunidades más constantes para desarrollar la capacidad de acción, a fin de que nuestro público asuma el compromiso activo de mejorar su comunidad y la situación de las personas de escasos ingresos de toda la ciudad, el estado y el país;

4. agregar la cena requiere y crea una oportunidad para ampliar el programa de capacitación para ayudantes de cocina, al incorporar al personal a un tercer ayudante de cocina;

5. nuestra fortaleza radica en la comunidad de apoyo que creamos con nuestro público; por lo tanto, la ampliaremos al ofrecer nuestro comedor como espacio comunitario de reunión antes, durante y después de servir las comidas;

6. a fin de alcanzar estas metas, necesitaremos una nueva sede, que mejorará la comodidad de nuestro público al duplicar el espacio para los asientos en el comedor, que llegarán a 36, ofreciendo un baño fuera del comedor para el uso del público y oficinas que garantizarán mayor privacidad durante las reuniones que la gente mantiene con nuestro personal;

7. a efectos de supervisar de manera adecuada estas ampliaciones de los programas, necesitaremos aumentar los miembros de la junta de 10 a 15 y contratar personal con dedicación parcial para apoyo administrativo y de recaudación de fondos para asistir al director ejecutivo.

Nuestra necesidad inmediata consiste en encontrar un nuevo establecimiento para trasladarnos a fines del año 2005. Debido al grave deterioro de nuestras instalaciones actuales, tendremos que mudarnos lo antes posible. Tenemos la suerte de haber obtenido considerables aportes financieros para este traslado al haber vendido una propiedad de la organización; por eso, este plazo tan corto para la mudanza parece razonable.

Una vez que nos hayamos trasladado, consolidaremos las metas y los objetivos de nuestros programas y obtendremos fondos para la ampliación de los programas. Esperamos contratar más personal en forma paulatina para comenzar a ofrecer cenas a comienzos o mediados del año 2006.

RESULTADOS PREVISTOS

Lógicamente, tenemos muchas esperanzas de lograr la influencia deseada con la ampliación de nuestras actividades. Prevemos ciertos resultados en esta etapa inicial y, además, esperamos que los resultados previstos se concreten cuando se contrate al personal para dirigir las tareas. A partir de ahora, esperamos ofrecer 100 comidas adicionales todos los días en nuestro programa de cenas, trabajar de manera estrecha con 50 clientes para crear planes detallados de asistencia individualizada, que incluyen una mayor cantidad de envíos a tratamientos para salud mental y adicciones, y para aumentar de 15 a 30 la cantidad de personas que participan en campañas de desarrollo comunitario de manera sostenida para fines del año fiscal. Además, contemplamos dedicar una considerable cantidad de tiempo para consolidar el modelo de asistencia individualizada que se ajustará a la realidad de nuestro público destinatario y para contratar al personal necesario.

ACREDITACIONES DE LA ORGANIZACIÓN

Neighbors Together trabaja codo a codo con todas las organizaciones principales para paliar el hambre de la ciudad de Nueva York: el Banco de Alimentos de la ciudad de Nueva York, City Harvest, United Way de la Ciudad de Nueva York, la Coalición contra el Hambre de la Ciudad de Nueva York, la Red de Acción contra el Hambre del Estado de Nueva York, entre muchas otras. Neighbors Together ocupa un lugar destacado en los materiales de difusión de estas organizaciones. Además, los miembros de nuestro personal reciben invitaciones habituales para disertar en las conferencias de la red para paliar el hambre. En septiembre de 2004, Neighbors Together fue declarada la Institución del Año por el Banco de Alimentos de la Ciudad de Nueva York, que cuenta con más de 1.200 programas en los cinco distritos.

PRESUPUESTO ESTIMADO

El año fiscal de Neighbors Together comienza el 1° de noviembre y finaliza el 31 de octubre. En consecuencia, estamos finalizando la elaboración de nuestro presupuesto operativo para el año fiscal 2006. A fin de ejecutar nuestro plan estratégico, prevemos un incremento de los gastos del establecimiento y mayores costos de personal. A medida que incorporemos personal en los próximos seis a ocho meses, anticipamos que el total de gastos ascenderá a $517.570 en este año fiscal. Esperamos continuar recibiendo apoyo financiero de nuestros anteriores donantes institucionales durante esta emocionante fase de nuestro desarrollo. A la vez, estamos forjando relaciones con nuevas organizaciones colaboradoras, entre ellas, la Robin Hood Foundation, que ha manifestado sumo interés en brindar un considerable aporte a Neighbors Together.

CONCLUSIÓN

La Independence Community Foundation ha sido una aliada clave en la elaboración de nuestro plan estratégico el año pasado. En poco tiempo, hemos sido capaces de trabajar en forma conjunta para elaborar planes concretos a fin de fortalecer la capacidad de acción de una de las comunidades de menores ingresos de la ciudad de Nueva York. Apreciaríamos la oportunidad de presentar una propuesta para continuar recibiendo apoyo financiero de la Independence Community Foundation. Quedo a su disposición para responder a cualquier pregunta que desee formular. Muchas gracias por su apoyo y compromiso con nuestra misión de poner fin al hambre y la pobreza en nuestra comunidad.

Atentamente,

Ed Fowler
Director Ejecutivo

Algunas instituciones filantrópicas cuentan con formularios de solicitud en Internet que cumplen la misma función que las cartas de solicitud de información. A continuación, se reproducen las instrucciones que ofrece el sitio web de la W.K. Kellogg Foundation (en español) para presentar una carta de solicitud de información en línea:

W.K. Kellogg Foundation—Solicitud en Línea de Donaciones

¡La Fundación Kellogg está interesada en su idea! Enviar una carta consulta o una prepropuesta es un proceso simple, que consta de tres pasos:

1er. Paso – Prepárese para enviar su pedido. Aprenda sobre el área de programación de la Fundación Kellogg y sobre sus prioridades de financiamiento. Descubra cuáles serán las informaciones necesarias durante el proceso de solicitud.

2do. Paso – Hable sobre su institución. Describa a la organización que usted representa y mencione su forma de contacto. Informe cualquier relación o contacto anterior con la Fundación Kellogg.

3er. Paso – Hable sobre su idea. Informe sobre sus pedidos, metas y objetivos.

Observaciones:
- Es necesario que los cookies sean habilitados para utilizar el formulario en línea. Sus datos no serán preservados si los cookies no están habilitados. Consulte la sección de Ayuda de su navegador para saber cómo habilitarlos. En algunos navegadores, es necesario habilitar la opción "cookies de terceros".
- Usted puede volver a las páginas iniciales en cualquier momento sin perder los datos hasta el fin del proceso.
- Usted podrá revisar o modificar sus datos antes de enviarlos.

Si usted tiene preguntas o enfrenta algún problema, utilice nuestro formulario de contacto.

Elija la opción		
Desarrolle su Idea	Solicite Ayuda Financiera	Campaign
Este tipo se utiliza para que comparta información breve sobre su idea aún en desarrollo. La mayoría de las ideas primero pasan por el Procesamiento Central de Propuestas y no son revisadas por el personal de área de programa.	Este tipo se utiliza para inscribir una solicitud oficial y obtener ayuda financiera. Le permite elegir una o más áreas del programa WKKF que considere se alineen con su proyecto. Se le pedirá enviar información específica sobre su organización y proyecto.	Este tipo se utiliza cuando su organización inscribe una solicitud en respuesta a una Solicitud de Propuestas (SDP) o una solicitud de financiamiento especial. Por favor, introduzca el código del programa para iniciar su solicitud.
Envie Carta Consulta	Envie Prepropuesta	Missing translation 'WRM_CampaignStart_GoButt onLabel' for language Spanish.

Si bien la carta de solicitud de información tiene ventajas y desventajas desde el punto de vista de la organización que solicita el aporte, muchas fundaciones aún la exigen como paso preliminar del proceso. La redacción de esta carta requiere una habilidad que deben desarrollar quienes escriban la propuesta.

Presentación de la propuesta

En realidad, es posible que presentar la propuesta no parezca tan emocionante después de dedicar tanto tiempo para identificar e investigar a los posibles donantes institucionales y reunir los diversos componentes. Pero, finalmente, llega el momento de presentar la propuesta completa ante las fundaciones incluidas en la lista.

Las listas de control pueden ser útiles en esta etapa. Es aconsejable revisar la lista y volver a verificarla por última vez para asegurarse de que se hayan cumplido todos los requisitos establecidos por la fundación y de que el paquete de la propuesta contenga todos los elementos en el orden correcto. Sobre todo, asegúrese de presentar la propuesta en el plazo estipulado por la fundación. De ser posible, y ya sea que la propuesta se presente por correo, correo electrónico o Internet, es recomendable enviarla por lo menos dos semanas antes del vencimiento del plazo. De esta manera, la fundación podrá solicitar información adicional si fuera necesario.

Las organizaciones que solicitan apoyo financiero suelen preguntarse si deben enviar la propuesta por correo, un servicio de entrega al día siguiente o mensajería, o entregarla en mano. La opción menos costosa es muchísimo mejor que el resto. Utilice el correo común a menos que haya una razón muy contundente para proceder de otro modo.

El papel de la tecnología en el proceso de solicitud

Las organizaciones que solicitan fondos por primera vez quizás tengan la impresión de que todas las comunicaciones con las instituciones filantrópicas serán por vía electrónica. Si bien los donantes institucionales han avanzado de manera considerable al aprovechar la tecnología para facilitar el proceso de presentación, tal como lo expresan en sus comentarios de las sucesivas ediciones de esta *Guía*, aún queda mucho por hacer. Sin embargo, la tecnología logra grandes avances entre las instituciones filantrópicas. Como ya hemos comentado, algunas fundaciones ofrecen en línea formularios previos a la propuesta para que las organizaciones que solicitan fondos llenen como paso preliminar obligatorio del proceso. Ciertas instituciones filantrópicas, en especial aquellas del ámbito empresarial, ahora *exigen* a las entidades que solicitan aportes que presenten sus propuestas mediante solicitudes en línea incluidas en sus sitios web. Sin embargo, la gran mayoría todavía prefiere recibir las propuestas por los métodos tradicionales, es decir, por servicio postal.

INTERNET

Como mencionamos en el capítulo anterior, sólo alrededor del 10 por ciento de las fundaciones cuenta con sitios en Internet. Sin embargo, para aquellas que los poseen, resultan de suma utilidad como medio para brindar información importante sobre pautas y procedimientos de solicitud de aportes de manera eficaz y económica. A su vez, para las organizaciones que solicitan fondos, son una valiosa herramienta para encontrar la información más actualizada sobre las fundaciones a las que se dirigen. La red ha permitido que las instituciones filantrópicas brinden mucha más transparencia a todo el proceso de aceptación y evaluación de propuestas, así como a la elección de las organizaciones a las que se otorgará apoyo financiero. Numerosos donantes institucionales informan que, al contar con el sitio web, han recibido menos pedidos de pautas e informes anuales impresos, lo cual se ha reflejado en una reducción en los gastos de impresión y envío. Las instituciones filantrópicas que entrevistamos observan las visitas a sus sitios web y afirman que están conformes con la cantidad de tráfico.

SOLICITUDES EN LÍNEA

Pese a que las instituciones filantrópicas utilizan cada vez más la red para diversos fines relacionados con el proceso de solicitud de aportes, en realidad son muy pocas las que aceptan propuestas en formato digital, ya sea como solicitudes en línea o como archivos adjuntos a correos electrónicos. Las cartas de solicitud de información o las propuestas preliminares (escasas fundaciones exigen este primer paso) pueden presentarse en formato electrónico. No obstante, en general y en alguna etapa del proceso, la mayoría de las instituciones filantrópicas requerirán una copia impresa de la propuesta definitiva. Las fundaciones que entrevistamos mencionaron una serie de razones para exigir este requisito. Algunas afirman que es difícil leer las propuestas en la pantalla de la computadora, en especial, si tienen que revisar una cantidad considerable de documentos. Otras indican que, como parte de su proceso de decisión, deben enviar las propuestas que pasan la evaluación inicial a todos los miembros de la junta, y aunque el personal de la fundación tenga buenos conocimientos informáticos, es posible que los miembros de la junta no los tengan. Unas cuantas fundaciones mencionaron que preferían las propuestas impresas, con márgenes amplios, para escribir notas en esos espacios marginales. Por último, muchas instituciones filantrópicas nos recordaron que, como de todos modos es necesario enviar por correo los documentos adjuntos, por ejemplo, la carta de designación de la IRS, el formulario 990 de la organización y los estados contables auditados, estos podrían acompañarse además a la propuesta completa.

EL CORREO ELECTRÓNICO COMO MEDIO DE COMUNICACIÓN

La mayoría de nuestras instituciones filantrópicas indicaron que utilizan el correo electrónico para comunicarse con las entidades que solicitan apoyo financiero. Según ellas, el correo electrónico facilita el envío y la verificación de información de rutina relacionada con la solicitud de aportes. Es parte del protocolo que la organización que solicita los fondos, en lugar de iniciar el proceso de comunicación, espere hasta que la institución filantrópica envíe el primer correo electrónico o hasta que formule una consulta o pida información adicional por este medio. Como es de esperar, los directores de programas de las fundaciones más grandes se preocupan porque las entidades que solicitan apoyo les envían más mensajes de correo electrónico de los que llegan a leer y responder. Varias personas a las que entrevistamos mencionaron una desventaja habitual de este método de comunicación: es fácil malinterpretar el significado de lo que se dice. Como ya hemos explicado, es poco común que una institución filantrópica acepte una propuesta adjunta a un mensaje de correo electrónico de un remitente desconocido.

El proceso de auditoría que llevan a cabo las instituciones filantrópicas

Quizás se pregunte qué ocurre con su propuesta una vez que llega a las oficinas del posible donante institucional. En el transcurso de nuestras conversaciones con las instituciones filantrópicas para la edición de esta *Guía*, estas mencionaron varias veces la palabra "auditoría", un término que el mundo filantrópico adoptó del ámbito legal y financiero. En este contexto, se refiere al examen y análisis exhaustivo de la solicitud de apoyo financiero. A continuación, se describe en forma concisa cómo se llevaría a cabo este proceso en una fundación con personal. Sin embargo, es fundamental tener presente que no existe una situación "típica" cuando se trata de tomar la decisión de otorgar aportes filantrópicos y los procedimientos que aplican las diversas fundaciones suelen presentar considerables diferencias.

INGRESO DE LOS DATOS

Como es lógico, muchas instituciones filantrópicas cuentan con sistemas informáticos que les permiten llevar un control de la recepción y análisis de la solicitud. Un empleado ingresa en el sistema todos los datos pertinentes sobre su propuesta, entre otros, el nombre de la organización y datos de la persona de contacto, el título del proyecto, el monto solicitado, un resumen del proyecto (lo ideal es que se elabore sobre la base del resumen ejecutivo) y, si existiera, su relación reciente con esta fundación en particular.

Por lo general, en esta etapa se separan la carta de presentación y los documentos adjuntos y se colocan en una carpeta, en tanto que el texto de la propuesta y el presupuesto del proyecto se envían a un ejecutivo del programa, un empleado o un fiduciario para su análisis inicial.

ANÁLISIS INICIAL

Para ahorrar tiempo, el ejecutivo del programa u otro empleado designado analizarán rápidamente el resumen ejecutivo, el presupuesto y otras secciones clave de la propuesta para asegurarse de que el proyecto brinda servicios en una zona geográfica y/o a un público que resultan de interés para la institución filantrópica. Las solicitudes que claramente no cumplen con las pautas de la institución filantrópica se descartan en esta etapa.

En este momento, podría realizarse además un análisis rápido de los documentos adjuntos a su propuesta y es posible que la institución filantrópica solicite cualquier información adicional que necesita. Si estos datos no están completos, quizás pida los elementos que faltan a través de una carta o una llamada telefónica. La mayoría de las instituciones filantrópicas recalcan que deben contar con *toda* la información requerida antes de avanzar en el proceso de toma de decisiones. Si no tienen todos los elementos que necesitan para tomar la decisión, el estudio de la propuesta podría postergarse para una reunión futura de la junta, algo que la mayoría de las organizaciones que solicitan fondos querrán evitar. Por lo tanto, demás está decir que es fundamental que la institución que solicita apoyo financiero responda sin demora a cualquier pedido de información adicional.

COMPATIBILIDAD

En esta etapa, las propuestas que se estudian de manera minuciosa poseen todos los documentos adjuntos y se ha determinado que cumplen con las pautas de la institución filantrópica. Ahora, el ejecutivo del programa quiere asegurarse de que el proyecto es compatible con la misión y los intereses específicos actuales de la institución filantrópica. ¿Este proyecto complementa y/o mejora otros proyectos que financia la institución filantrópica? Esto es de particular importancia si la fundación está llevando a cabo una iniciativa de amplia difusión.

Luego, se presta especial atención a la capacidad de la organización para poner en práctica el proyecto. Quienes toman las decisiones sobre el otorgamiento de aportes analizarán los antecedentes de la entidad, su personal y miembros de la junta y el prestigio de la organización dentro de la comunidad. Por cierto, el valor aparente del proyecto reviste la misma importancia. ¿Su descripción es lógica? ¿Tiene posibilidades de causar los efectos deseados? Como puede observarse, todos los componentes de la propuesta, según se describen en esta *Guía*, entrarán en juego cuando la institución filantrópica someta la solicitud a los diversos análisis.

REFERENCIAS

Al analizar la propuesta, es probable que la persona encargada de tomar la decisión de otorgar aportes filantrópicos consulte a fuentes internas y externas que conozcan a su organización. Aunque es poco frecuente, contar con un miembro del personal o de la junta directiva en una fundación que ya conozca a su organización y su proyecto y que pueda dar buenas referencias sobre ellos, resultará de suma utilidad en esta etapa. Es posible que las instituciones filantrópicas también consulten a representantes de otras organizaciones sin fines de lucro que conocen y en quienes confían para saber si están familiarizados con su entidad y su obra. Además, pueden conversar con otras instituciones filantrópicas, en especial las fundaciones y empresas donantes que otorgaron aportes a su organización en el pasado y lo hacen en la actualidad, para conocer la manera en que la entidad maneja la relación y sus responsabilidades una vez que recibe el apoyo financiero. Ciertas instituciones filantrópicas entrevistadas admitieron realizar búsquedas en Internet para obtener más información sobre las organizaciones que solicitan aportes, además de consultar a medios locales. El objetivo de estas medidas consiste en comprobar la credibilidad y confiabilidad de la entidad que recibiría los fondos, a fin de asegurar que pueda cumplir la promesa implícita en su solicitud de aportes filantrópicos.

ANÁLISIS FINANCIERO

Quienes toman la decisión de otorgar aportes filantrópicos suelen analizar la estabilidad de la organización y la sustentabilidad del proyecto. En función del presupuesto del proyecto y/o el presupuesto operativo, los estados contables auditados o el balance general de su organización y el último Formulario 990 presentado ante la IRS, es posible que realicen un análisis de la solidez fiscal general de la organización. Estudiarán los patrones de crecimiento. Tratarán de determinar si los gastos administrativos guardan coherencia con su presupuesto operativo y con lo que organizaciones similares gastan en tales rubros.

Por último, les interesa la sustentabilidad. Se preguntarán si es probable que su proyecto u organización consigan el apoyo completo que necesita para administrar este programa. ¿Cómo se sustentará a lo largo del tiempo? ¿Existe la posibilidad de que genere suficientes ingresos para que, en última instancia, sea autosuficiente? ¿O este proyecto tiene un plazo determinado, transcurrido el cual no se necesitarán más fondos? Es posible que quienes toman la decisión de otorgar aportes incluso hablen con otros posibles donantes institucionales para evaluar la posibilidad de financiar su proyecto en forma conjunta o en colaboración.

EL ROL DE LA JUNTA DIRECTIVA EN EL PROCESO

Según el tamaño y tipo de fundación, los miembros de la junta directiva pueden desempeñar una función más o menos activa en el proceso de decisión. La participación de la junta podría clasificarse en tres categorías generales.

En el caso de muchas fundaciones con personal profesional, los miembros de la junta directiva reciben sólo un resumen de cada proyecto que se recomienda para recibir fondos con un monto sugerido de apoyo financiero. Además, pueden recibir o no una lista de organizaciones sin fines de lucro cuyas solicitudes de aportes *no* se recomienda aprobar. En casi todos los casos, es posible que un miembro de la junta directiva solicite ver la propuesta completa y pida al personal un análisis adicional del proyecto, aunque esto último ocurre con poca frecuencia. Este tipo de aprobación de la junta que requiere las recomendaciones de un ejecutivo del programa con experiencia es bastante común en las fundaciones más grandes y puede dar lugar a un debate en las reuniones de la junta directiva. Sin embargo, suele realizarse sólo bajo el pretexto de pedir explicaciones.

En algunas fundaciones, los miembros de la junta reciben resúmenes elaborados por el personal y luego se les pide que voten a fin de establecer el orden del día para la reunión de la junta directiva. Hay ciertos proyectos que todos están de acuerdo en financiar o rechazar y, por lo tanto, no requieren más análisis. Los proyectos restantes forman la base de los puntos del orden del día en la reunión de la junta. Estas fundaciones suelen tener un solo empleado o un plantel reducido y captar miembros para su junta que estén dispuestos a participar de forma activa en la fundación y aplicar un enfoque práctico.

En algunas instituciones filantrópicas, en especial las fundaciones familiares y aquellas que no cuentan con personal remunerado y son administradas por voluntarios, o abogados o contadores de familias o empresas, los miembros de la junta directiva participan de forma activa en todos los aspectos del proceso de decisión. Es posible que reciban y analicen cada una de las propuestas. Tal vez realicen visitas a las sedes de las organizaciones que reciben aportes. Quizá inviten a algunas o a todas las organizaciones que solicitan fondos a realizar presentaciones en la reunión de la junta directiva. En estos casos, es la propia junta la que toma la decisión definitiva sobre cada propuesta.

Es fácil advertir que el proceso de auditoría que se describe en este libro no es igual en todas las fundaciones. Cada institución filantrópica tiene su variante del procedimiento. No obstante, todas estas tareas tienen como objetivo desarrollar maneras objetivas de obtener la mayor cantidad de información posible sobre las organizaciones que podrían recibir aportes, a fin de que los preciados fondos filantrópicos se otorguen a los solicitantes más adecuados y a proyectos con posibilidades concretas de lograr el éxito.

Cómo cultivar la relación con el posible donante institucional

No olvide mantener la comunicación una vez que ha presentado la propuesta. Cultivar la relación con el posible donante institucional podría marcar una diferencia crucial para obtener los aportes o quedar en el olvido.

Al elaborar la estrategia diseñada para cultivar la relación con el posible donante institucional, puede resultar de suma utilidad conocer la situación de la fundación y los procedimientos para tramitar propuestas de esa institución filantrópica en particular.

Las fundaciones están desbordadas de propuestas. Aun cuando rechazan todas las que claramente no cumplen con sus pautas, tienen muchas más que exceden su capacidad financiera para otorgar aportes. Para mencionar sólo un ejemplo, Bruce

Esterline, de The Meadows Foundation, comentó las siguientes estadísticas que tenía muy presentes: "Son más de 1.000 las propuestas que se someten a un proceso formal de revisión. El cuarenta por ciento de esas solicitudes se selecciona para un análisis exhaustivo. De ese grupo, alrededor del cincuenta por ciento (entre 200 y 220) recibe financiamiento anual. Todas las entidades que solicitan aportes reciben una notificación por escrito de la decisión adoptada por la fundación. Recibimos de 50 a 100 llamados de instituciones cuyas propuestas se han rechazado, e intentamos responder y explicar nuestras razones a todas ellas".

Las maneras en que actúan las fundaciones son muy diferentes. En ciertas fundaciones familiares pequeñas, el donante en persona analiza todas las solicitudes. En las fundaciones más grandes, suele haber un primer filtro para eliminar a aquellas que no cumplen con el programa; luego, los ejecutivos del programa estudian las propuestas en áreas específicas y deben someter cada propuesta a un proceso de análisis por parte del personal antes de realizar una recomendación a la junta directiva. Varía mucho la manera concreta en que las fundaciones analizan las propuestas y las someten a consideración de los miembros de la junta directiva. A continuación, Marilyn Hennessy describe el proceso que se lleva a cabo en la Retirement Research Foundation: "La junta directiva toma todas las decisiones de otorgar aportes filantrópicos. Seis semanas antes de la reunión de la junta directiva, los fiduciarios reciben resúmenes de propuestas (por lo general, de diez a doce por vez, de 20 páginas cada uno) acompañados por una papeleta que describe la propuesta y las recomendaciones del personal. El fiduciario tiene cuatro opciones: 1) aprobarla; 2) rechazarla; 3) solicitar el análisis de un consultor; 4) discutirla. Las papeletas se envían a la oficina con anterioridad a la reunión para contar con un resumen de los votos sobre la propuesta en el momento de la reunión. Alrededor de un tercio se decide de manera unánime y dos tercios están sujetas a debate (no son votaciones unánimes). Este proceso de votación es una forma de estructurar el orden del día relacionado con el otorgamiento de aportes filantrópicos. Los fiduciarios reciben una lista de las propuestas que no cumplen con nuestras pautas, que se denominan 'rechazos del personal', y la junta directiva ratifica estas decisiones".

A menudo, las fundaciones trabajan en estrecha colaboración con la entidad que solicita apoyo financiero para elaborar la solicitud. Victoria Kovar, de la Cooper Foundation, nos comenta: "Brindamos el apoyo que nos pide la institución que solicita el aporte. Reviso las solicitudes preliminares, brindo sugerencias y, en algunos casos, correcciones". Según Bob Wittig, de la Jovid Foundation: "Siempre aliento a las organizaciones que se dirigen a nuestra fundación por primera vez a que me llamen primero para conversar sobre el apoyo que necesitan antes de presentar la propuesta". Lita Ugarte, de The Community Foundation for Greater

Atlanta, añade: "Es recomendable cultivar esa relación. Llamen por teléfono antes de presentar la solicitud. Llamen por teléfono después del rechazo de su propuesta. Cultiven la relación. Si bien a las entidades que solicitan fondos les resulta difícil comprender el significado de este aspecto, el personal de muchas fundaciones desea conocer a las organizaciones que solicitan aportes". Por último, Michele Pritchard, de la Peyton Anderson Foundation, sintetiza el pensamiento de muchas instituciones filantrópicas entrevistadas: "Es aconsejable comunicarse con la fundación. Si nos mantienen informados, tendremos una relación exitosa cualquiera sea el resultado de su solicitud. No es recomendable sorprender a la institución filantrópica".

Tras la presentación de la propuesta, varias formas de cultivar la relación con el posible donante institucional podrían resultar de particular valor:

- comunicación por teléfono o por correo electrónico;
- reuniones personales;
- utilizar los contactos con los miembros de la junta directiva; e
- informes escritos de actualización y situación.

Seguimiento por teléfono o por correo electrónico

Normalmente, debe llamar por teléfono o enviar un mensaje de correo electrónico unas dos semanas después de enviar el paquete de la propuesta. El propósito principal de esta comunicación es verificar si la fundación recibió la propuesta. En la carta de presentación, usted ha solicitado una reunión y se ha ofrecido a brindar la información adicional necesaria para facilitar a la fundación el análisis de su solicitud. Por este motivo, debe preguntar si desean concertar una reunión en la fundación o en las oficinas de la empresa, o bien realizar una visita a la sede de su entidad. No olvide averiguar sobre el proceso y el cronograma de análisis de su propuesta. Esta información lo orientará acerca del momento en que podría llamar o enviar información actualizada.

A partir de entonces, comuníquese de manera periódica para verificar el estado de su propuesta. Si no ha recibido respuesta en el período previsto, llame para averiguar si ha habido un cambio en el programa. Formule el mismo tipo de preguntas que realizó con anterioridad: ¿Necesita información adicional? ¿Cuándo se analizará la propuesta? ¿La fundación o el representante de la empresa desearían concertar una reunión? Sea breve. La diferencia entre ser amable y ser demasiado insistente es sutil.

Cada vez que llame, debe ser capaz de responder a preguntas específicas del ejecutivo del programa sobre cualquier aspecto de su propuesta o de la actividad de su entidad. Además, podría recibir llamadas o mensajes de correo electrónico del ejecutivo del programa durante el análisis de la propuesta.

Marilyn Hennessy, de la Retirement Research Foundation, describe este tipo de comunicación de la siguiente manera: "Cada vez más a menudo nos comunicamos con la organización que solicita los fondos para formular preguntas sobre su propuesta o pedir aclaraciones sobre algo que han expresado, y como parte de ese proceso, nos brindan información adicional". Y Bruce Esterline, de The Meadows Foundation, sostiene: "Valoramos esta iniciativa, en especial por correo electrónico. Sin embargo, si estamos haciendo bien nuestro trabajo, el ejecutivo del programa mantendrá a las entidades que solicitan fondos informadas sobre el estado de su propuesta".

Es útil mantenerse en contacto por teléfono o por correo electrónico. De esta manera, tendrá la oportunidad de averiguar qué ocurre con su propuesta y de compartir información con la fundación o empresa donante.

Cuando corresponda, después de la conversación telefónica, envíe una nota o un mensaje de correo electrónico sobre el próximo paso que planea dar o para confirmar cualquier información nueva que brindó por teléfono. Si bien la comunicación telefónica suele ser la manera más conveniente de mantenerse en contacto, asegúrese de que cualquier acuerdo o información que sea fundamental para obtener un resultado favorable en el proceso de análisis se haga por escrito.

Reuniones personales

Conseguir una entrevista suele ser difícil. Por lo general, se llevan a cabo por iniciativa de la institución filantrópica. Muchas fundaciones no aceptan una reunión hasta que la propuesta se encuentra en una etapa avanzada de la evaluación. Esto supone asignarla a un ejecutivo del programa, que luego se reunirá con alguien de su organización. Aun cuando el representante de una fundación o una empresa esté muy interesado en su proyecto, quizá considere que una reunión no resulta útil para lograr la recomendación de la solicitud. Sin embargo, muchas fundaciones insisten en realizar una visita a la sede de la mayoría o de todos los grupos a los que otorgan aportes. Algunos ejecutivos de programas no se reúnen con los solicitantes hasta que se ha presentado la propuesta, en tanto que otros prefieren que la propuesta se presente sólo después de la reunión. Julie Farkas, de la Consumer Health Foundation, recalca: "Este aspecto siempre ha sido muy trascendente para nosotros. En el caso de las entidades que podrían recibir fondos, siempre visitamos sus sedes en la comunidad porque sus directivos, su personal y su ubicación son factores cruciales en nuestro proceso de decisión y, en definitiva, para el éxito o fracaso del programa".

Cuando le ofrezcan una entrevista, debe considerar este ofrecimiento como una oportunidad muy especial. Es un acontecimiento para el que hay que preparase con gran esmero. Según Peter Bird, de la First Foundation: "La visita ayuda a aclarar ideas sobre el proyecto, la operación y la junta directiva de la organización sin fines de lucro".

Primero, seleccione al equipo adecuado para asistir a la reunión. Si su entidad sin fines de lucro posee personal, deberá asistir el director general o el director ejecutivo. El gerente general debe ser capaz de responder a preguntas específicas con relación al proyecto. El otro miembro del equipo será un voluntario, preferentemente miembro de la junta directiva. La presencia de voluntarios destaca el hecho de que la junta conoce y apoya la tarea de la organización. En ciertos casos, un miembro del personal del programa podría ser un asistente útil. Como alternativa, es posible invitar a algún destinatario de las buenas obras de su organización. Sin embargo, no es aconsejable abrumar al representante de la fundación con demasiada gente en la reunión. Consulte con anterioridad cuántas personas podrían asistir. Si hay tiempo, llame con un día de anticipación para confirmar la fecha y para recordarle al representante quiénes asistirán.

Invite al posible donante institucional a visitar su organización. Sin duda, una visita a la sede le permitirá presentarle al representante de la fundación muchas más personas que participan en su organización o su proyecto.

Luego, prepárese para la reunión. Recabe información sobre los antecedentes de la fundación o la empresa. No deje de mencionar si hubo una relación anterior con la fundación, en especial si no fue del todo positiva. Elabore un perfil de la persona o las personas con quienes se reunirá si puede obtener estos datos de fuentes biográficas habituales, de Internet o por referencias personales. Sus colegas de otras organizaciones sin fines de lucro que reciben aportes filantrópicos del donante institucional podrían brindar datos sobre su personalidad e idiosincrasia.

Asigne un rol a cada uno de los participantes. Es fundamental que todos tengan una función. Debe haber buen diálogo y comunicación entre los asistentes a la reunión.

Por último, es crucial saber con exactitud qué se desea lograr en la reunión. No saldrá de la reunión con un cheque en la mano, pero tendrá que decidir de antemano qué información desea brindar y obtener. David Grant, de la Geraldine R. Dodge Foundation, habla de la preparación de esta manera: "Un buen consejo es preguntar a la institución filantrópica qué material conviene preparar para la reunión. No lo haga a último momento. Las personas mejor preparadas sencillamente nos demuestran que establecen altos niveles de exigencia para todo lo que realizan. No sólo deseamos conocer la obra para la cual se solicita apoyo financiero. Buscamos además que la institución demuestre que funciona con un alto nivel de eficiencia".

Puede lograr muchos objetivos a través del simple proceso de reunirse personalmente con el representante de la fundación. La reunión establecerá una relación personal entre los representantes de su organización y la institución filantrópica. A pesar de nuestro mundo tecnológico, la filantropía es aún una actividad muy personal. En consecuencia, cuanto mejor sea la comunicación con el donante, más probabilidades tendrá de obtener apoyo financiero.

Además de conocer a las personas de su entidad, esta reunión brindará una oportunidad para que el representante de la fundación comprenda mucho mejor la labor de su organización. Contar con información sobre su misión, programas y sueños, brindada por personas con conocimiento del tema, permitirá al representante de la fundación formular preguntas, mejorar la información con la que cuenta y corregir conceptos erróneos.

Bruce Esterline, de The Meadows Foundation, describe qué es lo que debe tratar de lograr la institución filantrópica en una reunión de este tipo: "Familiarícese con la fundación: nuestras pautas; los proyectos que financiamos; observe a las organizaciones que recibieron fondos y que guarden mayor similitud con la suya. Converse con otras entidades que recibieron aportes y que han trabajado con la fundación. Considere a la reunión como si fuera una entrevista laboral. Demuestre la manera en que su propuesta se ajusta a los intereses de la fundación. Intente promover un buen intercambio de opiniones e ideas. Responda a todo tipo de preguntas sobre su organización y el proyecto propuesto. Para concluir, identifique los siguientes pasos del proceso de solicitud".

El personal y los fiduciarios del Frances L. & Edwin L. Cummings Memorial Fund facilitaron el siguiente formulario de evaluación, que ilustra las preguntas que se formulan al visitar la sede de la organización solicitante.

THE FRANCES L. & EDWIN L. CUMMINGS MEMORIAL FUND

EVALUACIÓN DEL FIDUCIARIO ACERCA DE LA VISITA A LA SEDE DE LA ORGANIZACIÓN

I. INFORMACIÓN GENERAL

Nombre de la organización:

Ubicación:

Fecha de la visita:

Miembro de la junta directiva:

Otros asistentes:

II. INFORMACIÓN SOBRE EL PROGRAMA

1. Califique los siguientes aspectos relacionados con el director ejecutivo:
(Escala: 1=Excelente, 2=Muy bueno, 3=Bueno, 4=Regular, 5=Bajo)

> Comprensión de su trabajo
>
> Liderazgo
>
> Relación con el personal
>
> Comprensión de las necesidades de la comunidad destinataria
>
> Comunicador eficaz de ideas
>
> Dedicación al trabajo
>
> Capacidad para actuar bajo presión/ocuparse de problemas cruciales
>
> Comentarios adicionales:

2. ¿La organización tiene exceso de profesionales, algún gravamen sobre la propiedad o falta de personal para la eficacia del programa?

_____

_____

_____

3. ¿Tiene la organización buenos antecedentes comprobados en general? ¿Y específicamente o en relación con este programa?

_____

_____

_____

4. ¿Tiene esta organización posibilidades de ampliarse para responder a las crecientes necesidades de la comunidad? (Si esta organización ya se está ampliando o se ha ampliado, ¿lo ha hecho de manera razonable?)

_____

_____

_____

5. ¿Esta organización ofrece programas innovadores, o replica/copia los modelos de otras instituciones?

_____

_____

_____

III. JUNTA DIRECTIVA

1. ¿Es la junta directiva "activa" o "burocrática"? Explique su respuesta.

_____

_____

_____

2. Con la misma escala anterior, califique los siguientes aspectos relacionados con la junta directiva:

Liderazgo

Relación con el personal

Dedicación para lograr los objetivos de la organización

Conocimiento personal de las actividades cotidianas de la organización

Cantidad de tiempo personal que dedica a la organización

Compromiso financiero personal

Distribución de la responsabilidad entre los miembros de la junta directiva

Comentarios adicionales:

IV. ESTABLECIMIENTO

1. ¿Se utiliza el espacio de forma eficaz?
   Sí   No   Describir.

_____

_____

2. ¿Es el ambiente propicio para los programas que se administran?

Sí   No   Si la respuesta es negativa, explique por qué.

_____

_____

_____

V. INFORMACIÓN SOBRE LA PROPUESTA

1. ¿Es este tipo de servicio necesario en la comunidad? ¿Hay otras instituciones que ya brindan el mismo servicio? En caso afirmativo, ¿tiene esta propuesta algún rasgo distintivo?

_____

_____

_____

2. ¿Son los objetivos de la propuesta lo suficientemente ambiciosos? ¿Son demasiado ambiciosos?

_____

_____

_____

3. ¿Es realista el presupuesto de la propuesta?

_____

_____

_____

4. ¿Es la propuesta eficaz en función de los costos con respecto a sus resultados previstos?

_____

_____

_____

5. ¿Ha sido el programa bien diseñado?

_____

_____

_____

6. ¿Están la junta directiva y el personal comprometidos a ejecutar el proyecto sin contar con el apoyo que tal vez reciban del Cummings Fund? (De ser así, ¿cómo lo harían?)

_____

_____

_____

VI. INFORMACIÓN FINANCIERA

1. ¿Cuál es la situación financiera general de esta organización en la actualidad?

_____

_____

_____

2. Comentarios adicionales/resumen:

_____

_____

_____

_____

_____

_____

_____

_____

En una reunión personal, la fundación se formará una mejor idea del proyecto para el cual se solicita apoyo financiero. Durante la conversación, es posible que se hable de la información fundamental sobre la propuesta, como la necesidad, los métodos para abordarla y la capacidad de su grupo para administrar el programa. Por este motivo, es importante que repase la propuesta de manera minuciosa antes de la reunión.

Usted será el encargado de manejar la agenda de la reunión, de modo que los siguientes consejos podrían resultar útiles:

- Tenga un tema para romper el hielo. Las primeras ocasiones en que asista a una reunión con el representante de una fundación pueden ser muy tensas. Para romper el hielo, relate una anécdota divertida, cuente un suceso real que le interese al grupo o haga un comentario sobre la vista o un objeto que haya en el lugar donde se lleva a cabo la reunión.

- Presente a todos los participantes de la reunión por su nombre, cargo y/o función. De esta manera, el representante de la fundación conocerá a los participantes y sabrá a quién dirigir las preguntas específicas.

- Pase entonces a tratar los temas de la reunión. Una vez presentados, los participantes deben avanzar sin demora hacia el verdadero objetivo de la reunión: su organización espera establecer una relación de colaboración con la fundación para concretar su proyecto.

- Recuerde al representante la misión e historia de su entidad. En esta reseña, es conveniente ser minucioso, pero conciso.

- Describa los programas que ofrece. Nuevamente, sea breve, pero asegúrese de que el representante de la fundación reciba un panorama integral de sus servicios. Este aspecto es importante en caso de que el proyecto presentado no sea de interés de la institución filantrópica. Si el representante logra comprender bien todo el programa, tal vez solicite una propuesta relacionada con un aspecto diferente del trabajo de su organización.

- Explique el proyecto para el cual solicita apoyo financiero. Es fundamental demostrar la convicción acerca del posible éxito del programa. Brinde los detalles necesarios para que el representante comprenda el problema a abordar y la solución que propone su organización.

- Mantenga un diálogo ameno. Si bien es sencillo explayarse sobre la propia organización, también es fácil aburrir a los interlocutores o, peor aún, salir de la reunión sin haber obtenido nueva información pertinente sobre esta institución filantrópica. Cuando sea posible, intente conocer la opinión del representante. Pregunte sobre programas actuales que hayan financiado y que aborden problemas similares. Trate al representante como a un posible socio. Recuerde que el dinero que aportan cobra trascendencia sólo cuando se lo combina con programas. Escuche con suma atención sus respuestas, comentarios y preguntas. Este diálogo le brindará indicios sobre los intereses e inquietudes reales de este posible donante institucional. No dé nada por sentado.

- Procure comprender claramente los pasos que siguen. Es importante que determine, entre otros aspectos, si se necesita algo más para el análisis de la solicitud, cuándo se procederá a estudiar la propuesta y cómo se notificará la decisión a la organización. Si, como consecuencia de la conversación, resulta evidente que la propuesta no tiene posibilidades de recibir apoyo financiero, debe preguntar qué puede hacer para volver a presentar esta propuesta u otra nueva.

Una reunión bien planificada puede ser muy fructífera, ya sea en la sede de la fundación o en la de su organización. No es aconsejable desaprovechar esta oportunidad extendiendo la reunión durante mucho tiempo. Una vez que resulte claro que se han logrado los objetivos, será importante resumir los próximos pasos que llevarán a cabo ambas partes y despedirse con cordialidad. Concluya la reunión cuando ambas partes todavía conserven el buen ánimo.

El siguiente ejemplo es una carta de agradecimiento que el director ejecutivo de East Side House envió a una fundación después de una reunión personal.

26 de octubre de 2005

Sra. Donna Highlander
Vicepresidenta
The Teagle Foundation
10 Rockefeller Plaza, Rm. 920
New York, NY 10020-1903

Estimada Donna:

Le escribo para agradecerles a usted y a Cheryl Chang por su visita del día de ayer. Fue un placer para Joy Ferguson, Ana Maldonado, John Ventura y para mí reunirnos con ustedes y explicarles el Programa de Preparación y Liderazgo Universitario (CPL).

Estamos orgullosos de nuestros alumnos por el éxito que han logrado a través del Programa CPL y de nuestro personal capaz, que tanto esfuerzo dedica a nuestros jóvenes. El generoso aporte de The Teagle Foundation ha cumplido un papel esencial en el logro de este éxito.

Quedo a su disposición para responder a las preguntas que deseen realizar sobre nuestro programa. No duden en comunicarse conmigo al 718.665.5250. Mientras tanto, les agradezco por considerar nuestra labor.

Atentamente,

John A. Sanchez
Director Ejecutivo

cc: Sra. Cheryl Chang, Asistente del Programa

Cómo utilizar los contactos con los miembros de la junta directiva

El contacto entre un miembro de la junta directiva de su organización y un colega vinculado con la fundación o empresa donante a la que se dirige consolidará la relación que está entablando.

¿Cómo saber si los miembros de la junta de su entidad tienen contactos que podrían colaborar en la tarea de recaudar fondos? En primer lugar, envíe una circular a todos los miembros de la junta directiva con los nombres de los ejecutivos y directores de las fundaciones y empresas a las que contempla dirigirse. Pida a los miembros de la junta que le respondan antes de una fecha determinada si conoce a algunos de ellos. Luego, trabaje individualmente con cada miembro de la junta a fin de diseñar una estrategia para que ellos utilicen sus contactos. Otro método es reunirse con los miembros de la junta para hablar sobre personas que podrían ayudar. Es posible que encuentre contactos con fundaciones a las que no tenía intenciones de dirigirse. Contar con un contacto en ellas marcaría la diferencia.

No es suficiente saber que tiene un contacto directo entre la junta de su organización y la de la fundación. Debe ayudar al miembro de la junta directiva de su entidad a capitalizar esta relación a favor de su grupo. En primer lugar, planifique una situación con el miembro de la junta, concentrándose en la manera de dirigirse al contacto. Cuanto más personal sea la manera de dirigirse a él, mejor será el resultado. En segundo lugar, ayude al miembro de su entidad a comprender por qué esta fundación querría brindar apoyo financiero a su organización, a utilizar el lenguaje adecuado para hablar sobre su institución y su necesidad de fondos, y a redactar la correspondencia que sea necesaria. Una vez que se haya presentado la propuesta, asegúrese de que el miembro de la junta directiva establezca la comunicación prometida. Recuérdele de forma periódica el próximo paso. El trabajo preliminar que ha realizado no servirá de nada si el miembro de la junta no lo continúa.

Al personal de las fundaciones o empresas donantes tal vez le preocupe que un miembro de la junta directiva de su organización se comunique con la junta de su institución. Esto ocurre en especial en fundaciones con personal profesional, cuyos ejecutivos del programa podrían considerar este proceder inapropiado o como una interferencia. Algunas fundaciones tienen la firme convicción de que una organización no debe utilizar a un contacto en la junta directiva, aunque lo tenga.

Por el contrario, para otras es conveniente alentar a sus fiduciarios a que expresen su interés en un proyecto. Como mínimo, el personal desea saber con anticipación si se utilizará un contacto de la junta directiva. Según la opinión de Danah Craft, de la Sun Trust Bank Atlanta Foundation: "Tener un contacto en la junta directiva marca la diferencia en el caso de fundaciones familiares: es como si solicitaran una donación considerable. Si se trata de una empresa donante, la diferencia es menos notable". Por su parte, Julie Farkas, de la Consumer Health Foundation, sugiere lo siguiente: "El miembro de la junta puede brindar información, si así se lo solicitan, pero luego abstenerse de votar".

Cuando ya ha establecido comunicación con el personal de la fundación, es esencial hablar con ellos sobre el contacto en la junta directiva antes de utilizarlo. Por último, tenga en cuenta que depender de contactos en la junta directiva podría ser contraproducente. En algunas fundaciones, si un miembro de la junta ha tenido contacto con su organización, debe abstenerse de tratar esa propuesta.

Informes escritos de actualización y progreso

La comunicación por escrito permite que una fundación o una empresa donante obtenga información adicional sobre su grupo. A la vez, les recordará que su organización necesita el apoyo financiero. Planifique el envío de materiales con criterio selectivo mientras su propuesta se encuentre en proceso de análisis. He aquí algunas sugerencias sobre el tipo de material que podría enviar:

- informes resumidos sobre la situación actual de su organización;
- información financiera, como una nueva auditoría;
- boletines informativos, anuncios u otra información que se difunda con frecuencia;
- informes de actualización sobre proyectos específicos; y
- artículos de periódicos o revistas sobre el proyecto para el cual ha solicitado apoyo, la labor de su organización sin fines de lucro u otros temas relacionados.

Por lo general, no es necesario adaptar los materiales para la fundación a la que se dirige. Sin embargo, adjuntar una nota breve siempre ayuda a consolidar su relación con la institución filantrópica.

El Frances L. & Edwin L. Cummings Memorial Fund ofrece el siguiente ejemplo de carta, enviada por Groundwork, y destinada a cultivar el vínculo con la fundación. En general, no se recomienda utilizar siglas, pero en este caso la fundación conoce bien su significado.

16 de mayo de 2006

Sra. Elizabeth Costas
Directora Administrativa
The Frances L. & Edwin L. Cummings Memorial Fund
501 5th Avenue, Suite 708
New York, NY 10017-6103

Estimada Sra. Costas:

Estoy sumamente agradecido por habernos recibido a Jamali y a mí en sus oficinas la semana pasada para analizar la importancia de su puesto en el Centro de Recursos Familiares. Nuestro diálogo fue muy positivo y espero que la información reunida le haya resultado útil.

De acuerdo con su pedido y para su revisión, adjunto la siguiente información relacionada con nuestro método de evaluación:

- captura de pantalla de PMA
- información destacada sobre las metas anuales y los resultados
- último Informe Philiber
- copia de nuestra última ficha de datos de Groundwork

Si necesita alguna otra información, no dude en comunicarse conmigo al (718) 346-2200, extensión 112, o escribirme a rbuery@groundworkinc.org. Será un gusto continuar dialogando sobre nuestro método de evaluación una vez que haya tenido la oportunidad de leer el material adjunto.

Espero comunicarme con usted en breve.

Cordialmente,

Richard Buery
Director Ejecutivo

Listas y boletines informativos por correo electrónico

Tenga en cuenta la posibilidad de comunicarse a través del envío selectivo de mensajes de correo electrónico a posibles donantes institucionales, si se han comunicado antes por este medio o han indicado que prefieren este sistema para recibir informes de actualización. Es posible que logre un impacto positivo con un mensaje conciso de correo electrónico, que puede incluir un enlace a un sector determinado de su sitio web u otra cobertura de sus actividades. Sin embargo, recibir mensajes repetidos o innecesarios podría resultar molesto para los ejecutivos del programa.

Ciertas instituciones han creado listas de correo electrónico o servicios de difusión por correo electrónico para mantener a grupos interesados al tanto de los últimos acontecimientos. Es aconsejable no agregar a estas listas la dirección de correo electrónico de la fundación sin su autorización previa. Por otro lado, si lo permiten, es una manera muy conveniente de informar a los donantes y posibles donantes institucionales sobre los logros de su organización. En general, las instituciones filantrópicas de hoy en día valoran este método de comunicación.

Aun después de que su proyecto haya concluido, no olvide continuar cultivando la relación con sus donantes institucionales. La recaudación de fondos consiste, en esencia, en forjar relaciones. Kathleen Cerveny, de la Cleveland Foundation, lo expresa en pocas palabras: "La comunicación es fundamental e implica un desafío".

13

Cómo proceder después de recibir el aporte o del rechazo de la propuesta

El seguimiento inicial de los aportes

Acaba de recibir aportes filantrópicos de una fundación o una empresa donante. ¡Felicitaciones! ¿Qué debe hacer ahora? Ante todo, celebrar. Incluya a todas las personas de su institución que contribuyeron a lograr este maravilloso resultado. Agradézcales su colaboración y recuérdeles la importancia de este aporte para su organización.

Luego, envíe una carta de agradecimiento a la fundación. Parece tan obvio que ni siquiera haría falta mencionarlo. Sin embargo, ante la pregunta "¿Qué deber hacer una organización después de recibir un aporte?", algunas instituciones filantrópicas que entrevistamos para este libro respondieron, sencillamente: "Enviar una carta de agradecimiento".

A continuación, se incluyen tres ejemplos de estas cartas. La primera es de Sponsors for Educational Opportunity (SEO) y explica en detalle qué objetivos podrá lograr SEO gracias al aporte.

2 de agosto de 2005

Sr. J. Andrew Lark
Cofiduciario
The Frances L. & Edwin L. Cummings Memorial Fund
501 Fifth Avenue, Suite 708
New York, NY 10017

Estimado Sr. Lark:

En nombre de SEO y de los jóvenes destinatarios de nuestros servicios, deseo expresar mi más sincero agradecimiento por la contribución de $30.000 otorgada por The Frances L. & Edwin L. Cummings Memorial Fund para brindar apoyo al componente de noveno grado "Starting Off Strong" (Comenzar con fuerza) de nuestro Programa de Becas.

Este aporte nos permitirá inscribir a más alumnos de noveno grado, ampliar nuestros servicios de preparación para la universidad para estos alumnos y ayudarles a desarrollar plenamente su capacidad. Al intervenir de manera temprana en la educación de estos alumnos y al enseñarles destrezas básicas, no sólo los ayudamos a ingresar a la universidad, sino también a prosperar en dicha institución y a sentar las bases para una carrera exitosa. Estos alumnos serán líderes de color con buen nivel de formación para la próxima generación.

El apoyo que brinda el Cummings Memorial Fund es crucial, pues nos permite ofrecer posibilidades a jóvenes de comunidades con escasos recursos e impulsar a nuestros alumnos para que alcancen un nivel de rendimiento académico y personal aún mayor.

Gracias por apoyar a los alumnos de SEO. Juntos, marcamos una enorme diferencia en la vida de jóvenes meritorios.

Atentamente,

William A. Goodloe
Presidente y Gerente General

cc: Grace Allen

El siguiente ejemplo, de Highbridge, es bastante breve y concreto.

Highbridge Community Life Center
Hermano Edward Phelan
Director Ejecutivo

4 de agosto de 2005

Sr. J. Andrew Lark
The Frances L. & Edwin L. Cummings Memorial Fund
501 Fifth Avenue, Suite 708
New York, NY 10017-6103

Estimado Sr. Lark:

Hemos recibido su generoso aporte filantrópico de $50.000. Estos fondos brindarán apoyo al director del programa para nuestro centro recreativo.

Una vez más, le agradecemos profundamente su contribución.

Muy atentamente,

Hermano Edward Phelan
Director Ejecutivo

El último ejemplo de carta de agradecimiento, del programa vocacional en arte culinario "Careers Through Culinary Arts Program", hace referencia a la primera cuota de una contribución de varios años y destaca la alianza con la fundación.

24 de julio de 2006

Norman L. Peck
Presidente
The Peter Jay Sharp Foundation
545 Madison Avenue
New York, NY 10022

Estimado Norman:

Acabamos de recibir la primera cuota de $200.000 correspondiente a la contribución de $350.000 que The Peter Jay Sharp Foundation realizará a lo largo de tres años. En nombre de nuestra junta directiva, personal y, en especial, los alumnos destinatarios de nuestros servicios, deseo agradecerles a usted y a los demás directores por la extraordinaria generosidad de la Fundación. Esta donación institucional nos será de gran ayuda para cumplir nuestros objetivos de capacitación y formación de maestros y alumnos para la certificación como principiante. Creemos que los resultados de nuestras gestiones durante los próximos tres años mejorarán de manera muy considerable los programas de arte culinario de las escuelas públicas de la ciudad de Nueva York.

Todos los integrantes del programa vocacional en arte culinario "Careers Through Culinary Arts Program" (C-CAP) nos sentimos motivados por su interés permanente en la tarea que llevamos a cabo. Gracias al papel fundamental que desempeñó The Peter Jay Sharp Foundation, C-CAP ha logrado avances increíbles en los últimos años. Como una de nuestras entidades colaboradoras más apreciadas, espero que compartan nuestro orgullo y éxito, y que les interese conocer nuestros futuros emprendimientos.

Gracias por ayudarnos a llevar el arte culinario a los alumnos de escuelas secundarias de escasos recursos de la ciudad de Nueva York y de todo el país.

Muy atentamente,

Richard Grausman
Fundador y Presidente

cc: Edmund Duffy, Barry Tobias

Los representantes de las fundaciones que entrevistamos expresaron una inquietud que no debe tomarse a la ligera. Agradezca la inversión que estas entidades han realizado en su organización. Reconozca que quien brinda el apoyo no es sólo una institución, sino también las personas concretas que la integran. Recuerde que quienes decidieron otorgar el aporte a su entidad tienen una actitud positiva con respecto al compromiso de invertir en ella. Hasta es posible que hayan tenido que defender a su organización ante la oposición de otros miembros del personal o de la junta directiva. Demuestre su agradecimiento y aprecio por este voto de confianza.

Los donantes institucionales esperan que haya una comunicación eficaz después del otorgamiento de los fondos. Nos recuerdan que un aporte filantrópico es un contrato por el que se contrae la obligación de realizar un conjunto determinado de actividades, y las fundaciones quieren y necesitan saber cuáles son los resultados.

No olvide la consigna de todo el proceso de recaudación de fondos: comunicación. Algunas formas de mantener la comunicación después de otorgado un aporte incluyen realizar una llamada telefónica para agradecer, enviar un informe de actualización sobre las actividades más recientes, o informar si se han comprometido o recibido contribuciones adicionales.

Presentación de informes sobre los aportes

Si una fundación cuenta con requisitos determinados para la presentación de informes, estos se darán a conocer. Por lo general, los requisitos relacionados con la presentación de informes se incluyen en la carta de otorgamiento del aporte; en algunas ocasiones, se solicita el envío de una copia firmada de dicha carta o de un contrato de otorgamiento del aporte por separado. A veces, estas "condiciones" que suscribe el representante de la organización sin fines de lucro exigen la presentación de informes dentro de ciertos plazos, como condición para la realización de los pagos.

El siguiente acuerdo de otorgamiento de aportes pertenece a la Cooper Foundation.

ACUERDO DE OTORGAMIENTO DE APORTES DE LA COOPER FOUNDATION
EJEMPLO DE ACUERDO

Por el presente acuerdo, [ORGANIZACIÓN QUE RECIBE EL APORTE] (Beneficiario) acepta este aporte de la Cooper Foundation (Fundación) por el monto de [MONTO DEL APORTE] y se compromete a cumplir los siguientes términos y condiciones.

1. Los fondos otorgados se utilizarán exclusivamente para [TÍTULO O PROPÓSITO DEL PROYECTO]. En caso de no poder llevar a cabo las actividades descritas en la propuesta con fecha [FECHA DE LA PROPUESTA], el Beneficiario se compromete a informar a la Fundación por escrito. Toda modificación sustancial al programa, el presupuesto, o en el uso de los fondos otorgados debe contar con la autorización escrita de la Fundación y deben presentarse ante esta última por escrito y con antelación.

2. En el caso de aportes contingentes, el Beneficiario acuerda informar que la contingencia se ha concretado antes de que la Fundación efectúe el pago. Este aporte está sujeto a [DESCRIPCIÓN DE LA CONTINGENCIA]. *El plazo para presentar esta información vence el día [FECHA]. En caso de no hacer esta presentación, se podrá cancelar el otorgamiento del aporte. Toda solicitud para extender el plazo o cambiar la naturaleza de la contingencia debe presentarse a la Fundación por escrito y con antelación. *Ejemplos: recaudar todo el dinero para el presupuesto del proyecto; recibir información o autorizaciones necesarias; confirmar que un cargo determinado se ha ocupado, etc.

3. El plazo del aporte comienza en la fecha de aprobación y finaliza [FECHA DE FINALIZACIÓN DEL PROYECTO].

4. En caso de que no se gaste un porcentaje de los fondos otorgados, el Beneficiario se compromete a comunicarse con la Fundación para determinar si se devolverán los fondos o si estos se utilizarán para otros fines.

5. El Beneficiario se compromete a presentar informes escritos, que incluyen información sobre el programa y datos financieros, en las siguientes fechas [FECHAS DE LOS INFORMES]. *Esta sección se utiliza cuando se requieren informes provisionales en los casos de aportes que se realizan durante varios años.*

6. El Beneficiario se compromete a presentar un informe final el día [FECHA]. El informe final debe incluir los estados financieros auditados más recientes e informes financieros actuales.

7. El Beneficiario no deberá solicitar fondos adicionales a la Fundación durante el plazo del aporte o durante los 12 meses siguientes a la fecha del último pago, el que fuese posterior.

El Beneficiario certifica que su calificación conforme al artículo 501(c)(3) de la IRS está vigente y que no es una fundación privada en virtud del artículo 509(a) del Código Tributario (*Internal Revenue Code*).

Por [ORGANIZACIÓN QUE RECIBE EL APORTE]:

Presidente de la Junta o Presidente

Firma   Nombre   Fecha

Gerente General

Firma   Nombre   Fecha

Por la Fundación: Art Thompson, Presidente

Firma   Fecha

A continuación, se incluye la carta de otorgamiento de aportes y el acuerdo de otorgamiento de aportes que utiliza la Agape Foundation.

Agape Foundation
Fondo Para el Cambio Social Pacífico

Roni Krouzman
Youth Peace Campaign de Next Generation
51 Essex Street #2
San Anselmo, CA 94960

Estimado Roni:

¡Felicitaciones! El 30 de abril de 2006, el consejo de administración de la Agape Foundation otorgó un aporte de $2.000 del Fondo David R. Stern (cheque N° 3135) a la campaña "**Youth Peace Campaign**" de **Next Generation** para su obra educativa y benéfica. Este aporte filantrópico está destinado a financiar la campaña "Youth Peace Campaign", cuyo objetivo consiste en brindar a los jóvenes información sobre la política exterior y los gastos militares de los Estados Unidos, adquirir habilidades como activistas, organizarse y trabajar por la paz. Acompañamos a la presente información sobre el Fondo Stern.

La duración del aporte es de seis meses. Dentro de dicho plazo, su organización deberá presentar ante la Agape Foundation un informe final por escrito en el que se explica la manera en que se gastó el dinero, acompañado por las copias de los comprobantes de tales gastos. El informe debe incluir una descripción acerca de la forma en que Agape contribuyó a lograr sus metas, a favorecer el progreso de la organización, a ganar una campaña, etc. Sírvanse utilizar el formulario adjunto para presentar el informe. **El plazo para su presentación vence el 1° de noviembre de 2006.**

Los fondos de este aporte no deben utilizarse para ejercer presión (*lobby*) en el ámbito político ni para fines ilegales.

La Agape Foundation otorga este aporte con la condición de que un representante de su organización firme todas las copias de la presente carta de otorgamiento de aportes y del acuerdo de otorgamiento de aportes adjunto. La entidad deberá conservar una copia de estos documentos para sus archivos y devolver los originales a la Agape Foundation. Además, desearíamos saber si este aporte es uno de los primeros que recibe el proyecto o la organización. (¡Nos encanta ser los primeros!)

Durante el período del aporte, agradeceremos que incluyan a Agape en su lista de correo y nos mantengan informados sobre la cobertura de su proyecto en los medios. Apreciaremos que hagan mención pública de la Agape Foundation, por ejemplo, en boletines informativos, folletos, créditos de películas, entre otros. Además, desearíamos que nuestros sitios web estuvieran vinculados para que nuestros donantes y otras partes interesadas estén al tanto de nuestro trabajo. Nuestra dirección URL es http://www.agapefdn.org.

Atentamente,

Karen Topakian
Directora Ejecutiva

Firmado por/Cargo/Fecha: Roni Krouzman/Director/2-5-06
Youth Peace Campaign de Next Generation

ACUERDO DE OTORGAMIENTO DE APORTES DEL CONSEJO DE ADMINISTRACIÓN DE LA AGAPE FOUNDATION

El domingo 30 de abril de 2006, la Agape Foundation ("Otorgante") concedió un aporte de $2.000 del Fondo David R. Stern a la campaña "Youth Peace Campaign" de Next Generation ("Beneficiaria") para los fines que se expresan en la Carta de otorgamiento de aportes que se adjunta al presente acuerdo de otorgamiento de aportes. La Beneficiaria acuerda y se compromete a cumplir con las siguientes condiciones de esta contribución:

1. La Beneficiaria debe utilizar tales fondos exclusivamente para los fines que se expresan en la carta de otorgamiento de aportes adjunta y devolver al otorgante todo porcentaje del monto otorgado que no se utilice para los fines establecidos.

2. La Beneficiaria deberá presentar al otorgante un informe final y los comprobantes de los gastos efectuados. En dicho informe, deben describirse los avances que ha realizado la Beneficiaria para concretar el propósito para el que se otorgó este aporte, y deben detallarse, adjuntando las copias de los recibos, todos los gastos que se realizaron con los fondos otorgados.

3. La Beneficiaria no podrá utilizar ningún porcentaje de estos fondos para las siguientes actividades:

   a) difundir propaganda o tratar de influir en el dictado de una legislación determinada, ya sea a través de grupos de presión directa (*lobby*) o de organizaciones de base comunitaria;

b) influir en el resultado de una elección pública determinada;

c) otorgar donaciones a particulares para fines que no sean los establecidos;

d) brindar apoyo para actividades que no sean benéficas o educativas;

e) apoyar actividades ilegales.

4. Si este aporte se utiliza para adquirir bienes de capital o para constituir un fondo patrimonial, la Beneficiaria debe presentar al Otorgante informes de este año fiscal y de los dos años fiscales subsiguientes en los que se describa el uso del capital y de los ingresos (si los hubo) de los fondos otorgados.

EN PRUEBA DE CONFORMIDAD, se firma este acuerdo de otorgamiento de aportes el día 1° de mayo de 2006.

Roni Krouzman
(Representante de Youth Peace Campaign de Next Generation)

Karen L. Topakian, Directora Ejecutiva
(Directora o Fiduciaria de la Agape Foundation)

Cuando una fundación establece pautas formales para la presentación de informes, en la mayoría de los casos se fijan plazos para presentarlos. En caso de que una institución filantrópica haya indicado fechas determinadas para presentar los informes, elabore un sistema de recordatorios para llevar un control de los vencimientos. Si sabe de antemano que tendrá inconvenientes para cumplir con esos plazos (como por ejemplo, si la auditoría está programada para marzo y los estados financieros auditados deben presentarse en febrero), converse sobre este tema con la fundación de inmediato. Si el personal de la fundación no recibe ninguna comunicación por parte de la entidad que recibió los fondos dentro de un período razonable después del vencimiento del plazo para presentar los informes, llamará por teléfono o enviará una nota a la entidad para averiguar qué ocurre.

Algunos donantes institucionales piden informes trimestrales o semestrales, pero la mayoría solicita un informe anual y/o final dos o tres meses después de la conclusión del proyecto. Incluso cuando los aportes son de corta duración, las fundaciones suelen expresar el deseo de recibir un informe provisional. A menos que se establezca lo contrario, un informe provisional puede ser informal.

La Cleveland Foundation da instrucciones muy específicas sobre la presentación de informes. Sus pautas para la presentación de informes sobre los aportes ofrecen una orientación útil al personal de la entidad para redactar un informe para cualquier donante institucional. Si bien estas pautas están diseñadas para las entidades que reciben aportes de la Cleveland Foundation, constituyen un modelo confiable para elaborar informes a presentar ante otras fundaciones que no tengan requisitos tan específicos.

Las siguientes pautas se reproducen en su totalidad con la autorización de la Cleveland Foundation.

CLEVELAND FOUNDATION

PAUTAS Y FORMULARIOS PARA LA PRESENTACIÓN DE INFORMES SOBRE LOS APORTES

La Cleveland Foundation exige que todas las entidades que reciben aportes filantrópicos presenten informes de progreso descriptivos y financieros sobre la actividad del proyecto relacionada con los aportes. Deseamos subrayar la importancia de estos informes sobre los aportes porque constituyen una parte integral de nuestro proceso de control y evaluación. No sólo son necesarios para la supervisión adecuada tendiente a garantizar el proceso de rendición de cuentas, sino que también son un valioso instrumento de aprendizaje para el personal de la fundación y para su organización. Le agradecemos profundamente un análisis sincero y serio de su proyecto. *Garantizamos que no compartiremos esta documentación con ninguna otra organización ni fundación.*

Pautas

Los informes descriptivos y financieros deben presentarse antes de la fecha de vencimiento que se indica en la carta de otorgamiento de aportes. <u>La falta de presentación de los informes dentro del plazo estipulado afectará las propuestas que la fundación estudia en la actualidad y el financiamiento que considere en el futuro.</u> Los pagos futuros de este aporte (en su caso) estarán sujetos a la aprobación de los informes requeridos por parte de la fundación.

Los informes finales indican que el proyecto se ha concluido y que los fondos se han gastado en su totalidad. Si el proyecto no se ha finalizado o no se hubiera gastado algún porcentaje de los fondos al vencimiento del plazo para la presentación de los informes, no deben presentarse los informes finales. Antes de la fecha de vencimiento, comuníquese con la Gerencia de Aportes Filantrópicos por correo electrónico a grantsmgmt@clevefdn.org, o por teléfono al 216-615-7254.

Formularios para la presentación de informes: Para garantizar la presentación de la versión más actualizada, descargue siempre los formularios de nuestro sitio web: www.clevelandfoundation.org/Grants/Forms and Resources.

Informe descriptivo: Responda a todas las preguntas directamente en la hoja. En las preguntas que no corresponden a su proyecto, indique "NC".

Informe financiero:

- En la primera columna, ingrese el o los montos de cada rubro aprobados por la fundación según se indican en el presupuesto del proyecto que se incluyó en la carta de otorgamiento de aportes. Los montos que corresponden a rubros que no figuran en el formulario deben incluirse en "Otros".
- Todos los fondos no utilizados que figuren en la última columna deben devolverse a la fundación junto con los informes finales, a menos que se haya autorizado previamente extender el período del aporte. Emita el cheque a nombre de The Cleveland Foundation, consigne el número del aporte en el cheque y envíelo a la atención de la Gerencia de Aportes Filantrópicos.
- El Informe financiero debe estar firmado por el encargado de finanzas o el gerente general de la organización.

Presente **dos juegos completos (incluya los documentos adjuntos según el caso)** en el mismo sobre a la atención de la Gerencia de Aportes Filantrópicos. No utilice cuadernos, carpetas anilladas, carpetas comunes ni fundas de plástico para presentar los informes.

Si tiene preguntas sobre la presentación de informes, comuníquese con la Gerencia de Aportes Filantrópicos al 216-615-7254 o a grantsmgmt@clevefdn.org.

Revisión del 4/4/06

CLEVELAND FOUNDATION
INFORME FINANCIERO

Marque una opción:
___ Informe provisional
___ Informe final (El informe final debe incluir todas las actividades financieras llevadas a cabo durante el período del aporte y todos los gastos realizados.)

Nombre de la organización: _____

Número del aporte: _____

Fecha del presente informe: _____

Título del proyecto: _____

	Monto total del aporte otorgado por la Cleveland Foundation	Monto gastado hasta la fecha	Saldo de los fondos del aporte
Gastos de personal			
Sueldos y jornales (remuneraciones)			
Prestaciones			
Gastos no destinados al personal			
Contratación de servicios y honorarios profesionales			
Locales para oficinas			
Equipos y materiales			
Formación del personal y de la junta			
Viáticos y gastos relacionados			
Gastos indirectos			
Otros			
TOTAL	$	$	$

CLEVELAND FOUNDATION
INFORME DESCRIPTIVO

Marque una opción: ___ Informe provisional ___ Informe final*

Nombre de la organización: _____
Número del aporte: _____
Título del proyecto: _____
Fechas del informe: Desde:_____Hasta:_____
Firma: _____
Nombre (en letra imprenta): _____ Fecha: _____
E-mail: _____ Teléfono: _____

*Los informes finales deben incluir un análisis del desempeño y las actividades durante todo el período del aporte.

Información sobre el proyecto
(Escriba en letras de imprenta directamente en este formulario.)

1. Resuma los resultados previstos para este proyecto y en qué medida se han logrado.

   _____

   _____

2. ¿Cuáles han sido los logros principales del proyecto hasta la fecha y cómo se alcanzaron?

   _____

   _____

3. La fundación reconoce que las circunstancias pueden cambiar y, posiblemente, influir en la ejecución del proyecto. Describa las dificultades que surgieron (si las hubo), por qué ocurrieron y qué mejoras o planes tienen para superarlas. Indique las actividades que están demoradas o que todavía no se han iniciado, así como cualquier otro cambio de planes o de personal en el proyecto.

   _____

   _____

Revisión del 4/4/06

4. ¿Cuáles han sido los aspectos de este proyecto que implicaron un mayor desafío o que resultaron más sorprendentes? ¿Ha habido algún resultado imprevisto?

_____

_____

5. En función de su experiencia hasta la fecha, ¿qué recomendaría a otras organizaciones que planean llevar a cabo un proyecto similar? ¿Cuáles han sido los puntos fuertes y las limitaciones de este proyecto? ¿Qué haría de manera diferente si tuviera la oportunidad?

_____

_____

6. Describa los planes posteriores al aporte con relación a este proyecto. ¿Cómo se financiarán?

_____

_____

Información sobre la organización

Es muy útil comprender el contexto de la organización en el que se desarrolla su proyecto. Aproveche esta oportunidad para informarnos sobre cambios organizacionales importantes, acontecimientos o problemas más recientes. ¿De qué manera han favorecido u obstaculizado el éxito del proyecto estos acontecimientos? Además, ¿afronta su organización algún problema o inconveniente que requiera asistencia? ¿Cómo podría ayudarle el personal de la fundación?

Material adjunto (Opcional)

Adjunte dos copias de todo reconocimiento público, premio, comunicado de prensa o artículo periodístico relacionado con este proyecto.

Revisión del 4/4/06

Las pautas de la Cleveland Foundation se aplican en particular cuando la organización ha recibido apoyo para un proyecto especial. No se preocupe si muchas de estas preguntas no tienen que ver con su proyecto. Por ejemplo, si ha recibido $15.000 para contratar a un profesor particular para un programa después del horario escolar, es probable que ciertas partes no sean pertinentes. Otros temas, como los planes posteriores al aporte con relación al proyecto, deben incluirse de algún modo en casi todos los informes.

Incluso si ha recibido apoyo general operativo sin limitaciones, la institución filantrópica deseará saber qué objetivos generales debe cumplir su entidad durante el año. ¿Los logró? ¿Qué logros específicos podría mencionar? ¿Qué problemas tuvo que abordar y cómo los superó? ¿O aún está intentando solucionarlos? (Recuerde: lo importante es ser realista e inspirar confianza en que el dinero del aporte se está administrando de manera adecuada.) El siguiente es un informe elaborado según el formato requerido por The Frances L. & Edwin L. Cummings Memorial Fund a la entidad que recibió la contribución, el Center for Alternative Sentencing and Employment Services, un centro de cumplimiento alternativo de condenas judiciales y servicios de empleo.

I. INFORMACIÓN GENERAL:

Informe provisional de progreso: 15 de agosto de 2006

Nombre de la organización: Center for Alternative Sentencing and Employment Services (CASES)

Dirección: 346 Broadway, 3rd Floor West, New York, NY 10013

Persona de contacto: Joel Copperman

Número de identificación del empleador: 13-2668080

Monto del aporte: $50.000

Fecha del otorgamiento: 25 de enero de 2006

II. INFORMACIÓN SOBRE EL PROGRAMA:

Descripción del proyecto:

CASES agradece profundamente a The Frances L. & Edwin L. Cummings Memorial Fund por su apoyo al proyecto de exploración vocacional "Career Ex" y tiene el agrado de presentar el siguiente informe provisional del proyecto. Career Ex es un programa único de formación laboral que permite a jóvenes con problemas judiciales adquirir competencias laborales tangibles y experiencia en el trabajo al ofrecer orientación y capacitación profesional, pasantías exigentes y un sistema de apoyo integral. A lo largo de las cuatro semanas que dura el programa intensivo de preparación, los participantes aprenden a elaborar su currículum vítae, buscar trabajo, participar en una entrevista laboral, formar equipos y resolver problemas. Después del programa de preparación, los participantes asisten a entrevistas y seleccionan lugares de trabajo donde pasan las 10 semanas restantes, en las que adquieren experiencia laboral real a través de pasantías remuneradas. La remuneración horaria que reciben durante la pasantía, así como los ejercicios básicos sobre elaboración de presupuestos, permiten a los participantes aprender a administrar sus ingresos de manera responsable. Al brindar simultáneamente orientación vocacional, asesoramiento a través de modelos positivos y tutoría, además de servicios académicos, Career Ex coloca a sus participantes en una situación apta para continuar sus estudios y alcanzar sus metas profesionales.

Presupuesto total del proyecto: $340.978

¿Cuáles fueron los resultados previstos para el proyecto según lo expuesto en la propuesta?

Para el período del aporte, se establecieron las siguientes metas del programa:

- Career Ex llevará a cabo dos ciclos de programas adicionales y contratará personal para prestar servicios a 30 jóvenes más, a fin de aumentar el número de participantes de 90 a 120.
- Alrededor del 75% de los participantes finalizará el curso de capacitación laboral de cuatro semanas y el 65% de ellos realizará las pasantías de diez semanas.
- Más del 80% de los graduados de Career Ex continuará sus estudios.
- Aproximadamente el 65% de los participantes encontrará un empleo después de graduarse del Proyecto Judicial de Inserción Laboral (*Court Employment Project, CEP*).
- El 100% de los graduados de Career Ex finalizará con éxito el CEP y cumplirá con las obligaciones establecidas por el tribunal.

- Menos del 5% de los graduados de Career Ex será condenado por un nuevo delito grave dentro de los dos años posteriores a la graduación.

¿Qué resultados se han logrado hasta la fecha?

Al promediar el período del aporte, Career Ex está en la senda correcta para alcanzar y superar sus metas previstas para el año. En los primeros seis meses del aporte, entre enero y junio de 2006, Career Ex comenzó cuatro nuevos ciclos del programa, en los que inscribió a 62 participantes. Además, en la primera mitad de 2006, concluyeron cuatro ciclos del programa, en los que el 70% de los participantes finalizó el curso de capacitación laboral y el 44% de ellos realizó las pasantías de diez semanas. Desde enero, el 100% de los graduados de Career Ex ha finalizado el CEP y, por ende, ha cumplido con las obligaciones que los tribunales le han impuesto. Nuestros resultados posteriores al programa también han sido excepcionales. De todos los graduados de 2003 a 2005, el 86% continuó sus estudios y el 63% consiguió un empleo estable. El 94% completó el CEP y menos del 5% fue condenado por un nuevo delito grave dentro de los dos años posteriores a la graduación.

Como parte de las innovaciones permanentes de los servicios educativos que se brindan en nuestra sede, hemos mejorado los programas educativos ofrecidos a los participantes de Career Ex. Ahora, a cada participante se le hace una evaluación educativa al ingresar. Los que desean participar en las clases de nuestra sede se asignan a cada curso según su nivel de aptitud: Lectura y escritura básica (recuperación académica), nivel previo al Diploma de Equivalencia General *(pre-GED*, intermedio) y preparación para el GED (avanzado). El objetivo de estas clases es abordar las deficiencias en los conocimientos y las lagunas en los estudios previos que obstaculizan el éxito académico. A aquellos alumnos actualmente matriculados en escuelas de la comunidad se les ofrece una clase de asistencia para las tareas, que relaciona directamente sus actividades educativas en CASES con su trabajo en el curso. Además de la preparación universitaria que el personal de Career Ex ofrece a los participantes, la Unidad Educativa brinda apoyo en el proceso de solicitud de ingreso a la universidad a través del nuevo curso *Next Steps* ("Siguientes Pasos"). *Next Steps* se ofrece a estudiantes que ya han obtenido el GED o el diploma de la escuela secundaria y se centra en aptitudes académicas, redacción de ensayos e investigación.

Durante el período al que se refiere este informe, convocamos a oradores de diversas profesiones para captar el interés de los participantes durante el período de capacitación. Por ejemplo, una abogada de la Comisión para la Igualdad de Oportunidades Laborales (EEOC), especialista en discriminación laboral, brindó su tiempo para realizar una presentación sobre el acoso sexual en el lugar de trabajo, ofreciéndoles una explicación realista sobre las conductas adecuadas e inadecuadas en un entorno profesional y las consecuencias que conllevan tales conductas. Susan Gottesfeld, de la Fortune Society, dedicó su tiempo para dirigirse a los participantes sobre las decisiones éticas y morales en el lugar de trabajo. La Fortune Society, cuyo personal está compuesto principalmente por ex presidiarios, es una organización sin fines de lucro de base comunitaria que se dedica a ayudar a ex convictos y a jóvenes en situación de riesgo a salir del círculo por delitos y encarcelación. La abogada Nadia Jones, del bufete Paul Weiss, se ofreció como voluntaria para hablar a los participantes de Career Ex sobre las leyes y la condición de los delincuentes juveniles. La Sra. Jones orientó a los participantes sobre la forma de responder correctamente a la pregunta sobre su condena o detención en su búsqueda de trabajo o una entrevista laboral.

Durante este período, Career Ex inició las Cenas de Debate, una nueva actividad para los participantes. El coordinador del proyecto invitó a los participantes a una cena formal y solicitó a cada uno que propusiera un tema de actualidad para tratar durante la cena. Esta actividad brindó a los participantes la oportunidad de practicar sus aptitudes de comunicación y consolidar sus conocimientos y, por consiguiente, los hizo sentir capacitados y preparados para sus entrevistas. A raíz del éxito de esta cena, Career Ex continuará organizando esta actividad en ciclos futuros.

En el transcurso de sus pasantías, los participantes se reúnen todos los viernes en la sede de CASES para conversar sobre sus experiencias y preocupaciones, y participar en actividades de información vocacional, tales como observación directa de ocupaciones y profesiones, visitas a lugares de trabajo y otras presentaciones de oradores invitados. Por ejemplo, durante el período comprendido en este informe, en cuatro de las clases de los viernes, Career Ex llevó a los participantes a Eyebeam, un centro tecnológico sin fines de lucro en Chelsea que promueve y desarrolla nuevas tecnologías de medios de comunicación a través de programas educativos que identifican y amplían tecnología innovadora. Estas actividades ofrecen a los jóvenes la oportunidad de aprender sobre una industria en particular, observar a los profesionales en el lugar de trabajo y formularles preguntas.

Además, durante este período, Career Ex inició una serie de reuniones posteriores al programa para grupos de ex alumnos que se realizaron dos y cuatro semanas después de la graduación y realizó reuniones periódicas para todos los graduados. Las reuniones se centraron en asistir a los participantes en la búsqueda de trabajo y el proceso de solicitud de ingreso a la universidad y brindaron a nuestros ex alumnos más experimentados la oportunidad de aconsejar como mentores a los recientes graduados. Estas sesiones incluyeron visitas a organizaciones sin fines de lucro, bancos y restaurantes, así como reuniones en nuestras oficinas. Además, durante este período del aporte, Career Ex invitó a un orador de NPower al programa a fin de que dicte cursos de computación para los ex alumnos y los actuales participantes. Para apoyar el aumento de los servicios para los ex alumnos, contratamos a Teury Martinez, un estudiante de postgrado con dedicación parcial que trabaja como asistente del programa.

¿Hubo obstáculos que impidieron lograr las metas del proyecto?

Career Ex tiene una amplia trayectoria de éxito que data desde sus comienzos, hace casi diez años. Las lecciones aprendidas y la experiencia adquirida con el tiempo contribuyen a nuestra eficacia. Uno de los obstáculos que hemos encontrado es el uso de sustancias por los participantes. Para abordar este problema, estamos reforzando nuestras actividades a fin de brindar a los destinatarios de nuestros servicios acceso a clases coordinadas sobre el abuso de sustancias, asesoramiento y tratamiento a través de la contratación de un consejero sobre drogas adicional para el CEP.

Cuando corresponda, indique el número previsto de destinatarios de los servicios. Mencione el número real de personas que recibieron los servicios del proyecto hasta la fecha.

Career Ex añadió dos ciclos adicionales y personal, y aumentó de 90 a 120 el objetivo anual de participantes que reciben servicios. A mediados del período del aporte, Career Ex ha prestado servicios a 62 participantes.

¿Cuál ha sido el costo por participante?

CASES prestará servicios a alrededor de 120 jóvenes en Career Ex con un presupuesto de $340.978 para todo el período del aporte, lo que da un costo de $2.841,50 por participante.

Mencione los cambios que prevén realizar en función del proyecto hasta la fecha.

Para desarrollar y coordinar de manera más acabada la formación laboral y los programas educativos del CEP en general, CASES ha creado un nuevo cargo: director de formación laboral e iniciativas educativas. En la actualidad, estamos en el proceso de selección y esperamos ocupar este puesto en los próximos dos meses. El director supervisará toda la formación profesional y las iniciativas educativas dentro del CEP, incluso Career Ex. Además, al dirigir y supervisar Career Ex de manera estratégica, el nuevo director desarrollará iniciativas alternativas de formación laboral para los participantes del CEP que aún no están listos para Career Ex. Estas actividades pueden incluir asesoramiento laboral para grupos, capacitación ocupacional y/o programas de formación laboral para nuestros participantes más antiguos. El director trabajará con el personal de asesoramiento sobre abuso de sustancias y salud mental para elaborar intervenciones adecuadas a fin de consolidar la autoconciencia entre los posibles participantes de Career Ex. Todo ello contribuirá a que estén mejor preparados para desempeñarse con éxito en el CEP.

Asimismo, CASES planea contratar a un tercer consejero para tratar el abuso de drogas para el CEP. Este nuevo integrante permitirá a los coordinadores de asistencia individualizada abordar de manera más eficaz el problema del abuso de sustancias por los participantes del CEP y los preparará para aprovechar mejor otros servicios que ofrece CASES, tales como Career Ex.

CONCLUSIÓN

CASES agradece profundamente el apoyo de The Frances L. & Edwin L. Cummings Memorial Fund durante este crucial período de expansión. Career Ex está cumpliendo su plan de brindar cada año un programa eficaz de capacitación laboral, una oportunidad de realizar una pasantía remunerada y apoyo integral a 120 jóvenes con problemas judiciales.

Estos ejemplos se presentan sólo como modelos generales. Si una fundación brinda sus propias pautas para presentar informes, asegúrese de seguir esas instrucciones.

En síntesis, cuando se otorga un aporte, la mejor manera de proceder consiste en:

- expresar su agradecimiento;
- transmitir entusiasmo sobre su obra y el éxito de la misma;
- enviar al donante institucional los materiales solicitados, tales como un contrato de otorgamiento de aportes firmado;
- conocer sus obligaciones;
- presentar los informes en los plazos establecidos;
- comunicar a la institución filantrópica tanto las novedades positivas como las negativas.

A veces, los planes cambian u ocurren acontecimientos imprevistos. En el siguiente ejemplo, se solicita a la William Bingham Foundation autorización para reasignar los fondos recibidos.

23 de julio de 2001

Sra. Laura H. Gilbertson, Directora
The William Bingham Foundation
20325 Center Ridge Road, Suite 629
Rocky River, Ohio 44116

Estimada Sra. Gilbertson:

En 1999, la William Bingham Foundation otorgó a Fieldstone Farm Therapeutic Riding Center (TRC) un aporte de $20.000 para una lista de varios proyectos destinados al desarrollo de nuestra sede. Desde entonces, hemos solicitado a varias otras fundaciones que analicen las necesidades de nuestro establecimiento. Estas instituciones también han contribuido a financiar estos proyectos. Sin embargo, varios de estos donantes institucionales han limitado sus aportes a determinados rubros de nuestra lista. En consecuencia, solicitamos a la William Bingham Foundation autorización a fin de que Fieldstone Farm TRC pueda utilizar $14.747 de los $20.000 otorgados a efectos de completar los fondos necesarios para pavimentar el estacionamiento de la granja, una necesidad que no se incluyó en la propuesta original. Dado que su apoyo financiero se limitaba a proyectos para la adquisición de activos fijos (que incluye la construcción o renovación), esperamos que esta necesidad sea compatible con sus intereses.

Estoy a su disposición para responder a cualquier consulta. Fieldstone Farm TRC agradece profundamente el apoyo que la William Bingham Foundation le ha brindado. Muchas gracias por su tiempo y consideración.

Atentamente,

Lynnette Stuart
Directora Ejecutiva

Solicitud de renovación de aportes

En ciertos casos, habrá interés en solicitar la renovación del aporte o apoyo financiero para un proyecto de seguimiento. Algunas instituciones filantrópicas se niegan a brindar más apoyo porque desean desalentar la dependencia o porque otorgan financiamiento para "capital inicial".

Otras fundaciones requieren que transcurra un determinado período entre el aporte y la solicitud de renovación. Por ejemplo, en la actualidad, las Hearst Foundations exigen un período mínimo de tres años entre un aporte filantrópico y otro.

Incluso un aporte que cumpliría los requisitos para obtener la renovación puede catalogarse como una donación institucional por única vez. En general, la expresión "donación institucional por única vez" significa que la fundación no se compromete a brindar apoyo financiero en el futuro. No necesariamente implica que no haya posibilidades de obtener contribuciones posteriores.

Si sabe que solicitará una renovación del aporte, debe comunicárselo a la fundación de antemano a fin de determinar el momento más oportuno para presentar otra solicitud. Procure no esperar demasiado para solicitar una renovación. Para el momento en que la fundación reciba la solicitud, es posible que todos los fondos del donante institucional para el año siguiente ya estén asignados.

Además, es importante averiguar con anticipación el formato que requiere la institución filantrópica para presentar una solicitud de renovación. Algunas fundaciones exigen una propuesta completa; otras, sólo piden una carta. Este es otro ejemplo de las diferencias entre los donantes institucionales que subraya la importancia de comunicarse con la entidad para conocer sus requisitos particulares.

Si se prevé solicitar la renovación del aporte, es de particular importancia elaborar un informe sobre la aplicación de los fondos y los resultados de la primera contribución. Sin embargo, muchas fundaciones requieren que la solicitud de renovación y el informe sobre el aporte se presenten por separado. En el caso de las instituciones filantrópicas más grandes, es posible que distintos departamentos analicen el informe y la solicitud de renovación. Por este motivo, si se presenta la solicitud como parte del informe sobre el primer aporte, es posible que no siga el curso apropiado en el proceso de análisis de propuestas.

Seguimiento del rechazo de la propuesta

La respuesta más importante a una carta de rechazo es no ofenderse. Un viejo adagio en el ámbito de la recaudación de fondos dice: "Una campaña fracasa cuando no se presentan propuestas, y no cuando se rechazan". Si la propuesta es rechazada, significa que se hacen intentos. Está haciendo lo correcto. Es de esperar que también haya enviado su propuesta a otras instituciones filantrópicas y que no haya concentrado todos sus esfuerzos en una sola entidad.

Algunas fundaciones explicarán por qué rechazaron la solicitud, en particular si se llevó a cabo una reunión con el personal del programa en la institución filantrópica antes de presentar la propuesta o en el momento de hacerlo. Una llamada telefónica después de recibir la carta de rechazo tal vez le permita consultar los próximos pasos a seguir. Es posible que su solicitud haya sido de gran interés para la fundación, pero que se haya rechazado para ese período porque la junta ya asignó todos los fondos destinados para proyectos en su área temática o zona geográfica. Por ejemplo, si su solicitud se refería a un programa de lucha contra el SIDA para la zona sur de Chicago, es posible que la institución donante ya haya asignado su presupuesto para esa zona geográfica. Si habla por teléfono con un miembro del personal de la fundación, tal vez le recomiende volver a solicitar fondos en un período posterior.

Sin embargo, los representantes de todas las fundaciones destacan que es necesario ser cortés al llamar después de haber recibido la carta de rechazo. Nunca es sencillo decir "no", y el ejecutivo del programa que defendió su propuesta tal vez se sienta tan decepcionado como usted a raíz del rechazo. Si bien el personal de la fundación suele ser amable, es importante tener en cuenta que, a menudo, puede ser difícil explicar a alguien por qué se declinó una propuesta.

Julie Farkas, de la Consumer Health Foundation, señala: "Describo los motivos por los que se rechazó la solicitud. Puede ser gratificante, un momento instructivo. Explico por qué no hubo compatibilidad, o si existían otras inquietudes sobre el programa, el plan o la organización". Por su parte, Rick Moyers, de la Eugene and Agnes E. Meyer Foundation, nos recuerda que debemos ser prudentes durante la conversación: "Las entidades que solicitan fondos deben comprender que éste no es el momento de discutir la decisión con el ejecutivo del programa. Es probable que eso no sea posible. La manera de actuar en esa llamada determina el tono para el siguiente contacto con el ejecutivo del programa. Por eso, es fundamental procurar que sea una conversación positiva. Muchas entidades que solicitan fondos regresan con mejores propuestas la próxima vez".

Es importante seguir los consejos que la fundación brinda en la carta de rechazo o en la llamada de seguimiento. Si no le recomiendan volver a presentar la propuesta, es preferible no hacerlo.

En otras oportunidades, la institución filantrópica sugerirá volver a presentar la misma solicitud en un momento determinado en el futuro. En este caso, hágalo. En la carta de presentación, no olvide referirse a la conversación que tuvo con el representante de la fundación y recuerde mencionar, sin exagerar, la conversación anterior.

Aunque el donante institucional no esté interesado en financiar el proyecto que presentó, al mantener la comunicación y ser respetuoso, dejará abierta la oportunidad para un financiamiento futuro. Según David Grant, de la Geraldine R. Dodge Foundation: "Nos agrada conversar con la organización. Diga: 'Gracias, estoy decepcionado, pero comprendo lo que ocurre. Solucionaremos el problema y volveremos a comunicarnos con ustedes'. Si su solicitud es apropiada, no se dé por vencido. Cultive la relación con la institución filantrópica".

En síntesis, si la solicitud se ha rechazado, la mejor manera de proceder consiste en:

- expresar su agradecimiento;

- averiguar con la institución filantrópica cuál es el próximo paso a seguir;

- seguir las recomendaciones de la institución filantrópica;

- abstenerse de discutir.

La siguiente es una sencilla carta de agradecimiento enviada tras el rechazo de una solicitud por el director ejecutivo del Ali Forney Center.

---

26 de junio de 2006

Michael Fleming
Director Ejecutivo
David Bohnett Foundation
2049 Century Park East, Suite 2151
Los Angeles, CA 60067-3123

Estimado Sr. Fleming:

Me dirijo a ustedes en respuesta a su correspondencia reciente sobre la carta de solicitud de información del Ali Forney Center.

Aunque esperábamos recibir mejores noticias, comprendemos que la David Bohnett Foundation no puede brindar una respuesta favorable a las solicitudes de todas las organizaciones.

Agradecemos su consideración y esperamos que el futuro permita a la David Bohnett Foundation y al Ali Forney Center aunar esfuerzos para brindar seguridad, atención y aliento a jóvenes lesbianas, homosexuales, bisexuales y transexuales sin hogar.

Atentamente,

Carl Siciliano
Director Ejecutivo

Consejos finales

Si recibe el aporte filantrópico:

- Envíe una carta de agradecimiento personalizada.

- Mantenga a la fundación informada sobre su progreso.

- Cumpla con los requisitos sobre la presentación de informes que establece la fundación.

Si la solicitud se rechaza:

- No lo tome como algo personal.

- Asegúrese de entender las razones.

- Averigüe si puede volver a presentar la propuesta más adelante.

14

La perspectiva de las fundaciones

En este capítulo, analizaremos lo que afirman en conjunto las instituciones filantrópicas que entrevistamos para la *Guía*. Conoceremos sus perspectivas sobre el entorno en el que operan en la actualidad, sobre diversos aspectos de la presentación de propuestas y el proceso de análisis, y sus respectivas estrategias relacionadas con la actividad filantrópica. Comenzaremos con algunas observaciones generales acerca del contexto filantrópico actual y con algunas tendencias clave respecto a las decisiones de otorgar fondos, que surgen de las conversaciones que tuvimos con estas empresas y fundaciones donantes. Luego, continuaremos con preguntas específicas que se formularon durante las entrevistas y brindaremos las respuestas textuales de los entrevistados.

Las cuarenta personas que entrevistamos para esta edición, todas ellas encargadas de tomar decisiones sobre el otorgamiento de aportes, dedicaron su tiempo con generosidad, comunicaron abiertamente sus pensamientos y opiniones, y procuraron expresarlos de manera coherente y correcta. Sus comentarios son sumamente sinceros y directos. A medida que los lea, comprobará que transmiten de manera inequívoca no sólo un enorme compromiso con su trabajo, sino también una empatía genuina con las entidades que solicitan fondos a sus fundaciones. Como surgirá de las respuestas que se incluyen en este capítulo, la máxima prioridad de casi todos los entrevistados es hacer todo lo posible para permitir que las organizaciones sin fines de lucro que solicitan aportes filantrópicos logren su objetivo. Advertimos que los entrevistados dijeron trabajar con mayor intensidad que en el pasado. Esto puede deberse a algunas de las condiciones que se describen en este libro, que incluyen un mayor control por parte del Congreso, los medios de comunicación y los miembros de sus propias juntas directivas.

Los representantes de las fundaciones cuyos comentarios se incluyen en este capítulo fueron seleccionados por diversas razones. A fin de que haya coherencia y como medio de identificar tendencias, procuramos incluir la mayor cantidad posible de comentarios del grupo que se entrevistó para la edición anterior. Sin embargo, algunos se han jubilado o ya no ocupan ese cargo. Logramos incorporar los comentarios de varios representantes entrevistados por primera vez y, al mismo tiempo, mantener el equilibrio entre el tipo y tamaño de las instituciones filantrópicas, el alcance geográfico y las áreas en las que otorgan aportes. A pesar de esta amplia diversidad, se observó un consenso muy claro con respecto a numerosos temas. Por otra parte, como se verá más adelante, hubo opiniones bastante divergentes en relación con ciertas cuestiones.

El panorama filantrópico

¿Qué les preocupa a las fundaciones en la actualidad? La siguiente es la mejor síntesis de un tema complejo: existe una proliferación de organizaciones sin fines de lucro. Al mismo tiempo, se observan profundas y considerables reducciones en el nivel de apoyo financiero gubernamental. Las organizaciones sin fines de lucro se ven obligadas a ampliar su base de donantes institucionales y, por otro lado, a enfrentar una serie de desafíos relacionados con la transición del liderazgo en el caso de sus directores ejecutivos. Toda esta presión genera grandes dificultades para muchas entidades que intentan sostener la estabilidad financiera y formar juntas directivas eficientes, dos indicadores clave de eficacia que las instituciones filantrópicas buscan a la hora de otorgar fondos a las organizaciones sin fines de lucro. Si bien estos problemas no son imposibles de resolver, requieren respuestas creativas por parte de los donantes institucionales y otras organizaciones sin fines de lucro.

Desde la perspectiva de las instituciones filantrópicas, la evidente duplicación de los servicios en ciertos campos y comunidades es aún peor que el aumento en la cantidad de organizaciones sin fines de lucro. Como señala Danah Craft, de la Sun Trust Bank, Atlanta Foundation: "Aún me preocupa la duplicación de los servicios y la cantidad de dinero que se utiliza en gastos generales dentro de la misma comunidad". En una época en la que el dinero escasea, las instituciones filantrópicas consideran que esta situación implica desperdiciar recursos. Cuando varias entidades parecen ser casi idénticas en cuanto a sus misiones, destinatarios y modelos de prestación de servicios, resulta una tarea frustrante para el ejecutivo del programa decidir quién recibirá una contribución y quién no. David Grant, de la Geraldine R. Dodge Foundation, sostiene que tanto las instituciones filantrópicas como las organizaciones sin fines de lucro hablan mucho sobre una posible fusión entre estas últimas, pero no buscan con iniciativa las maneras de concretarla en la realidad.

Cuando se les preguntó qué les preocupa en la actualidad, varios de los representantes que entrevistamos expresaron estar consternados por la pérdida del apoyo financiero por parte del Gobierno federal, estatal y local, y señalaron que estas reducciones agravan aún más la precaria situación en la que se encuentran muchas organizaciones sin fines de lucro. Bruce Esterline, de la Meadows Foundation, destaca la gravedad del problema. Recuerda que, tradicionalmente, el apoyo del Gobierno ha representado un porcentaje significativo de los ingresos de estas organizaciones, pero es poco probable que esto ocurra en el futuro. Por su parte, Kathleen Cerveny, de la Cleveland Foundation, comenta que el Gobierno está retirando el apoyo no sólo de las actividades periféricas, sino también de los servicios esenciales de la comunidad de los que dependen las personas necesitadas. Una pregunta clave que los representantes de las fundaciones se hacen es: ¿quién suplirá la falta de apoyo?

Mientras las organizaciones sin fines de lucro insisten en encontrar soluciones alternativas al apoyo del Gobierno, los representantes que entrevistamos reconocen que no pueden brindar respuestas inmediatas. Lo que está claro es que el financiamiento de las fundaciones no podrá cubrir el enorme vacío que ocasionaría el retiro de los fondos del Gobierno. Estos donantes institucionales expresaron preocupación por la sustentabilidad de los proyectos que han financiado en el pasado o que financian en la actualidad. Es interesante comprobar que esta dinámica podría generar cambios sutiles en la perspectiva que las instituciones filantrópicas tienen acerca del rol que cumplen respecto a las entidades beneficiarias de sus aportes. Si bien tradicionalmente algunas fundaciones han servido de catalizadores para ayudar a las organizaciones sin fines de lucro a elaborar nuevas ideas y enfoques para abordar los males de la sociedad (soluciones que, una vez presentadas, recibirían el apoyo a largo plazo de diversas fuentes gubernamentales y de otro tipo), es posible que esto no ocurra en el futuro. Las severas reducciones en el apoyo financiero del Gobierno a las organizaciones sin fines de lucro alteran el statu quo y hacen que algunos miembros del ámbito filantrópico se sientan presionados a brindar más fondos sin restricciones a las entidades que solicitan aportes a fin de mantenerlas a flote, algo que muchas fundaciones han evitado hasta ahora.

Una sugerencia frecuente de las instituciones filantrópicas con las que hablamos fue que las organizaciones sin fines de lucro deberían mirar más allá del Gobierno, las fundaciones y las empresas donantes y consolidar sus bases de donantes individuales. Si bien no se trata de una sugerencia absolutamente novedosa, resulta razonable en épocas de escasez de fondos en las que es cada vez más difícil obtener el apoyo financiero necesario. Para muchas organizaciones sin fines de lucro, existe un grupo considerable de posibles donantes individuales sin explotar, porque ellas no han encontrado la manera de acceder a estos donantes. Según expresa David Ford, de la Richard and Susan Smith Foundation: "Como es cada vez más difícil recaudar fondos, las personas individuales son el objetivo principal para conseguir apoyo financiero. Las entidades que solicitan aportes están buscando la manera de dirigirse a ellas". Por su parte, Danah Craft agrega que, en su opinión, las organizaciones sin fines de lucro no pueden prosperar sin una diversidad de donantes.

Una posible solución sugerida por algunos representantes de las fundaciones que entrevistamos es que las organizaciones sin fines de lucro consideren seriamente formar alianzas más estrechas e incluso fusiones con vistas al futuro. De esta manera, se aliviarían las presiones financieras que sufren y se reduciría la falta de nuevos directivos para las organizaciones sin fines de lucro. Como afirma Peter Bird, de la Frist Foundation: "Las presiones financieras han obligado a las organizaciones sin fines de lucro a recurrir a las fusiones como una estrategia de supervivencia". David Egner, de la Hudson-Webber Foundation, opina que las organizaciones sin fines de lucro deberían considerar las "colaboraciones transformadoras" como una manera de anticiparse y pensar en el futuro. Las entidades que solicitan aportes reconocen que, si bien para muchas organizaciones sin fines de lucro encontrar el socio adecuado para una fusión y lograr que esa relación prospere de manera perdurable requerirá de un enorme esfuerzo y mucha energía, vale la pena dedicar tiempo a este objetivo, si permite lograr la estabilidad futura. Pese a que las fusiones entre las organizaciones sin fines de lucro reducen la cantidad de estas entidades, contribuyen a eliminar la duplicación y superposición de servicios y evitan el exceso de gastos administrativos, considerar esta medida suele ser desagradable para la junta directiva. Para que prospere, la junta y el personal directivo de ambas organizaciones deben estar no sólo dispuestos, sino también entusiasmados, a fin de llevar a cabo la fusión. Algunas de las instituciones filantrópicas que entrevistamos expresaron su voluntad de facilitar este proceso entre las entidades que reciben sus fondos.

Otro tema de interés que mencionaron varios representantes de fundaciones es la rotación de personal en los cargos ejecutivos de muchas organizaciones sin fines de lucro. Esta importante transición en el liderazgo, que acontece en la actualidad y se prevé para el futuro, se debe sencillamente a que muchos de los gerentes generales de estas organizaciones pertenecen a la generación de la posguerra y están a punto, o casi a punto, de jubilarse. Según un reciente informe publicado por CompassPoint Nonprofit Services y la Eugene and Agnes E. Meyer Foundation [*Daring to Lead 2006: A National Study of Nonprofit Executive Leadership*], un porcentaje considerable de los ejecutivos de estas organizaciones expresó su preferencia por dejar su cargo actual por dos razones más: falta de apoyo de la junta directiva y/o la presión de generar recursos financieros a largo plazo para sus organizaciones, según se mencionara en párrafos anteriores.

Vincent Stehle, de la Surdna Foundation, comentó que la disponibilidad de ejecutivos destacados para estas organizaciones depende, en última instancia, de la oferta y la demanda. Varios de nuestros entrevistados expresaron preocupación por el hecho de que las organizaciones no se ocupan de este problema con la suficiente antelación a la rotación prevista. Matthew Klein, de la Blue Ridge Foundation New York, sugiere que las organizaciones sin fines de lucro deberían elaborar planes de transición y dedicarse con esmero a reclutar y formar nuevos gerentes generales. David Grant nos recuerda que el momento de la sucesión de un cargo ejecutivo en una organización sin fines de lucro puede ser la oportunidad ideal para, por lo menos, considerar una fusión armónica con otra organización.

Al hablar sobre éstos y otros problemas que las organizaciones sin fines de lucro enfrentan hoy en día, un tema que surgió con gran unanimidad entre los representantes de instituciones filantrópicas que entrevistamos fue que todas ellas necesitan contar con una junta directiva sólida. Todos concuerdan en que se requiere tiempo y energía para seleccionar, formar y capacitar a los miembros de la junta de manera eficaz.

William Engel, del E.J. Grassman Trust, comenta que, en tiempos como estos, en que las actividades de la junta están sujetas a un control cada vez más riguroso y las personas tienen poco tiempo para dedicar a estas tareas, es muy arduo encontrar personas idóneas que estén dispuestas a ocupar estos cargos. Al mismo tiempo, Andrew Lark, de la Frances L. & Edwin L. Cummings Memorial Fund, nos recuerda la importancia de dedicar tiempo a la formación de la junta directiva porque "una junta directiva sólida conduce, sin duda, a una institución sólida".

Al preguntarles sobre los factores que influyen en sus propias prácticas y actividades filantrópicas hubo, una vez más, un gran consenso entre nuestros entrevistados. Coincidieron en una serie de aspectos que están en su conciencia colectiva. Algunos de estos temas son: control mayor y más estricto por parte del Gobierno respecto a las actividades filantrópicas y las de otras organizaciones sin fines de lucro; transición del personal similar a la transición de los cargos ejecutivos de las organizaciones sin fines de lucro, según se mencionara más arriba, pero en los cargos de las instituciones filantrópicas; y posible fluctuación permanente de los activos de las fundaciones, lo que dificulta anunciar políticas y planificar para el futuro.

Desde la edición anterior de esta *Guía*, las fundaciones y otras organizaciones sin fines de lucro han sido objeto de un control cada vez mayor por parte de Washington. Gran parte de la atención del Gobierno se ha centrado en asuntos tales como el análisis minucioso de los gastos administrativos y generales, el requisito del pago del cinco por ciento para las fundaciones y la verificación sobre quiénes lo cumplen, los salarios de los ejecutivos y la remuneración de los fiduciarios, e incluso, en algunos sectores, la conveniencia de ciertos aportes. Entre las instituciones filantrópicas que consultamos, las reacciones sobre el mayor control del Gobierno variaron desde aceptar con gusto la oportunidad de demostrar una administración eficaz, hasta sentir consternación por tácticas que consideran impertinentes y que desalientan el apoyo financiero para causas que valen la pena. A continuación, presentamos ejemplos de dos opiniones similares sobre el tema, aunque con sutiles divergencias. Según David Grant: "Acepto de buen grado la supervisión por parte de Washington. Reduce al mínimo el derroche de recursos y nos impulsa a superarnos". Por su parte, Ruth Shack, de la Dade Community Foundation, observó: "La actitud de Washington es intimidante, pero comprendo que el Congreso reaccione frente al dispendio real o aparente de recursos". La mayoría de las fundaciones coinciden en que, si bien el mayor control del Gobierno no ha provocado cambios reales en sus métodos de trabajo, de hecho ha logrado más transparencia. Los representantes de algunas fundaciones expresaron preocupación porque al destinar fondos para cumplir con estos controles, se reduce la cantidad de dinero que podría utilizarse en actividades filantrópicas esenciales. Sin embargo, la mayoría coincide con Andrew Lark en que: "Supervisar la propia organización es conveniente, si todos lo hacemos".

Algunas instituciones filantrópicas que entrevistamos comentaron sobre los cambios recientes que realizaron en el personal de sus propias fundaciones, tras un período de relativa estabilidad, y consideran traumática esta tendencia. Christine Park, de la Lucent Technologies Foundation, destacó que las personas que trabajan para las fundaciones no parecen permanecer en sus puestos por períodos tan prolongados como en el pasado. Muchos de los representantes aludieron a la alta tasa de desgaste laboral entre los ejecutivos de los programas. Varios de nuestros entrevistados señalaron que la pérdida de personal en las instituciones filantrópicas suele traducirse en la pérdida de conocimientos y de información sobre antecedentes históricos de las relaciones de la fundación con las entidades que reciben sus fondos. Algunos observaron una tendencia positiva en el hecho de que la gente joven empieza a optar por una carrera filantrópica y a formar parte del personal de las fundaciones inmediatamente al egresar de la universidad. Otros expresaron preocupación por el alto porcentaje de nuevos miembros del personal que no son avezados y carecen de experiencia adecuada en el ámbito de la filantropía.

En el transcurso de los años, para las ediciones anteriores de esta *Guía,* nuestras entrevistas con las fundaciones se han llevado a cabo durante altas y bajas en el mercado de valores. Aquellas entidades que solicitaban fondos a las fundaciones no solían tomar en cuenta que la disponibilidad de dinero para aportes filantrópicos podía estar directamente relacionada con el rendimiento de las inversiones de las fundaciones en el período anterior. A la fecha de esta edición, los activos de las fundaciones parecen estar recuperándose y es posible que muestren signos de crecimiento. Esto deberá reflejarse en un mayor número de fundaciones que se encuentren en condiciones de realizar más aportes filantrópicos en años futuros. Sin embargo, dado que el mundo está extremadamente convulsionado, muchos de nuestros entrevistados fueron muy prudentes al prever futuros aumentos de las donaciones institucionales y expresaron su preocupación porque el valor de sus activos podría volver a caer en cualquier momento.

Tal como se difundió ampliamente en los medios, la tan pregonada "transferencia generacional de la riqueza" bien podría alcanzarnos a nosotros. Es probable que un ingreso sustancial de fondos a las fundaciones del país cause efectos en las fundaciones familiares en particular. Danah Craft nos recuerda que, a medida que los miembros jóvenes de la familia ocupan más cargos en las juntas de las fundaciones, cambian el objetivo al que esas fundaciones brindan apoyo. Es probable que, simultáneamente con un período de mayor prosperidad, algunas fundaciones familiares también modifiquen sus agendas de donaciones institucionales.

Tendencias que influyen en la presentación y el análisis de la propuesta

Es posible que esté leyendo este capítulo con la esperanza de descubrir una solución infalible que le garantice obtener su próximo aporte de una fundación o empresa donante. Aunque esta noticia sea decepcionante para algunos, los representantes de fundaciones con los que hablamos coincidieron bastante (al igual que en el pasado) en que, de hecho, no existe una fórmula mágica. Por el contrario, recomendaron un enfoque holístico para concebir y diseñar estrategias sobre el proceso de redacción de propuestas. Concuerdan en que los pasos más importantes son también los más obvios: seguir las pautas de la entidad filantrópica (por lo general publicadas en el sitio web de la institución, si lo tiene) y continuar comunicándose y cultivando la relación con las que le brindan apoyo financiero y las que aún no son donantes institucionales de su entidad.

Estas instituciones filantrópicas recomendaron casi en forma unánime realizar una exhaustiva investigación antes de entablar cualquier tipo de contacto con la fundación. La conversación con el representante de un donante institucional será más concluyente y conducirá a los siguientes pasos específicos si se ha realizado el estudio preliminar necesario con antelación. Sea persistente al cultivar su relación con las posibles instituciones que, según su investigación, podrían brindar apoyo financiero a su organización. No se ofenda si su propuesta es rechazada en la primera oportunidad en que se presenta, o incluso en la segunda o tercera. Y, aunque esta recomendación parezca obvia, asegúrese de incluir el monto que necesita en la carta de presentación. Además, envíe una carta de agradecimiento cuando reciba el aporte, y también cuando se lo denieguen. Esfuércese constantemente por mejorar su redacción y considere el proceso como una experiencia de aprendizaje permanente. Es esencial mantener la comunicación con las instituciones que en la actualidad brindan aportes filantrópicos a su organización y con los posibles donantes institucionales de su lista.

En general, los representantes de las fundaciones y empresas donantes que entrevistamos consideran suficientes los componentes de una propuesta y los elementos del paquete de una propuesta que se presentan en esta *Guía*. Varios temas surgieron con bastante regularidad cuando los representantes respondieron a preguntas específicas sobre los aspectos nuevos de las actividades filantrópicas y qué estrategias utilizan las fundaciones actuales para mejorar el proceso de toma de decisiones. Ellos son: mayor colaboración y asociaciones estratégicas entre las instituciones filantrópicas, en particular aquellas que trabajan en la misma comunidad o área temática; un aumento de las donaciones que las fundaciones y/o juntas directivas realizan para fines específicos; y la importancia de realizar una evaluación formal de cada proyecto financiado con miras a determinar si se cumplieron los objetivos establecidos y se lograron resultados que se pueden medir.

Siempre ha sido una realidad del mundo filantrópico que las fundaciones hablan entre sí, muy a menudo entre bastidores. Si bien es posible que esto cause preocupación a las entidades que solicitan fondos, en realidad pueden beneficiarse de estas conversaciones, siempre y cuando cumplan sus promesas y administren sus organizaciones de manera eficaz. De hecho, a veces estas conversaciones han llevado a que dos o más instituciones filantrópicas aúnen sus esfuerzos para brindar apoyo financiero a un proyecto que requería un monto demasiado elevado para que cualquiera de ellas lo financiara en forma individual. Es posible que el resultado final de tal colaboración tenga un efecto muy positivo en el proceso de otorgamiento de aportes.

En la actualidad, las instituciones filantrópicas hablan más abiertamente sobre esta colaboración y sus posibles efectos. Algunos de nuestros entrevistados comentaron que consultaban con colegas de otras fundaciones sobre una organización que solicitaba fondos o un proyecto en particular como procedimiento de rutina.

Cuando se les preguntó por qué este enfoque parece utilizarse cada vez más, respondieron que apelan a sus colegas para aprovechar mejor los fondos, conseguir recursos y porque, en general, quienes toman la decisión de otorgar aportes se sienten más cómodos con sus pares hoy en día. Esto puede deberse a que organizaciones nacionales, tales como el Consejo sobre las Fundaciones (*Council on Foundations*), los grupos afines a las instituciones filantrópicas y las asociaciones regionales han realizado campañas más intensas para promover una mejor comunicación y reunir a fundaciones relacionadas con temas particulares y con las mismas inquietudes. Los representantes con los que hablamos reconocen los efectos positivos de tales alianzas, que reducen algunas barreras que pueden haber existido entre las instituciones filantrópicas en el pasado. Muchas de las instituciones filantrópicas entrevistadas señalaron que la colaboración entre ellas es una tendencia cuyo aumento deben esperar las entidades que solicitan fondos.

En la primera edición de esta *Guía* y en cada edición posterior, observamos una tendencia entre las instituciones filantrópicas a aceptar menos propuestas no solicitadas. Esta tendencia continúa en aumento. Hoy en día, más fundaciones identifican problemas que necesitan abordarse e incluso posibles soluciones a esos problemas. Luego, publican Solicitudes de Propuestas (RFP, por sus siglas en inglés) a fin de que las organizaciones sin fines de lucro les respondan dentro de parámetros preestablecidos. Cuando se le preguntó sobre los cambios en el modo de operar de las instituciones filantrópicas, Elizabeth Smith, de la Hyams Foundation, señaló que la cantidad de fundaciones que publican estas solicitudes va en aumento. Sin embargo, algunos de nuestros entrevistados dijeron estar preocupados por el hecho de que las fundaciones se extralimiten en sus funciones. Leslie Silverman, de la Bill & Melinda Gates Foundation, describió que la función de la entidad filantrópica es "diseñar, no ejecutar".

De forma simultánea, con el fin de otorgar los fondos tan preciados de manera estratégica, parece haber una tendencia a restringir el objetivo en algunas fundaciones y empresas donantes. Esta tendencia puede incluir áreas temáticas y/o pautas geográficas definidas con más precisión. Esto suele ser consecuencia de un proceso de planificación estratégico por parte de una fundación o su junta directiva. Estas nuevas orientaciones podrían dar lugar a una gestión más profesional de los procesos operativos. No obstante, varios representantes de instituciones filantrópicas que entrevistamos temen que, en consecuencia, haya menos fondos disponibles para apoyo general operativo de las organizaciones sin fines de lucro. Para las entidades que intentan elaborar una solicitud de financiamiento persuasiva, esto significa que las fundaciones no reaccionarán simplemente ante una necesidad crucial de una institución. Como se ha explicado en otras secciones de esta *Guía*, la entidad que solicita los fondos deberá prestar

aún más atención a la compatibilidad con el posible donante institucional.
Investigar a los posibles donantes institucionales y forjar una relación con ellos
serán elementos clave. De igual importancia será que quienes redacten la propuesta
perfeccionen sus habilidades para buscar y responder con eficacia a las solicitudes
de propuestas que publican las fundaciones.

A lo largo de estos años, hemos escuchado a quienes toman la decisión de otorgar
fondos hablar sobre la importancia de conocer los efectos de su aporte financiero
en una organización y sus miembros. En el actual clima de incertidumbre, en el
que todo el sector de las organizaciones sin fines de lucro está "bajo la lupa", el
deseo de contar con información detallada sobre los resultados de los proyectos
financiados es más fuerte que nunca. Los miembros de las juntas directivas de las
organizaciones sin fines de lucro, incluso aquellos que dirigen las fundaciones del
país, pueden ahora ser considerados personalmente responsables por las
operaciones de sus organizaciones. El tema de la evaluación surgió con frecuencia
en nuestras conversaciones con los representantes de las instituciones filantrópicas
que entrevistamos. El debate fue más allá de ofrecer recomendaciones a las
entidades que solicitan fondos sobre el diseño de un componente de evaluación
eficaz para la propuesta. Lo diferente de hoy en día es que, además de solicitar
informes de evaluación para saber en qué medida se cumplieron los objetivos
específicos del proyecto financiado, las instituciones filantrópicas también deben
evaluar los efectos de los aportes que otorgan y su propia eficacia como
organización. Las juntas directivas de muchas fundaciones están exigiendo esa
evaluación propia. Si bien el mayor hincapié en la evaluación, tanto de las
instituciones filantrópicas como de las entidades que solicitan aportes, es un hecho,
hay aún un amplio debate sobre el tema.

En las circunstancias que hemos descrito, informar a la fundación que otorgó
aportes a nuestra institución sobre el éxito de nuestro proyecto se vuelve aún más
crucial. Desde la perspectiva de la organización sin fines de lucro, la queja sobre la
evaluación es que, para informar a la fundación los resultados del aporte, se
requiere casi el mismo tiempo y esfuerzo que se dedicó a conseguir el
financiamiento y administrar el proyecto. Las instituciones filantrópicas
entrevistadas comprenden la situación y son muy conscientes de ella. Sin embargo,
reconocen que es cada vez mayor el interés y la necesidad de contar con informes
detallados. Muchas de ellas están elaborando pautas específicas para ayudar a las
entidades que reciben sus aportes a realizar evaluaciones eficaces de sus proyectos y
a brindar los datos precisos que la fundación necesita. Nuestros entrevistados
reconocen que estos procedimientos llevan tiempo y, a veces, son costosos para las
entidades que reciben sus aportes. Además, expresan su voluntad de establecer un
equilibrio entre lo que la mayoría de las organizaciones sin fines de lucro puede

producir a modo de informes de evaluación sobre los aportes y lo que requieren las fundaciones actuales para alcanzar su propio nivel de satisfacción, que por lo general establece su consejo de administración.

En sus "otras vidas", muchas de nuestras fundaciones forman parte de las juntas de diversas entidades benéficas sin fines de lucro. Conocen por experiencia propia el rol crucial que los miembros de la junta desempeñan tanto en la administración como en la recaudación de fondos. De ahí que casi todos los representantes de instituciones filantrópicas que entrevistamos afirman que sus fundaciones requieren, como parte del proceso de solicitud, que las organizaciones sin fines de lucro brinden información sobre el grado de participación de los miembros de la junta, en lugar de una simple lista de sus integrantes. Además, muchos sostienen que esperan apoyo financiero de la organización por parte de todos y cada uno de los miembros de la junta. Durante las visitas a las sedes de las organizaciones solicitantes, que muchas de las fundaciones entrevistadas realizan como parte del proceso de auditoría al analizar una solicitud, varias de ellas recomendaron que es conveniente que la organización sin fines de lucro incluya al menos a un miembro de la junta en el equipo que se reúne con el ejecutivo de la institución filantrópica. Como ya hemos mencionado, una junta activa puede marcar una gran diferencia a la hora de conseguir una respuesta positiva a una solicitud.

Por todo lo hasta aquí expresado, esta es una época emocionante, aunque también de ansiedad, para aquellos que otorgan aportes a las organizaciones sin fines de lucro de todo el país. Si bien muchas fundaciones han vuelto a ver una modesta valorización de sus activos en los últimos tiempos, no hay garantía de que la situación continúe así. Se requerirá inventiva, tanto de las fundaciones como de las entidades que solicitan aportes, para responder a las diversas circunstancias que hacen que el otorgamiento eficaz de aportes sea más complejo que nunca. Sin embargo, las entidades que solicitan fondos deben cobrar ánimo. Al leer el siguiente comentario, la tendencia que se observa con mayor claridad es que las fundaciones en verdad desean que las organizaciones sin fines de lucro logren atravesar con éxito los procesos de solicitud y de análisis de la propuesta. Las personas que entrevistamos están más dispuestas que nunca a colaborar de manera muy directa con las entidades que solicitan fondos. Victoria Kovar, de la Cooper Foundation, es quien mejor lo sintetiza. Su mensaje para las entidades que solicitan fondos es el siguiente: "No teman. Para la mayoría de nosotros, no es natural pedir dinero. Necesitamos que las entidades solicitantes se concentren en sus necesidades y las de su programa para que en verdad marquen la diferencia".

A continuación, transcribimos textualmente algunas de las respuestas que los representantes de las fundaciones brindaron a nuestras preguntas. A lo largo de la

Guía, se incluyen otras respuestas a modo de citas que hemos seleccionado para ejemplificar los temas planteados.

¿Considera que la mayoría de las entidades que solicitan fondos ha realizado un estudio previo antes de comunicarse con su fundación?

Sí:

En la actualidad, las entidades que solicitan fondos suelen estar bien informadas. No recibimos muchas solicitudes que no se ajustan a nuestras pautas. En nuestro sitio web, se delimita el objetivo de nuestros programas. La comunicación de boca en boca también cumple una función importante. (Robert Crane)

Muchas más entidades que solicitan aportes realizan una investigación. El sitio web les brinda información más instantánea. Las entidades que buscan contribuciones están más informadas, y notamos que la calidad de las propuestas es mejor. Algunas entidades, que tal vez han presentado propuestas en años anteriores cuando no eran compatibles con nuestra misión, ya no lo hacen. Rechazamos propuestas con menos frecuencia que antes. (David O. Egner)

Muchas entidades que solicitan fondos lo logran. Es una tendencia que ha ido mejorando. Se está difundiendo el mensaje de que es recomendable investigar y las personas conocen los recursos de los que pueden valerse. (William V. Engel)

Hemos observado un cambio en cuanto a que la gente investiga mejor, en parte porque hemos hecho un esfuerzo consciente por mejorar nuestra comunicación. Desde que comenzamos a aceptar solicitudes por Internet, hemos recibido un porcentaje mayor de solicitudes que se ajustan más a nuestras pautas. (John Goldberg)

La mayoría de las entidades que acuden a nuestra institución en busca de fondos ha realizado un estudio previo. Hace bastante tiempo que operamos, y como gran parte de nuestras actividades filantrópicas son regionales (concentradas en Nueva Jersey), no recibimos demasiadas propuestas que no sean adecuadas. (David Grant)

Más de la mitad lleva a cabo estudios previos. En las propuestas que analizamos con relación a la información que pedimos, el setenta por ciento de las entidades ha realizado un estudio previo. Esto no ha cambiado tanto en los últimos años. La mayoría de las propuestas refleja un estudio pormenorizado de nuestras actividades. (David Palenchar)

Últimamente, he comprobado que más organizaciones han hecho estudios previos. Gracias a Internet, las personas saben cómo presentar la solicitud y qué tipo de proyectos financiamos. Además, atribuyo este avance a las organizaciones que han asistido a talleres de redacción de propuestas. (Karen Topakian)

No:

Algunas entidades que solicitan aportes no investigan; parece que creen que está bien enviar una solicitud improvisada. (Rene Deida)

No se puede generalizar, pero muy a menudo recibimos llamadas telefónicas de solicitantes que demuestran no haber hecho una buena investigación.
(J. Andrew Lark)

A veces:

Es cíclico. Se observan mejoras, pero hay épocas en las que recibimos una sucesión de llamadas telefónicas o mensajes de correo electrónico en los que se nota que no saben nada sobre nuestra fundación, y que la organización sin fines de lucro no es compatible con nuestro objetivo estratégico. Recibimos algunas llamadas de organizaciones que no investigan en absoluto, y es frustrante. En general, quienes no realizan una investigación son entidades más pequeñas que están en sus inicios y no tienen experiencia en las actividades filantrópicas. (Julie Brooks)

En general, las entidades que solicitan aportes investigan mejor. Sin embargo, todavía recibimos solicitudes que no corresponden a nuestra fundación.
(David Ford)

Recibimos muchas solicitudes de otros estados para objetivos que no financiamos, que llegan más como resultado de la venta de listas. De lo contrario, no nos llegan demasiadas solicitudes de personas que no cumplen con nuestros requisitos. En general, la gente sabe en qué consiste una solicitud adecuada. (Victoria Kovar)

En general, las entidades que solicitan aportes realizan estudios previos y parecen ser más profesionales. Recibimos menos propuestas que son totalmente inadecuadas. (Ilene Mack)

El primer acercamiento a nuestra fundación es una carta de solicitud de información. En algunas rondas de aportes, hasta un cincuenta por ciento de estas cartas no coincide con nuestras prioridades de financiamiento. Por ejemplo, sólo otorgamos fondos en DC, pero en casi todos los períodos recibimos una o dos cartas de otros estados. Siempre animo a las organizaciones que se dirigen a nuestra fundación por primera vez a que me llamen primero para conversar sobre el apoyo que necesitan y luego presenten la propuesta. (Bob Wittig)

¿Cuál es la mejor manera de dirigirse a su fundación por primera vez?

Por teléfono:

La mayoría de las entidades que solicitan aportes llaman por teléfono. Llaman para plantear una idea. Si la idea es adecuada, la delineamos por teléfono juntos.
(Peter F. Bird, Jr.)

Me parece bien que me llamen. Ayudo al solicitante a comprender las prioridades del Banco y qué debe hacer para avanzar en el proceso. No me molesta que el solicitante "esté a la pesca de algo" porque puedo brindarle información sobre lo que será más adecuado. Puedo ofrecer a la entidad que solicita fondos información específica que pedirán nuestros fiduciarios. (Danah Craft)

Siempre recibimos llamadas. En su gran mayoría, nos piden información detallada sobre la misión de nuestro programa. También aceptamos cartas de intención, pero deben ser lo más concisas posible. Las entidades que solicitan aportes no deben perder tiempo en recrear una propuesta para nosotros. A veces, les pido a estas entidades que envíen una propuesta que presentaron ante otra institución filantrópica. Así, puedo leerla y ver si es compatible con nuestra fundación.
(David O. Egner)

Si hay consultas, con gusto podemos tener una conversación telefónica de cinco a diez minutos. El propósito es más informar que recibir información. Desean saber si su organización es compatible con la nuestra y si vale la pena presentar una propuesta completa. (William V. Engel)

Estoy abierto a las llamadas. De esta manera, todos ahorramos tiempo.
(David Ford)

Deseamos ser flexibles y útiles. Hablar por teléfono con una entidad que solicita aportes forma parte de ese objetivo. (Marilyn Gelber)

Recibimos numerosas llamadas telefónicas. Notamos que en las semanas próximas al vencimiento del plazo, la cantidad de llamadas aumenta de manera considerable. Nos esmeramos para atenderlas e intentamos dar respuestas satisfactorias.
(Robert Jaquay)

Coordino citas telefónicas. Hago seis preguntas básicas (quién, qué, dónde, cuándo, por qué, cómo y cuánto) para determinar si podemos financiar el proyecto. (David Odahowski)

El proceso suele comenzar con una llamada telefónica. (Michele Pritchard)

Es mejor que la organización que solicita los fondos llame después de llevar a cabo su investigación. Entonces, nuestro personal responderá a preguntas específicas durante la llamada telefónica. La entidad que solicita fondos debe enviar una carta de intención en caso de dudas acerca de si se ajusta a nuestro criterio. (Elizabeth B. Smith)

Es sumamente recomendable que las personas llamen porque el proceso es muy competitivo. Queremos que hagan la mejor propuesta posible. La mayoría de las conversaciones anteriores a la presentación se llevan a cabo por teléfono. (Lita Ugarte)

Prefiero tener una breve conversación telefónica sobre la organización y sus necesidades. Si no compatibilizamos, haré todo lo posible para enviar a la entidad solicitante a otros donantes institucionales. (Nancy Wiltsek)

Por carta:

Si bien la carta de intención es opcional, recibimos muchísimas; funciona bien como primer filtro para determinar nuestro posible interés y no requiere que la organización sin fines de lucro invierta mucho tiempo. Seleccionamos las cartas y determinamos cuáles son las que mejor se ajustan a nuestras iniciativas. Respondemos a todas las solicitudes y avisamos a la organización si nos interesa considerar el programa propuesto. (Carol Kurzig)

Nuestra intención es ahorrarle tiempo a la organización sin fines de lucro. Intentamos ser flexibles; no deseamos que la organización sin fines de lucro dedique mucho tiempo inicial a la solicitud. El primer paso a través de la carta de intención es averiguar si el trabajo propuesto se ajusta a nuestras pautas. (Maria Mottola)

Por diversos medios:

En general, recibimos llamadas telefónicas, cartas y mensajes de correo electrónico. Brindamos el apoyo que nos pide la entidad que solicita el aporte. Reviso las solicitudes preliminares, brindo sugerencias y, en algunos casos, correcciones. (Victoria Kovar)

Contesto preguntas por teléfono y correo electrónico de gente que busca información general. Recibo alrededor de seis llamadas por día. Quizás esto se deba a que nuestro sitio web es muy completo. (David Palenchar)

Lo mejor es visitar nuestro sitio web y analizar las pautas de financiamiento de diferentes áreas filantrópicas (por ejemplo, algunas áreas aceptan cartas de intención, mientras que otras publican solicitudes de propuestas; tal vez otra área tenga la política de no aceptar propuestas no solicitadas). Por eso es aconsejable leer el sitio web con mucha atención. (Leslie Silverman)

Una vez que la propuesta está pendiente de aprobación, ¿es aceptable que la entidad que la presentó llame para verificar el estado de la solicitud o para brindar información? ¿Es correcto enviar materiales adicionales?

Está bien que las entidades solicitantes llamen para confirmar si se recibió la solicitud y si falta algún documento. Salvo en esos casos, no es conveniente hacerlo para nada. La entidad que solicita el aporte puede llamar si encuentra información nueva o actualizada para suministrar, o bien puede enviarla directamente. (Danah Craft)

Nuestro personal tiene mucho contacto con las organizaciones que solicitan aportes. No tendrían que verificar el estado de la solicitud, porque les avisamos cuando su solicitud está completa. Si no tienen noticias nuestras dentro de un plazo razonable, es perfectamente aceptable que llamen. (Robert Crane)

Es útil tener información actualizada cuando comenzamos a analizar la solicitud. (David O. Egner)

Valoramos esta iniciativa, en especial por correo electrónico. Sin embargo, si hacemos bien nuestro trabajo, el ejecutivo del programa mantendrá informadas a las entidades solicitantes sobre el estado de su solicitud. (Bruce Esterline)

Agradecemos que las entidades que solicitan fondos se comuniquen con nosotros si necesitan brindarnos información actualizada sobre cambios en la organización o la propuesta. Comunicamos la fecha en que se considerará la propuesta. Llamar para verificar está muy bien, pero no es muy productivo salvo que estemos analizando una propuesta solicitada, más que una carta de solicitud de información. (Laura H. Gilbertson)

Cada vez más a menudo nos comunicamos con la organización que solicita los fondos para formular preguntas sobre su propuesta o pedir aclaraciones sobre algo que han expresado y, como parte de ese proceso, nos brindan información adicional. (Marilyn Hennessy)

No nos molesta. Ayuda a conseguir más información. La entidad que solicita fondos puede llamar o enviar una carta. (A. Thomas Hildebrandt)

Me complace recibir cualquier tipo de información que surja. Trato de comprender la ansiedad y el deseo de informar de la entidad que solicita una contribución. (Robert Jaquay)

Las entidades que solicitan fondos deben mantenerse en contacto, pero con moderación. Creo fervientemente en la comunicación abierta y sincera. La entidad que solicita fondos tiene derecho a saber en qué etapa del proceso de análisis estamos. (Ilene Mack)

Si la información adicional mejora la propuesta, envíennosla. Pero no se conviertan en una "molestia". (David Odahowski)

Aliento absolutamente a que nos envíen información, en especial si hay cambios. Además, animo a que nos hagan llegar informes de actualización. (David Palenchar)

No suele ser un problema para nosotros porque decidimos en muy poco tiempo (somos una fundación pequeña). Pero no me molesta que me llamen para verificar el estado de la solicitud. (Bob Wittig)

Sí, si hay cambios importantes relacionados con el proyecto, por ejemplo, un cambio en el personal o financiamiento adicional recibido. (Victoria Kovar, Carol Kurzig, Elizabeth B. Smith y Lita Ugarte)

Una vez que la propuesta está pendiente de aprobación, ¿es correcto que uno de los miembros de la junta de la organización sin fines de lucro se comunique directamente con uno de los miembros de su junta?

Esto ocurre. No es algo que alentamos, pero tampoco es algo que podemos impedir. Podría ser contraproducente. Si bien los miembros de nuestra junta comprenden que no es su función interceder o defender una propuesta determinada, a algunos les gusta participar en esas conversaciones o desean conocer mejor nuestro pensamiento sobre un tema. (Kathleen Cerveny)

Si un miembro de su junta directiva conoce a alguno de la nuestra, un aval personal de la calidad de la organización sin duda será útil. Si los miembros de la junta de la organización no conocen a los de la nuestra, entonces no recomendaría que se comunicaran con ellos. (Danah Craft)

No veo ningún inconveniente al respecto. Los miembros de mi junta directiva me envían a las personas directamente a mí. Realmente no hay conflicto en mi grupo, dado que nuestra junta conoce la diferencia entre gobierno y gestión. (David O. Egner)

No es necesario. En cuanto a la aprobación, no implica una gran diferencia. (William V. Engel)

Eso es lo que suele suceder porque los miembros de nuestra junta directiva son además los ejecutivos de los programas. En muchos casos, ellos son quienes están en contacto con la organización. Conviene cerrar el círculo con el personal, y suelo estar al tanto de este contacto. (Laura H. Gilbertson)

Es natural querer hacerlo, y no me molesta. Está bien si se hace de manera razonable y no demasiado indiscreta. No conozco ningún caso de una entidad que haya perdido una contribución por comunicarse con alguien de la junta. (A. Thomas Hildebrandt)

Las personas son libres de hablar con quien sea. No me parece que esto pueda influir en la decisión de nuestra junta en un sentido o en otro. Tenemos claras disposiciones sobre conflictos de intereses. (Victoria Kovar)

Los avales de cualquier tipo son muy útiles, pero intentar promover una solicitud comunicándose con varios empleados o miembros de la junta de la Avon Foundation o Avon Products, Inc. suele ser ineficaz y no demasiado productivo. (Carol Kurzig)

Creo que es un enfoque "encubierto" y nada recomendable. Coloca a los miembros de la junta en una situación incómoda y no vemos a la organización con buenos ojos. Es un claro intento de desviar la atención, que hace el proceso más lento. (J. Andrew Lark)

Siempre es un tema delicado. Se plantea una situación incómoda si la organización es un poco "dudosa" y no estamos seguros de querer financiarla, y acude a un miembro de la junta. Sin embargo, soy realista. No me enojo. Primero, las entidades que solicitan aportes deben hablar conmigo. No me gustan las sorpresas. (Ilene Mack)

En nuestro caso, no sirve, pues los miembros de nuestra junta en general respetan los límites entre las funciones de la junta y las del personal. Sin embargo, cada fundación es diferente y en las fundaciones con poco personal es posible que los miembros de la junta se desempeñen más como ejecutivos de programas. También es un error hacer sentir a la ejecutiva del programa que se ha intentado pasarla por alto. Aunque produzca un resultado exitoso una vez, no es bueno para forjar una relación a largo plazo. (Rick Moyers)

Las organizaciones sin fines de lucro deben promoverse a sí mismas. Parte de esa promoción podría concretarse en comunicaciones con los miembros de nuestra junta, que también están realizando su trabajo al ganar visibilidad en la comunidad. (David Odahowski)

No aliento esta práctica porque excluye a las organizaciones que no tienen acceso social. Intentamos por todos los medios que las condiciones sean parejas para todos por igual. (David Palenchar)

Normalmente, conocer a alguien de nuestra junta no marca una diferencia importante ya que nuestro proceso está a cargo del personal. A veces, es posible que un miembro de la junta formule preguntas o solicite un análisis adicional. (Lita Ugarte)

Después de que su fundación rechaza una propuesta, ¿explica al solicitante las razones en caso de que se lo pida?

Les ofrezco mi mejor evaluación acerca de los motivos por los que la solicitud no prosperó. (David Ford)

Si hacen un seguimiento y nos piden una explicación, entonces conversamos con ellos e intentamos ofrecerles ideas útiles (como por ejemplo, la presentación de la propuesta, elementos que faltaron o preguntas que surgieron y no pudieron responderse) que les ayudarán en una futura presentación. Por lo general, la propuesta está bien formulada. La decisión de financiar refleja los valores de los fiduciarios, que son quienes deciden. Cuando contamos con fondos limitados, sólo podemos satisfacer algunas de las numerosas solicitudes. Los recursos limitados exigen decisiones difíciles, y estas elecciones reflejan valores. (Marilyn Hennessy)

A menudo, la llamada es un pedido apenas disimulado de que se reconsidere la decisión. Sin revelar una cantidad desmedida de información o los motivos de las decisiones de los fiduciarios, haré todo lo posible para explicar cuál es el foco de nuestras prioridades, a qué se destina nuestro dinero y las arduas elecciones que debemos realizar. (Robert Jaquay)

Llamamos a todas las entidades que presentaron propuestas para informarles las decisiones de nuestra junta, ya sea la aprobación o el rechazo. Si la entidad lo pide, conversaremos sobre la propuesta y la orientaremos sobre los pasos a seguir. (Victoria Kovar)

Nos complace hablar con las entidades que presentaron propuestas y nuestra regla es responder de la manera más satisfactoria posible. Si una entidad que presentó una propuesta toma la iniciativa de comunicarse con nosotros, intentamos explicarle nuestra decisión de manera objetiva. (Carol Kurzig)

Sugeriría a las entidades que solicitaron aportes que llamen a la fundación y consulten con cortesía. Averigüen qué podrían haber hecho para que su propuesta fuera más sólida. Pregunten si sería apropiado volver a presentar la solicitud para el mismo programa o si sería más aconsejable plantear una propuesta diferente. Las orientaremos sobre los problemas que deben abordar y los pasos a seguir. No queremos que las personas pierdan el tiempo en presentaciones innecesarias. (J. Andrew Lark)

Si algún problema impidió que la propuesta recibiera el financiamiento, les daremos esa información. En la mayoría de los casos, no hay errores en las solicitudes. Sencillamente, no tenemos suficiente dinero y recibimos demasiados pedidos. Yo mismo tomo muy a mal los rechazos de los proyectos de recaudación de fondos en los que participo. (David Palenchar)

Es difícil mantener este tipo de conversaciones. Analizamos con suma atención todas las propuestas y no rechazamos solicitudes al azar; el proceso es muy competitivo. Un proyecto puede parecer similar a otro, pero no tener todos los elementos que buscamos. Si hay dos proyectos y sólo podemos financiar uno, vamos a seleccionar el más sólido. Si sólo se trata de realizar ajustes a la propuesta, es más sencillo hablarlo. Sin embargo, por lo general, no se trata tanto de la propuesta, sino del proyecto en sí. (Karen Rosa)

Deseamos mantener una buena relación con las organizaciones sin fines de lucro que solicitan aportes. Queremos que la relación sea duradera y que ellas comprendan cuáles son nuestras prioridades, los defectos del proyecto o los motivos por los que la propuesta no fue compatible con nuestra fundación. A menudo, vuelven con una propuesta más sólida. (Ruth Shack)

Después del rechazo de la propuesta, ¿qué es lo mejor que puede hacer la organización?

Lo mejor es llamar y preguntar por qué fue rechazada. No hay que desalentarse. Cuando se solicita dinero, hay que asumir una actitud de ventas. Se puede aprender de todas las situaciones. (Peter F. Bird, Jr.)

Escuchen y aprendan. No hay que tomar el rechazo como algo personal porque en verdad se trata de una decisión comercial. El ejecutivo del programa se siente tan mal como ustedes. Es mucho más gratificante decir "sí". No tomen el "no" como el fin de la relación. Por el contrario, dejen la puerta abierta y manejen el rechazo con profesionalidad. (Julie Brooks)

Envíen un acuse de recibo o una carta de agradecimiento por considerar su solicitud. Llamen y pidan una entrevista telefónica o personal para hablar sobre la manera de mejorar su solicitud para la próxima vez. (Danah Craft)

Si una organización recibe un rechazo porque no se ajusta a nuestras pautas, es mejor seguir adelante, dejando esa posibilidad a un lado. Por lo general, no sirve modificar la propuesta para que se ajuste a las pautas de una fundación.
(Robert Crane)

Antes de llamar por teléfono para hacer preguntas, la entidad que solicitó los fondos debe volver a leer las pautas de la fundación y leer su propuesta como si la estuviera leyendo por primera vez. De esa manera, podrán identificar qué aspectos no se ajustaron a las pautas. El tiempo transcurrido entre la redacción de la propuesta y la recepción del rechazo brinda una oportunidad para que quien redactó la solicitud adquiera una perspectiva renovada. Esto facilita un diálogo sincero con la institución filantrópica. (David O. Egner)

Admiro a las personas que llaman. Pueden aprender del rechazo, seguir adelante dejando esta posibilidad a un lado, o volver a presentarnos una propuesta un tiempo después. (David Ford)

Lo mejor es averiguar por qué se rechazó la propuesta y ver si hay algo que se pueda hacer de otra manera, aunque siempre hacemos saber si hay una razón específica. Pero no se quejen de la decisión. Por el contrario, pregunten si conviene que su organización vuelva a presentar una solicitud. (Laura H. Gilbertson)

Busquen todo tipo de información para mejorar la propuesta o la probabilidad de conseguir fondos y pidan sugerencias sobre otras fuentes de financiamiento. (Marilyn Hennessy)

Aprendan a recibir un "no" como respuesta. Es un verdadero arte. (A. Thomas Hildebrandt)

Insistan para que la fundación les dé razones y recomendaciones sobre cómo mejorar la solicitud. Pregunten si, con algunos ajustes, la propuesta podría adecuarse a los intereses de financiamiento de otras fundaciones. Sigan las recomendaciones que les brinden y adapten su solicitud para presentarla ante otras fundaciones. Entre tanto, mantengan la comunicación a través de boletines informativos y anuncios. (Matthew Klein)

No teman preguntar. A veces, una mala comunicación o la falta de ella puede ocasionar sentimientos negativos y, sin dudas, esa no es nuestra intención. Un rechazo no significa que una organización siempre recibirá respuestas negativas; por eso, es importante mantener la comunicación. (Victoria Kovar)

Demuestren que están dispuestos a escuchar cualquier crítica constructiva que la fundación pueda hacerles, y no adopten una actitud defensiva. (J. Andrew Lark)

En su próxima solicitud, demuestren que tomaron en cuenta las opiniones y recomendaciones de la institución filantrópica. Averigüen la manera de cultivar el vínculo con la fundación. Cultivar la relación con las fundaciones que les han dicho "no" es tan importante como hacerlo con las que les respondieron "sí". (Rick Moyers)

Agradezcan a la fundación por considerar la propuesta y sugieran que volverán a presentarla si hay una posibilidad de conseguir fondos en el futuro. Intenten averiguar en qué puntos su organización estuvo desacertada. Hallar donantes institucionales que sean más afines a sus objetivos es más provechoso. Si una fundación los invita a volver a presentar la propuesta en el futuro, no dejen de hacerlo. (Christine Park)

Si una organización considera que no conoce las razones por las que rechazaron su propuesta, debe comunicarse con el ejecutivo del programa y averiguar las causas. Así, sabrá si es conveniente volver a presentar la propuesta o no. Saber si es compatible con la fundación les ahorrará tiempo en el futuro. A veces, las propuestas se rechazan porque, en ese momento, la fundación no se concentra en ese tema, pero es posible que sí lo haga en el futuro. Pregunten si deberían volver a presentar la propuesta, y si la respuesta es "no", sigan adelante. Pero jamás discutan con el ejecutivo del programa. Es probable que no haya sido él quien rechazó a la entidad. Además, es poco profesional. (Karen Topakian)

Después del rechazo de la propuesta, ¿qué es lo peor que puede hacer la organización?

No volver a solicitar financiamiento a la fundación. El primer contacto entre la entidad que solicita el aporte y la institución filantrópica suele terminar en un rechazo, pero eso no significa que no haya esperanzas de establecer una relación en el futuro. (Peter F. Bird, Jr.)

Intentar pasar por alto al ejecutivo del programa y utilizar la influencia de un miembro del personal ejecutivo o de la junta directiva. Esto deteriora la relación con el ejecutivo del programa, y es difícil recomponerla una vez que ocurre. (Julie Brooks)

Llamar a un fiduciario y pedirle que reconsidere la decisión. Esto coloca al fiduciario en una situación difícil, en especial porque la decisión se tomó en grupo. El rechazo no siempre significa que haya un problema con la organización o algo objetable en la propuesta. Sencillamente podría ser que se nos acabó el dinero, y en general es así. (Danah Craft)

Enviar una carta al presidente de la fundación o de la empresa para expresar su decepción. (Rene Deida)

Llamar a los miembros de mi junta directiva y quejarse. (David O. Egner)

Llamar por teléfono y comenzar a acusarnos o cuestionarnos argumentando motivos negativos. Si no asumen una actitud profesional y positiva frente a nosotros, lo recordaremos en el futuro. (William V. Engel)

Volverse agresivo contra la institución filantrópica, como por ejemplo, enviar mensajes indignados por correo electrónico cuando uno está enojado. Es mejor llamar o enviar un mensaje de correo electrónico y sólo pedir comentarios sobre la propuesta. (Julie Farkas)

Expresar decepción con demasiada exageración o continuar presentando solicitudes cuando ya les han informado que es poco probable que reciban financiamiento. Tratamos de avisar si es más conveniente que dirijan sus gestiones a otras fundaciones. (Laura H. Gilbertson)

No contar hasta diez antes de tomar el teléfono para llamarnos. Es un error hacer una llamada, mantener una conversación o escribir una carta sin pensar antes. (J. Andrew Lark)

Intentar convencer a la institución filantrópica de que cambie esa decisión es un error. (Rick Moyers)

Actuar como si nosotros tuviéramos la obligación de brindarles apoyo financiero por ser una organización sin fines de lucro que busca financiamiento. (David Palenchar)

Es un error enojarse. El enfado está fuera de lugar, pues sólo soy la encargada de comunicar la decisión en ese momento. La entidad que solicita aportes debe mantener una relación profesional y cordial, porque es probable que nos volvamos a encontrar y tal vez haya oportunidades de financiamiento en el futuro. (Nancy Wiltsek)

Si la solicitud no coincide con nuestras prioridades de financiamiento, es un error continuar presentando propuestas una y otra vez, esperando un resultado diferente en la próxima oportunidad. (Bob Wittig)

Si se otorga el aporte filantrópico, ¿qué es lo mejor que puede hacer la organización?

Agradezcan de varias maneras. Comuníquenle al donante institucional que lo consideran un inversor, no sólo un benefactor, y trátenlo de esa manera. Infórmennos qué ocurre con el dinero y con la organización. (Peter F. Bird, Jr.)

Mantengan al día la documentación y cumplan con los requisitos de presentación de informes. Hagan una revisión periódica de los resultados previstos. Llámennos si surgen inconvenientes o problemas. Nuestros ejecutivos de programas desean conocer desde el principio cualquier cambio o inconveniente de la entidad que recibe el aporte, y no mediante un informe de progreso anual o al final del período del aporte. (Julie Brooks)

Manténgannos informados durante todo el proceso. Invítennos a actividades. Comuníquennos los cambios de personal. Si hay un problema, avísennos. Si todo marcha sobre ruedas, también cuéntennos sobre eso. (Rene Deida)

¡Depositen el cheque! De vez en cuando, tenemos que recordar a la entidad que recibió el aporte que lo haga. Nos lleva a preguntarnos si en verdad necesitan el dinero. (William V. Engel)

En primer lugar, agradezcan a todas las personas involucradas. Sería buena idea llamar al ejecutivo del programa o enviarle una nota. En segundo lugar, cumplan con los informes requeridos con puntualidad y precisión. Consideren con seriedad la oferta de crear una alianza y mantengan a la fundación al tanto de su progreso, tanto bueno como malo. En tercer lugar, realicen la mejor tarea posible. Logren sus objetivos para que todos ganemos y los alentemos a solicitar otro aporte. (Bruce Esterline)

Manténganse en contacto. Envíennos boletines informativos y mensajes de correo electrónico. Avísennos sobre los próximos acontecimientos e invítennos a sus actividades. Considérennos parte de la familia. Infórmennos lo que ocurre. No olviden su relación con nosotros. Estamos consolidando la comunicación con su organización. Los animamos a que se mantengan en contacto con nosotros, más allá de cumplir los requisitos de presentación de informes. (Marilyn Gelber)

Es realmente agradable recibir un agradecimiento rápido, personal y que demuestre entusiasmo. (David Grant)

Hágannos llegar sin demora la carta de otorgamiento de aportes firmada para que podamos emitir el cheque. Si esto no ocurre a la brevedad, comenzamos a preguntarnos si realmente necesitan el dinero. Además, consideramos esta demora como una señal de que podría haber una mala ejecución de su proyecto en el futuro. (Robert Jaquay)

Forjen una relación de confianza con las instituciones filantrópicas. No duden en comunicarse con su ejecutivo del programa para pedirle consejo o para que les presente a otros donantes institucionales a los que podría interesarle su labor. (Matthew Klein)

Cumplan con las condiciones del aporte con eficiencia, eficacia y de manera económica, e informen sobre su desarrollo según lo solicitado. Dado que somos una filial de una empresa que cotiza sus acciones en bolsa, el reconocimiento de nuestro apoyo es siempre preciado y útil. (Carol Kurzig)

La fundación necesita sentirse conforme con el trabajo que lleva a cabo. Envíennos material, como artículos periodísticos. Utilicen nuestros aportes para aprovechar otro apoyo financiero. Comuníquense con el personal del programa e invítenlo a visitar su sede. (Marvin McKinney)

Pasen de las palabras a los hechos. Esta relación se basa en el cumplimiento de las promesas. (David Odahowski)

Envíen una carta de agradecimiento que mencione el monto y el objetivo de la contribución. Esto puede parecer demasiado obvio, pero nuestros auditores requieren esa carta y la necesitamos para nuestros archivos. Comuníquense con nosotros, pero no exageren. Deseamos saber qué sucede, pero no es necesario que nos informen todas las semanas. Para nosotros, los desafíos son tan importantes como los éxitos, porque las fundaciones no queremos enterarnos al final del ciclo que algo salió mal cuando pensábamos que el proyecto marchaba sobre ruedas. Por eso, manténgannos al corriente de los acontecimientos. Nuestro objetivo no es castigar, sino ayudar a las organizaciones sin fines de lucro que hemos financiado a que hagan el mejor trabajo posible. Pero no podemos ayudar si no nos avisan que hay un inconveniente. (Karen Rosa)

Lleven a cabo un programa magnífico. A nosotros nos va bien si a ustedes les va bien. Demuestran un impacto en la comunidad y atraen a otras fundaciones a la obra. (Ruth Shack)

Envíen un acuse de recibo de los aportes. Expresen que esperan con ansiedad trabajar con la fundación y mantenernos informados. (Elizabeth B. Smith)

Comuníquense, pero sin exagerar. Me encanta cuando me invitan a ver los resultados de nuestra inversión. Infórmennos sus logros. (Lita Ugarte)

Si se otorga el aporte, ¿qué es lo peor que puede hacer la organización?

Gastar el dinero en algo diferente sin autorización. (Peter F. Bird, Jr.)

No cumplir con lo prometido. No presentar los informes con puntualidad. Cuando el proyecto concluya, no tendremos la menor idea sobre si el proyecto funcionó o no. (Kathleen Cerveny)

Reclamar que no era el monto correcto. (Danah Craft)

Usar los fondos de forma indebida o utilizar el dinero para otro propósito. Esto quebranta la confianza y genera un problema para todos. (Bruce Esterline)

No informar a la fundación sobre demoras importantes en la ejecución del programa. Nos complace otorgar prórrogas de los plazos, pero necesitamos saber si hay un problema para concretar el programa. (Julie Farkas)

Perder el entusiasmo en su trabajo. (David Ford)

Me molesta si hay cambios importantes en la organización y me entero de ellos por terceros. Deseo que me informen, incluso si es difícil comunicar la noticia. Otro error es olvidarse de reconocer nuestro mérito. (Marilyn Gelber)

Utilizar el dinero para un propósito distinto del que se solicitó sin pedirnos autorización previa. Esto ocurrió una vez y pedimos que nos devolvieran el dinero del aporte. (Jane Hardesty)

No enviar nunca un informe sobre los resultados del proyecto. Es un error, en particular si piensan volver a solicitar fondos en el futuro. Si no sabemos qué ocurrió la primera vez, no estaremos predispuestos a financiar a esa entidad en el futuro. (Marilyn Hennessy)

No agradecer el aporte y simplemente depositar el cheque.
(A. Thomas Hildebrandt)

No usar el dinero con responsabilidad. Deben utilizar el dinero tal como dijeron que lo harían. Podemos tolerar el fracaso si hubo un esfuerzo bien intencionado. (Robert Jaquay)

No cumplir con las condiciones del acuerdo de otorgamiento de aportes o no informarnos cuando tienen problemas para desarrollar o finalizar el proyecto según lo descrito en su solicitud de aportes. La falta de reconocimiento también es un problema para nosotros porque, como entidad benéfica pública, también recaudamos fondos, y queremos que nuestros donantes vean que le damos un buen destino a su dinero. (Carol Kurzig)

Creo que lo peor sería no enviar un acuse de recibo ni una carta de agradecimiento. Además, si piensan hacer propaganda sobre el aporte, no es aceptable anunciarlo sin consultarnos primero. (Ilene Mack)

Hay varias actitudes, que incluyen desaparecer hasta que vuelva a necesitarse dinero, o realizar cambios radicales en el proyecto sin consultar a la institución filantrópica. (Rick Moyers)

Reclamar que no obtuvo todo el dinero solicitado. Este es un problema constante, que tal vez es consecuencia de la intensidad y concentración que la gente pone en su propio trabajo. Deben darse cuenta de que quizás las prioridades de la fundación no sean totalmente compatibles con las de la organización. (David Palenchar)

No informarnos sobre problemas graves que se les presenten. No nos gusta enterarnos por el periódico. (Karen Rosa)

Además de no cumplir con las condiciones del aporte, perder el cheque. (Nancy Wiltsek)

Ponerse en contacto con nosotros recién en el próximo ciclo de renovación de aportes. (Bob Wittig)

¿Qué función cumple la presentación de informes en su proceso de otorgamiento de aportes?

En el caso de aportes considerables, llamo a la organización sin fines de lucro y pregunto cómo anda todo. Deseo saber si, con el dinero del aporte, la organización ha realizado cambios o materializado planes. Si existen riesgos, lo señalo para hacer un seguimiento. (Peter F. Bird, Jr.)

En parte, debido a que se está supervisando a las fundaciones más que en el pasado, prestamos más atención que nunca para que los informes se finalicen y presenten con puntualidad. Ahora llevamos un control electrónico de los informes. Si el plazo de presentación de un informe está vencido, enviamos una carta a la organización. Además, como fundación, intentamos evaluar la eficacia de nuestras actividades filantrópicas, y el proceso de presentación de informes es un elemento muy importante. (Kathleen Cerveny)

Cuando hay que priorizar proyectos, se hace más importante preguntarse: "¿Qué efectos tendrá este proyecto en la comunidad?". El informe nos permite conocer sus repercusiones. (Danah Craft)

Cumple un rol importante, ya que nos interesa mucho seguir el proceso de los aportes que otorgamos. Nuestra carta de otorgamiento de aportes establece claros requisitos de presentación de informes, que incluyen los aspectos que deben abarcar los informes y los plazos para presentarlos. Si no recibimos los informes con puntualidad, se lo recordamos a la entidad que recibió el aporte. (Robert Crane)

Preferimos los informes muy sencillos y directos. Estamos ansiosos por saber qué ha aprendido hasta el momento y de qué manera eso influirá en lo que se propone hacer en el futuro. (Julie Farkas)

Tenemos mucha interacción con las entidades a las que otorgamos fondos para asegurarnos de recibir informes bien concebidos. La mayoría de las organizaciones sin fines de lucro redactan buenos informes, pero a algunas les cuesta cumplir con el calendario de presentación. Volcamos la información de los informes en un documento interno (el resumen informativo sobre el aporte) que se entrega a la junta directiva y al personal. Un formulario de evaluación final permite al ejecutivo del programa determinar en qué medida se cumplieron los objetivos de la organización sin fines de lucro. Siempre respondemos cuando nos envían el informe final. Enviamos una carta en la que acusamos recibo del informe, realizamos comentarios sobre él y tal vez formulamos preguntas adicionales de seguimiento. Los informes dan cuenta de cómo se gasta el dinero y nos brindan conocimientos para los aportes que otorguemos en el futuro. (Marilyn Hennessy)

En muy pocas ocasiones solicitamos informes. Por la naturaleza de los proyectos que financiamos, sabremos si se cumplió el trabajo. Una forma de agradecimiento es escribirnos y contarnos qué hicieron con nuestros fondos. Valoramos que nos envíen un informe, pero no es obligatorio. (A. Thomas Hildebrandt)

¿Qué aprendieron? ¿Qué cambiarán en el futuro? Sean comunicativos. En los informes financieros, me gusta que el detalle de los ingresos y los gastos sea similar al del presupuesto original, lo que facilita la comparación. (Victoria Kovar)

Deseamos saber cómo marcha todo. ¿Hubo imprevistos? No todo sale exactamente según lo planificado. A menudo, se pueden realizar cambios constructivos al proyecto. Si hay un problema, avísennos. Podemos ayudar a rediseñar el proyecto. Como socios financieros, deseamos que el proyecto tenga éxito al igual que ustedes. (J. Andrew Lark)

En nuestra fundación, el segundo pago del aporte está sujeto al informe provisional de los primeros seis meses. Luego, se nos envía un informe de los primeros diez meses antes de que finalice el año y de que la organización sin fines de lucro solicite una renovación. Realizamos una visita a la sede de la organización entre los informes del sexto y décimo mes. La demora en la presentación de informes nos ocasiona un grave problema porque puede retrasar el pago del aporte. (Maria Mottola)

Usamos los informes para generar ideas para nuestro sitio web, incluir a las entidades a las que otorgamos fondos en nuestro informe anual e informarnos cuando hablamos con otras fundaciones y con nuestra junta directiva. No cantamos victoria en todos los casos: no deseamos que el informe final minimice las dificultades. Las entidades que reciben nuestros fondos no deben temer compartir las buenas ni las malas noticias con nosotros. Como socios, podemos ayudarles a adquirir más experiencia a través del informe. (Rick Moyers)

Analizamos dos informes: uno en la mitad y otro al final del proyecto. El de la mitad puede ser una carta de una página para mantenernos al tanto del avance del proyecto. El informe final contiene la mayor parte de la información acerca de la forma en que se gastaron los fondos y los resultados obtenidos. (Michele Pritchard)

Sólo exigimos un informe final. No requerimos informes provisionales, aunque sí valoramos que nos mantengan informados. Sin embargo, el informe final del proyecto es muy importante. Analizamos el progreso de la organización en función de las expectativas, las revisiones y los resultados descritos en la propuesta original y en nuestra carta de otorgamiento de aportes. El financiamiento futuro, ya sea para ese proyecto determinado o para otro programa, depende de ese progreso. (Karen Rosa)

Utilizamos un formulario que refleja la información de la solicitud. No queremos tomar a la gente por sorpresa. Algunos se olvidan del vencimiento del plazo para presentar los informes y es necesario recordárselos. Cuando no se presentan los informes, esto se considera un poco negativo. Para que las entidades solicitantes puedan presentar solicitudes en el futuro, es necesario que hayan cumplido con sus informes. (Lita Ugarte)

Enviamos un formulario de informes con el acuerdo de otorgamiento de aportes para que la organización sepa desde el comienzo qué esperamos recibir y cuándo. Elaborar informes no significa hacer malabares. Más bien son un proceso de aprendizaje. Tratamos de brindar una oportunidad para reflexionar a fin de que la gente piense sobre lo que ha hecho. (Nancy Wiltsek)

¿Qué busca específicamente en un informe sobre los aportes?

Los informes varían según el tipo de aporte e institución, en función de la naturaleza del trabajo que financiamos y la duración del proyecto. La mayor parte de nuestro trabajo se relaciona con la defensa y promoción de derechos y la elaboración de políticas. Solicitamos a las entidades que reciben aportes información específica sobre: 1) el trabajo realizado para alcanzar las metas y los objetivos del aporte, incluso cualquier cambio en los objetivos o la estrategia presentados en la propuesta original; 2) si la entidad cobró un impulso tangible o tuvo resultados en la política institucional, en su caso; 3) objetivos u oportunidades imprevistas y la forma en que se abordaron; 4) una descripción de su perspectiva de progreso con respecto a su obra; 5) una explicación detallada acerca de la manera en que se gastó el dinero; 6) materiales y publicaciones producidas; y 7) estados financieros auditados. (Robert Crane)

Gran parte del trabajo que hacemos no es para nada sencillo. Solicitamos dos tipos de informes. Cuando no se trata de una contribución para un "programa", deseamos saber cómo se gastaron los fondos y qué resultados se obtuvieron. En el caso de las contribuciones para programas, elaboramos preguntas específicas que nos deben responder al final del período del aporte. En realidad, sólo pedimos que sean concisos y que se circunscriban a los resultados reales y a los pasos concretos a seguir. Deseo saber qué salió mal y qué deberíamos hacer para solucionarlo. (David O. Egner)

Un informe sobre aportes debe vincular el proyecto con los objetivos que se pueden medir identificados con anterioridad. Además, tiene que ser preciso y concreto. Deseamos saber si el aporte marcó una diferencia. (Bruce Esterline)

Estudiamos el proceso (o rendimiento) y los resultados. ¿Ha contratado a la persona que iba a emplear? ¿Ha puesto en marcha el programa? ¿A cuántas personas ha prestado servicios? En adelante, esperamos que nos den información sobre dos o tres resultados, no diez. (Julie Farkas)

Hacemos tres preguntas básicas: 1) ¿Cuáles son los objetivos del proyecto? 2) ¿Qué actividades realizará la organización sin fines de lucro para lograr esos objetivos? 3) ¿Qué indicadores miden el éxito? Pedimos un informe de actualización sobre esas tres preguntas básicas y un detalle de cómo se gastaron los fondos. (John Goldberg)

Esperamos recibir un informe dentro del plazo estipulado sobre las actividades y los resultados del proyecto. No tiene que ser formal, pero debe ser completo y referirse a todos los objetivos que se describieron en la propuesta y el acuerdo de otorgamiento de aportes. (Carol Kurzig)

Queremos saber si el programa se desarrolló según lo planeado. Y si eso no ocurrió, también deseamos conocer los motivos. (J. Andrew Lark)

Solicitamos un informe muy sencillo que describa qué hizo la organización con nuestros fondos, cómo se gastaron y si los resultados fueron eficaces. ¿Se cumplieron sus expectativas? En realidad, estamos reformulando nuestras pautas de presentación de informes para facilitar a la entidad que recibió los fondos la tarea de brindarnos la información exacta que queremos. (Ilene Mack)

En función de los informes, esperamos obtener los siguientes datos: 1) si la organización está llevando a cabo el proyecto según lo expuesto en la propuesta; 2) cómo se integra el programa con la institución; 3) cómo la organización aprovechó los fondos de Kellogg; y 4) qué otros acontecimientos han ocurrido en forma concomitante con este aporte en cuanto a normas sobre información, prácticas u otros programas. (Marvin McKinney)

Esperamos que nos brinden una descripción coherente de lo que ocurrió con el proyecto y que nos rindan cuentas de cómo se gastó el dinero. (Rick Moyers)

Enviamos con anticipación cuatro o cinco preguntas a la entidad que recibe los fondos. Queremos saber si algo no funcionó y por qué, y si es posible hacer cambios provisionales. (David Odahowski)

Deseamos analizar en qué medida concuerdan la aplicación de los fondos y la propuesta: ¿hay coincidencia entre lo que se propuso y lo que realmente se hizo? No queremos un informe de cincuenta páginas. (David Palenchar)

Nos interesa saber qué se aprendió en este proyecto. ¿Qué resultó instructivo y de qué manera se está modificando el proyecto para aplicar lo aprendido? Se trata de corregir constantemente sobre la marcha. Muy a menudo, las entidades que recibieron los aportes temen admitir algo que, según ellos, la fundación no quiere escuchar. (Christine Park)

La presentación de informes no debería ocasionarle costos adicionales a la organización ni debería llevarle mucho tiempo al personal. (Michele Pritchard)

Utilizamos un formulario muy simple en el que la entidad que recibe los fondos informa lo que se planificó en función de las actividades realizadas y los resultados obtenidos. Este formulario genera opiniones encontradas. A algunos les gusta porque es concreto. Otros consideran que los limita demasiado o los hace perder el matiz de lo que hacen. Creen que no requiere suficiente descripción y que se concentra demasiado en las cifras. Pero siempre es posible brindar una explicación adicional. (Elizabeth B. Smith)

Además de la información básica, ¿qué otros datos debe contener la propuesta?

Buscamos detalles sobre la sustentabilidad y los riesgos de ejecutar el proyecto. Queremos que la entidad que solicita los fondos sea sincera y no le dé un toque positivo, poco realista, al programa o al proyecto. Nuestra fundación no teme asumir riesgos. (Julie Brooks)

Deseamos ver que la organización quiera lograr un cambio social sistemático a largo plazo, así como estrategias y un cronograma de la ejecución del proyecto. (Robert Crane)

La organización sin fines de lucro debe ser muy clara sobre el monto que necesita de nosotros, el objetivo para el que se requieren los fondos y el período en que se utilizará el aporte. (David O. Egner)

Lo primordial es quién eres y qué pides. Es desalentador leer toda la propuesta y no entender qué desea la entidad solicitante. Además, nos interesa comprobar que la junta de la organización sin fines de lucro apoya este proyecto desde el punto de vista administrativo y financiero. (William V. Engel)

La propuesta debe incluir un planteamiento convincente de la necesidad a la que responde el proyecto para su comunidad en particular. Debe mencionar la población destinataria. Tiene que ser directa, clara y realista. (Julie Farkas)

Debe ayudarme a visualizar qué vería al entrar a la sede de la organización. (Laura H. Gilbertson)

La propuesta debe ser una declaración sucinta, de una o dos páginas, de lo que necesita. (A. Thomas Hildebrandt)

La propuesta debe expresar la necesidad al comienzo y sin rodeos: "Solicitamos X cantidad de dinero para este proyecto que hará X cosa". De esta manera, es posible ubicarse en el contexto enseguida. Solemos pedirle a la entidad que solicita el aporte que abrevie el texto de la propuesta y que presente la información compleja de manera que sea visualmente atractiva. Para lograrlo, se pueden utilizar viñetas o gráficos. Les pedimos a los solicitantes que no usen la jerga de la organización. (Victoria Kovar)

Debe indicar lo que la organización considera el éxito para el proyecto y para la entidad. Además, tiene que describir la actividad que lleva a cabo. El programa debe ser sólido y poseer una organización sólida que lo respalde. (Karen Rosa)

El documento debe ser un todo absolutamente integrado y sin fragmentos dispares. Algunas propuestas parecen haber sido escritas por cinco personas, lo que tal vez sea así, pero deben guardar uniformidad. (Leslie Silverman)

Necesitamos saber si la entidad dispone de recursos organizativos para responder a la necesidad. Eso incluye al personal, el establecimiento y las finanzas. También queremos comprobar que haya apoyo local. (E. Belvin Williams)

Cuenten su historia y aválenla con datos. Me interesa que la propuesta sea personalizada, pero breve. (Nancy Wiltsek)

¿Qué hace que una propuesta se destaque?

Es útil recibirla con bastante anticipación a la fecha del vencimiento del plazo. Las entidades que solicitan fondos deben ponerse en nuestro lugar y pensar un poco sobre lo que intentamos hacer. Tenemos un empleado que debe registrar todas estas propuestas. Son demasiadas cosas para una sola persona. Si una solicitud llega el último día o dos días antes de esa fecha, el proceso se hace mucho más lento. Eso podría hacer que la propuesta no reciba un análisis tan detallado como debería. Si no fuera por este aluvión de solicitudes de último momento, tendríamos todas las propuestas registradas y eso nos daría más tiempo para leerlas con detenimiento, a un ritmo lento, y nos permitiría reflexionar sobre ellas. (William V. Engel)

Un planteamiento convincente de la necesidad a la que responde el proyecto seguido por una clara respuesta del programa con rendimiento y resultados que se puedan medir. Además, quien redacta la propuesta debe vincular el proceso directamente con los resultados. (Julie Farkas)

La claridad es muy importante y ayuda al lector a visualizar el programa. Los redactores de las propuestas deben evitar la "palabrería", es decir, señalar repetidas veces en términos generales la importancia del programa sin brindar detalles que respalden tal afirmación. (Laura H. Gilbertson)

Claridad: la propuesta debe explicar qué diferencia marcará el proyecto y para quién. ¿Qué habrá de diferente al final del período del aporte? ¿Para qué se usará el dinero? ¿Cuál es la relación entre el presupuesto y las actividades que se describen? (Marilyn Hennessy)

Queremos ver qué tan amplio es el beneficio práctico que se logra con el proyecto. La capacidad de describir tanto los efectos inmediatos como el efecto dominó es muy importante. (A. Thomas Hildebrandt)

Recomiendo destacar el contenido más que la forma. (Robert Jaquay)

Las mejores propuestas no sólo describen un problema muy específico, sino que también aportan una solución adaptada al caso particular para hacer frente a los elementos singulares de ese problema. El lector debe comprender que si la organización hace lo que dice, es probable que tenga una repercusión. Muchas propuestas incurren en el error de ser muy generales en la descripción de los problemas que enfrentan y, en consecuencia, las soluciones que proponen son menos plausibles. (Matthew Klein)

Claridad y brevedad. Hay que utilizar un lenguaje sencillo que sea fácil de comprender. Es muy recomendable que quien escribe la propuesta elimine palabras superfluas. (Victoria Kovar)

La propuesta debe ser concisa; en su mayoría, son muy largas e incluyen demasiada información secundaria. Además, debe contener un presupuesto sólido claramente vinculado con la descripción. Quienes redactan la solicitud deben utilizar bien los testimonios, pero de manera selectiva. No necesitamos detalles demasiado específicos o amplios acerca de la historia de la organización. (Carol Kurzig)

La propuesta debe ser breve, concisa y clara. El formato no es tan importante como el contenido. (Maria Mottola)

Debe darnos información desde la perspectiva financiera y desde la opinión sincera de la organización. (David Palenchar)

No necesitamos bombos y platillos, ni una presentación elegante, ni fotos. No queremos videos; nadie los mirará. No queremos otorgar aportes a personas que saben elaborar propuestas sofisticadas. Queremos brindar apoyo financiero a personas que sepan lo que la comunidad necesita y merece. Nos interesa que la entidad que solicita los fondos nos diga por qué su programa hará que Miami-Dade sea un lugar mejor o cómo va a fortalecer a la comunidad y de qué modo nos facilitará la vida y el bienestar. (Ruth Shack)

Si la propuesta está bien escrita, resulta mucho más atractiva para el lector y se ubicará entre las primeras de la lista. Se destacará. El diseño suele ayudar, pero la propuesta debe ser razonable. No nos agrada leerla y luego preguntarnos a qué se dedica la organización. La propuesta debe expresar las metas y los objetivos del programa con claridad. Con relatos y ejemplos, será más persuasiva. Estos elementos subrayan que se trata de personas que donan a otras personas.
(Bob Wittig)

¿Puede brindarnos algún otro consejo para que la propuesta tenga éxito?

Envíen la propuesta con tiempo, asegúrense de que su solicitud esté completa. No esperen a último momento. (Kathleen Cerveny)

Para que la propuesta se destaque, debe demostrar que el programa es eficaz, bien administrado y que la organización es eficiente. (Rene Deida)

No se explayen demasiado en lo imperiosa que es la necesidad y lo importante que es su trabajo. (William V. Engel)

Usen la propuesta como un medio para exponer su situación de manera concisa y persuasiva. (Julie Farkas)

Claridad, claridad, claridad y brevedad, brevedad, brevedad. Vayan al grano. Eviten el exceso de palabras. Sean persuasivos, muestren su carácter. Pedimos que expresen en muy pocas palabras los datos sobre su actividad, sus objetivos y los sentimientos en que se basan. Desarrollen esa sensación de dinamismo. (David Ford)

Presten atención a los detalles. Revisen y corrijan su propuesta. Verifiquen que los cálculos del presupuesto sean correctos. A veces, tenemos la impresión de que el presupuesto del proyecto de la organización sin fines de lucro se basa en el monto que solicitan y no en el costo real del proyecto. Escriban el nombre de la institución filantrópica sin errores. (Laura H. Gilbertson)

Al escribir, en el primer párrafo mencionen qué están solicitando. A veces, quien redacta la solicitud se va por las ramas y olvida cuál es el objetivo. Tengan en cuenta al destinatario de la propuesta. No la están elaborando sólo para nosotros, sino también para los miembros de la junta, que tal vez no sean profesionales en su área de trabajo. Supriman la jerga. (John Goldberg)

Describan otros enfoques que se complementan con el suyo para ayudarnos a entender el contexto en el que operan. Una recomendación muy práctica y común: incluyan títulos en las secciones de la propuesta para que el lector siga con más facilidad el hilo de la presentación. (Matthew Klein)

Tenemos que poder leer el proyecto rápido y explicárselo a nuestros colegas de manera sucinta. Además, debemos ser capaces de justificar la propuesta. Debe evitarse cualquier obstáculo que me dificulte defender el proyecto. Las carpetas elegantes y los informes anuales de apariencia llamativa pueden ser contraproducentes. (Maria Mottola)

Recuerden mencionar al principio de la propuesta cuál es la necesidad y qué solicitan. No escondan esa información en la página 10. Asegúrense de que la propuesta sea fácil de leer. Para las empresas, es útil que la organización sin fines de lucro exprese alguna vinculación con la compañía. Expliquen de qué manera el área de trabajo, los voluntarios y la zona geográfica se relacionan con la empresa. (Christine Park)

A veces, las entidades que solicitan aportes dan por sentado que quien analiza la propuesta conoce ciertos datos. Esto puede ser un error, incluso si se trata de una institución filantrópica que les otorgó fondos en el pasado. Infórmennos cómo funciona su programa, quiénes participan y cuáles son las cifras. Respondan a las preguntas de la fundación con claridad y sinceridad. (Elizabeth B. Smith)

Le pedimos a la entidad que solicita el aporte que nos cuente qué problemas administrativos enfrenta la organización y cómo se están abordando. Esperamos que la entidad sea abierta y sincera con nosotros sobre este tema. Contribuye a consolidar la confianza entre la entidad y la fundación. (Nancy Wiltsek)

Algunas solicitudes están literalmente apiñadas en cada página; esto hace que resulten muy difíciles de leer. Dejen márgenes y espacios en blanco para facilitar la lectura de la propuesta. Además, no penalizamos a una organización si no utilizan todas las páginas destinadas a la descripción del proyecto. ¡A veces, menos es más! (Bob Wittig)

Además de la información básica, ¿el apéndice debe contener otros materiales?

Deseamos saber si la junta ha brindado apoyo financiero para el proyecto y qué porcentaje del total aportará. Nos interesa ver el plan estratégico, pues nos permite comprobar cómo el plan de crecimiento y expansión se ajusta a la propuesta. (Danah Craft)

Nos gustaría conocer cuáles han sido las principales instituciones que han aportado fondos en los últimos cinco años y el total acumulado de su apoyo financiero. (Robert Crane)

Nos interesan los siguientes documentos: 1) organigrama; 2) tabla de contenidos del manual de la junta; y 3) resumen del plan estratégico de la organización. También me gusta ver recortes de periódicos. A veces, muestran una visión de la organización diferente a la de la propuesta. (Laura H. Gilbertson)

El listado de los miembros de la junta es importante para nosotros. Lo revisamos para saber a qué integrantes de la junta conocemos. (A. Thomas Hildebrandt)

Esperamos no ser la única fundación que le brindará apoyo financiero y que la organización esté solicitando aportes a muchas instituciones filantrópicas a la vez. Los solicitantes deben suministrar una lista de otros posibles donantes institucionales y su situación actual. (J. Andrew Lark)

Necesitamos los antecedentes profesionales del personal clave, de un párrafo de extensión cada uno. Además, los videos y los DVD nos dificultan la tarea y no ayudan, así que es preferible no incluirlos. (Maria Mottola)

Debe incluirse una copia de la Inscripción en el Estado de Florida. (Ruth Shack)

¿Puede explicar qué función cumple su sitio web en sus procedimientos para el otorgamiento de aportes filantrópicos?

¡Es asombroso! Recibimos 16.000 visitas en comparación con 600 solicitudes de información en años anteriores. (David O. Egner)

Hace diez años que tenemos nuestro sitio web y resultó ser un enorme cambio positivo para nosotros. A esta altura, la mayoría de las organizaciones sin fines de lucro tienen y utilizan Internet, y pueden encontrar información sobre nuestra entidad de forma rápida y sencilla. En las propuestas que recibimos en la actualidad, es evidente que casi todos siguen nuestras pautas para solicitar aportes, que pueden consultar en el sitio web. (Bruce Esterline)

Nuestro sitio web nos sirve para comunicarnos. Es muy útil. Si lo lee detenidamente, comprenderá qué estamos buscando. (David Ford)

Estamos trabajando en el desarrollo de un sitio en Internet. Reconocemos la importancia de contar con él y estamos intentando diseñarlo en forma bien pensada. (Jane Hardesty)

No tenemos un sitio web. La próxima generación de nuestra junta puede ocuparse de esto. (A. Thomas Hildebrandt)

Nuestro sitio en Internet es claro en sus contenidos a fin de brindar una lista de aportes aprobados y pautas de financiamiento para las entidades interesadas en solicitar fondos. (Leslie Silverman)

Hace mucho tiempo que tenemos un sitio en Internet, pero se volvió a diseñar hace algunos años. Desde entonces, he descubierto que la gente lo visita y lo usa más a menudo. Nos llegan más propuestas adecuadas a nuestra organización. Antes, recibíamos una cantidad mayor de solicitudes inadecuadas porque la gente desconocía qué financiábamos o cómo presentar la solicitud. Ahora, gracias a Internet, hay menos excusas para ignorar estos datos. (Karen Topakian)

Nuestro objetivo es ser minuciosos y compartir información sobre nuestra organización y nuestros intereses. Hacemos esto a través de nuestro sitio en Internet. (Lita Ugarte)

Con el sitio web, se ha reducido mucho la cantidad de solicitantes que no se ajustan a nuestras pautas. Ya hemos recibido 88.000 visitas. (Nancy Wiltsek)

¿Su fundación o empresa donante acepta materiales relacionados con el proceso de solicitud en formato electrónico?

No aceptamos cartas de intención o propuestas en este formato a fin de proteger la información confidencial sobre las organizaciones sin fines de lucro que se comunican con nosotros. (Robert Crane)

Podemos editar documentos en conjunto con la entidad solicitante por correo electrónico. De todos modos, solicitamos la copia impresa de los documentos adjuntos a la propuesta. (David O. Egner)

Las presentaciones electrónicas son mejores para las cartas de intención, pero este formato no funciona tan bien para elaborar una propuesta integral. No resulta adecuado por varios motivos: 1) hay problemas con el formato, que suele hacer que el documento sea difícil de descifrar; 2) la gente escribe una propuesta en línea de manera críptica, como si fuera un mensaje de correo electrónico; 3) a la larga, suele llevar más tiempo analizar una presentación por Internet porque hay que pedir mucha información que no se incluyó en el original. (Bruce Esterline)

No hemos llegado a eso todavía. Si así fuera, tendríamos que imprimir todo por nuestra cuenta para crear un archivo impreso. (Julie Farkas)

Aceptamos cartas de intención y propuestas en formato electrónico, ¡y funciona muy bien! (Marilyn Gelber)

Necesitamos el documento final y los documentos adjuntos en formato impreso. No podemos distribuir las propuestas en formato electrónico a la junta directiva, pues algunos miembros utilizan la computadora más que otros. La mayoría de ellos prefiere leer las solicitudes en forma impresa. (Laura H. Gilbertson)

Hemos comenzado la transición y les damos a los grupos la opción de presentar la solicitud en línea. Creo que todavía faltan algunos años para que aceptemos todos los documentos en formato electrónico. Mientras tanto, tratamos de adaptar nuestras propias prácticas; la mayoría de los directores de nuestros programas todavía prefiere tener una copia impresa en mano. (David Grant)

Solicitamos varias copias de la propuesta, los informes de auditoría y documentos financieros o de otro tipo, pero no los aceptamos en formato electrónico. Si envían información adicional mientras se analiza la propuesta, aceptamos estos materiales en formato electrónico. (Marilyn Hennessy)

Aceptamos todo en formato electrónico. Llevamos un control en una planilla de Excel. Las copias electrónicas facilitan el control de todos los documentos. (Matthew Klein)

Gran parte de nuestro trabajo previo a la presentación es por correo electrónico: el borrador de la solicitud y las modificaciones a la propuesta. La presentación oficial todavía se hace por correo. (Victoria Kovar)

Sí, absolutamente. Hemos observado un aumento en la cantidad de presentaciones electrónicas que recibimos. Sin embargo, la mayoría de las presentaciones todavía se envían por correo porque brindamos apoyo financiero a muchas organizaciones pequeñas. Además, apreciamos que nos envíen varias copias. Lo ideal es recibir una versión electrónica y varias copias impresas. (Carol Kurzig)

No necesitamos la propuesta tan rápido. Podemos esperar la copia impresa. Una vez que la solicitud se presentó, la información que falta puede enviarse por correo electrónico. Preferimos no recibir solicitudes por correo electrónico o fax. (Ilene Mack)

Las presentaciones electrónicas tienen sus ventajas y desventajas. El correo electrónico crea una presión de responder que no generan las cartas en papel. El correo electrónico implica una urgencia que no requiere tanta reflexión, sino una respuesta rápida. Tengo una relación amor-odio con el correo electrónico. (Christine Park)

Tengo sentimientos encontrados en cuanto a las presentaciones electrónicas. Después del huracán de 1992, recibimos propuestas escritas con lápiz en hojas de cuaderno. Las aceptamos y las financiamos. (Ruth Shack)

Estamos trabajando en esa dirección. En el pasado, no pensábamos que nuestra propia tecnología era lo suficientemente confiable. Además, nos preocupaba la brecha digital, que disminuye con el transcurso del tiempo, pero queremos estar al tanto de las posibles diferencias en cuanto al acceso a la tecnología. Cuando las propuestas estén completamente en formato electrónico, será más fácil compartirlas con la junta. De todos modos, siempre aceptaríamos las propuestas por correo, para que sea justo para todos. (Karen Topakian)

Sí, una vez que se ha aceptado la propuesta para que la analice la junta. Con respecto a la propuesta inicial, me gusta ver qué me envía la organización. De esa manera, tengo una idea de quiénes son y cómo operan. Una copia impresa permite observar la naturaleza cualitativa de la organización. (Nancy Wiltsek)

¿Utiliza el correo electrónico para comunicarse con las entidades que solicitan aportes?

Como el 90% de las entidades que solicitan fondos cuenta con tecnología actualizada, el correo electrónico marca una gran diferencia. (Peter F. Bird, Jr.)

Sí, el correo electrónico permite dar respuestas rápidas. Sin embargo, el riesgo de utilizar el correo electrónico y responder rápidamente es que estos mensajes no suelen redactarse con exactitud. Se debería usar el mismo nivel de precisión para escribir un mensaje de correo electrónico que para redactar una carta. (Robert Crane)

Nos comunicamos cada vez más por correo electrónico. Me gusta saber con anticipación que un documento llegará por correo electrónico. (David O. Egner)

Recibimos bastantes pedidos de información por correo electrónico, tal vez la misma cantidad que por teléfono. Tenemos respuestas estándar para algunas preguntas. (Laura H. Gilbertson)

Las organizaciones sin fines de lucro pueden enviar sus cartas de intención como archivo adjunto a un mensaje de correo electrónico. Esta es una parte informal de nuestro proceso. Queremos ahorrar tiempo a los solicitantes en la redacción de la propuesta completa, y lo hacemos a través de la carta de intención. Después de leerla, podemos desalentar a aquellas entidades que no son compatibles con nosotros y brindar orientación a las que sí lo son. En última instancia, nuestro objetivo es recibir una buena propuesta, con detalles suficientes y con muchas posibilidades de obtener fondos. (Marilyn Hennessy)

Facilita las cosas. (Ilene Mack)

Me temo que es otra distracción. Se vuelve abrumadora. (Maria Mottola)

Utilizamos el correo electrónico para intercambiar información sobre cambio de domicilio, números de teléfono o personal, y también para pedir indicaciones sobre cómo llegar a la sede para una visita. (Michele Pritchard)

Usamos el correo electrónico para avisar al solicitante que estamos analizando su propuesta, solicitar información adicional, formular preguntas y dar respuestas, e intercambiar información. (Lita Ugarte)

¿Qué busca cuando analiza las propuestas?

Observamos cómo se alinea el programa con diez indicadores: 1) ¿El programa es compatible con los intereses de la fundación? En nuestro sitio web y en nuestro informe anual, se pueden encontrar ejemplos de aportes anteriores. 2) ¿Es este proyecto viable? ¿Es una copia de otro proyecto financiado? 3) ¿Se trata de un proyecto que podría reforzar los efectos positivos de otro aporte que hemos otorgado? 4) ¿Se obtienen algunos ingresos en relación con el proyecto? 5) ¿Se necesitan canales de comunicación, como sitios web o medios de difusión? 6) ¿Se necesita asistencia técnica? 7) ¿El proyecto cuenta con un componente de evaluación? 8) ¿Se puede comprobar que hay colaboración? 9) ¿Qué repercusión tendrá el aporte en la comunidad? 10) ¿Qué porcentaje del proyecto nos solicitan financiar? ¿Somos la institución filantrópica más grande, la única, estamos a la altura de otra fundación o somos una de varias? (Julie Brooks)

Deseamos participar en proyectos que sean compatibles con nuestro objetivo filantrópico, que marquen una diferencia en la comunidad y que también sean convenientes para la organización sin fines de lucro. (Danah Craft)

Analizamos las estrategias del programa y la trayectoria de la organización de manera muy exhaustiva, y dedicamos un tiempo considerable a los presupuestos. Muy a menudo, el presupuesto de la organización es muy poco adecuado al trabajo que se presenta en la parte descriptiva. Los presupuestos suelen informar mucho más sobre las prioridades de una organización que la descripción de la propuesta. (Robert Crane)

Gran parte de nuestras decisiones se reduce a seis áreas de riesgo. Si los tres factores iniciales están presentes, hay una probabilidad del 75% de obtener el aporte. Si falta alguno de ellos, la probabilidad baja al 33%. 1) ¿Tiene el proyecto un defensor? En algunos casos, hay un defensor interno y uno externo. 2) ¿Cuál es la relación con la fundación? ¿Tenemos una relación sincera de gestión? ¿Conocemos al director ejecutivo y/o los miembros de la junta directiva? ¿Podríamos ayudar a identificar las conexiones entre las actividades para sugerir con qué otra persona pueden conversar sobre esos temas? 3) ¿La fundación tiene alguna estrategia de salida? Dado que no podemos financiar ningún proyecto eternamente, ¿tenemos alguna manera de desligarnos de manera inmediata o eso nos va a llevar una década? 4) ¿Qué solidez financiera tiene la institución? ¿Tiene la capacidad para dirigir programas? 5) ¿Es sólida la idea del programa en general? ¿Es razonable? 6) ¿Qué calificación general de riesgo tiene? Usamos un sistema de "rojo, amarillo, verde" en nuestras recomendaciones a la junta directiva. El verde significa que el proyecto está recomendado. El amarillo quiere decir precaución. El rojo significa que hay un motivo para detenerse y conversar más sobre esta propuesta.
(David O. Egner)

Nos concentramos en el proyecto. ¿Está bien diseñado? ¿Es razonable? ¿Resiste un análisis crítico? ¿Tiene la organización la capacidad de llevar a cabo el plan? ¿Cuenta la organización con los recursos financieros necesarios para comenzar y mantener el proyecto? ¿De dónde conseguirá el dinero? ¿Quién financiará el proyecto a largo plazo? (Bruce Esterline)

Verifico si la misión de la organización es compatible con los intereses de la familia Smith. ¿Tiene un personal directivo sobresaliente? ¿Son emprendedores sociales? ¿Demuestra el grupo entusiasmo por la actividad que realiza? Me doy cuenta al verlo. (David Ford)

Lo que es clave para mí es que la organización esté apasionada por su trabajo. Quiero ver más una historia de éxito que de fracaso. Podemos ayudarle a que esto se haga realidad. (David Odahowski)

Busco coherencia en las políticas, las metas y el rumbo de la fundación. Es posible que los solicitantes que trabajan bien pero que no se ajustan a la actividad de la fundación no pasen esta primera evaluación. Estudio su trayectoria, su repercusión y que no haya duplicación de servicios. Analizo de manera más minuciosa a las organizaciones nuevas. Estadísticamente, menos del 50% de las solicitudes llegan a manos de nuestros fiduciarios. De ellas, entre el 60 y 70% ha recibido financiamiento antes. Luego, viene el análisis financiero. Estudio el tipo de organización y la manera en que sus costos administrativos se relacionan con los costos de sus servicios y su programa. Observo los saldos de los fondos y los balances. ¿Los activos muestran aumentos o reducciones? Pedimos la información financiera de tres años para este fin específico. También analizo el desglose de las fuentes de financiamiento. Por último, hago dos preguntas: 1) Personalmente, ¿extenderías un cheque a nombre de esta organización? 2) Si esta organización cerrara, ¿le importaría a alguien? (David Palenchar)

Buscamos una oportunidad de promover nuestra misión al brindar apoyo financiero para buenas obras. Es muy importante que el programa/proyecto sea consistente y que haya una sólida estructura organizativa que lo respalde. (Karen Rosa)

¿En qué concuerda con nuestra misión general? ¿Cuál es el grado de solidez de la organización? ¿Cuál es la perspectiva de futuro de la organización? Analizo la lista de los miembros de la junta directiva y los aspectos financieros de la entidad. (Ruth Shack)

¿Hay compatibilidad con la estrategia de la fundación, que incluye las áreas geográficas específicas que se describen en el sitio web? ¿Quiénes son los socios clave que dedican recursos, tiempo o conocimientos técnicos al proyecto? Además, evaluamos la capacidad de la entidad que solicita los fondos para llevar a cabo el proyecto, en especial con los aportes más considerables. ¿Tiene personal suficiente y competente para manejar el proyecto? (Leslie Silverman)

Después de que una evaluación inicial indica que la propuesta cumple con nuestras pautas, observamos en mayor detalle la calidad de la organización y el programa. ¿Cómo se estructura, quiénes participan y qué resultados tiene? ¿Cómo es la administración de la organización? ¿Cómo funciona la junta? ¿Cómo influye la diversidad dentro de la junta directiva y el personal en la eficacia de la organización? ¿Cómo se reflejan las comunidades destinatarias de los servicios en esta diversidad? ¿Cuál es la situación financiera de la organización y su necesidad de recursos? ¿Qué rol cumple la organización en su comunidad? (Elizabeth B. Smith)

Primero, debo asegurarme de que cumplan con nuestras pautas en cuanto a la antigüedad y el presupuesto de la organización solicitante. Luego, estudio el tema que abordan. ¿Se trata realmente de un cambio social? ¿Se trata de algo que consideramos importante? ¿Qué hacen y cómo lo hacen? ¿Es razonable que este grupo de personas pueda lograrlo? También me fijo que el texto no contenga jerga que sólo comprenda o conozca alguien de la propia organización. Y tengo mucho que decir acerca de la presentación: por favor, limiten el uso de la negrita, el subrayado y las viñetas, y que el tamaño de la letra sea, como mínimo, de 11 puntos. Luego, analizo el presupuesto. Allí encuentro siempre la información más elocuente. Lo estudiamos para comprobar si la descripción del programa guarda relación con los montos presupuestados. (Karen Topakian)

Hay cinco puntos importantes para nosotros: 1) La capacidad financiera para llevar a cabo el proyecto propuesto. ¿Suman bien los números? ¿Es suficiente el presupuesto? ¿Tiene la organización un plan de recaudación de fondos, un plan de sustentabilidad y otras instituciones que la financien? 2) Los conocimientos técnicos y generales para llevar a cabo la propuesta. ¿Hay gente capacitada? 3) Los resultados. 4) El programa es compatible con nuestras prioridades. 5) La claridad de la propuesta. ¿Está bien escrita? ¿Respondió la organización a todas nuestras preguntas? (Lita Ugarte)

¿Qué otros elementos forman parte de su proceso de auditoría?

Hablar con otras fundaciones donantes:

Si la organización ha mencionado que el donante institucional es una fundación que otorgó fondos en el pasado, queremos saber cómo resultó esa experiencia. Si se ha mencionado como un posible donante institucional, podemos pedirles que nos cuenten en qué etapa del proceso de análisis está la solicitud y qué probabilidad tienen de recibir su apoyo financiero. (Bruce Esterline)

En especial si la organización solicitante es nueva para nosotros, siempre preguntamos cuáles son las otras instituciones donantes. (Marilyn Gelber)

Además de analizar los informes financieros y de auditoría junto con la solicitud, hablamos con otros donantes institucionales para que nos den su opinión sobre una determinada organización. Y, por supuesto, visitamos la sede de todas las organizaciones que solicitan nuestros fondos. (Ilene Mack)

A veces, conversamos con otros donantes institucionales. Depende de para qué es la propuesta. Esto es más frecuente cuando tengo una pregunta sobre una solicitud pendiente ante otra institución filantrópica. (Lita Ugarte)

Comparo las notas y evalúo los riesgos. También hablo con donantes individuales. (E. Belvin Williams)

Si la entidad que solicita aportes es nueva para nosotros, converso con otras fundaciones. Quiero conocer la opinión de otros ejecutivos de programas. Hago esto después de analizar la propuesta y visitar la sede de la organización. (Bob Wittig)

Hablar con otras organizaciones sin fines de lucro con conocimientos sobre el tema:

De vez en cuando, hablo con otras organizaciones sin fines de lucro. Si tengo curiosidad por un tema, hablo con alguien en quien confío. (David Ford)

Converso con gente con la que tengo una relación desde hace tiempo. (Karen Rosa)

Pedimos referencias. (Elizabeth B. Smith)

Lo hacemos para evaluar la trayectoria y la capacidad. (Vincent Stehle)

Hablo con otras organizaciones sin fines de lucro, en especial si trabajan con la organización solicitante. Hago preguntas inquisitivas, por ejemplo, por qué el Estado dejó de brindar apoyo financiero. (E. Belvin Williams)

Otros:

Estamos pendientes de lo que se comenta en la comunidad. (Marilyn Gelber)

Suelo encontrar información relevante en el sitio web de la organización que no figura en la propuesta. (Laura H. Gilbertson)

Además de las visitas a la sede y las reuniones, los sitios en Internet brindan mucha información sobre los antecedentes y otros detalles. Dan una buena imagen de la manera en que la organización se presenta y brindan una gran cantidad de información. También consultamos a otros colegas especializados en el área para obtener datos adicionales. (Carol Kurzig)

Suelo hacer una búsqueda en Google antes de la visita a la sede para averiguar qué información hay sobre la organización. (J. Andrew Lark)

Lo primero que hacemos es una búsqueda interna. ¿Alguna vez hemos financiado a esta organización? ¿Presentaron los informes con puntualidad? ¿Dirigieron un buen programa? ¿El proyecto generó políticas? ¿Qué tipo de evaluación se realizó? ¿Tuvo buena repercusión en el público? ¿Qué enseñanzas dejó? (Marvin McKinney)

Empleamos el cuestionario del Better Business Bureau (BBB) y usamos los estándares del BBB como referencia. (Karen Rosa)

Leemos los periódicos locales que podrían contener artículos sobre las entidades que solicitan fondos a nuestra fundación. (Elizabeth B. Smith)

¿Qué función cumple la junta directiva de su institución en el proceso de análisis de propuestas?

La junta directiva lee un resumen elaborado por el personal, que puede variar de una a seis páginas, según la complejidad de la solicitud. La síntesis incluye: 1) suficiente información sobre los antecedentes de la organización para que los miembros de la junta comprendan a qué se dedica la institución; 2) algunos datos sobre nuestra relación con la entidad; 3) datos sobre el tema o problema de la comunidad que aborda este proyecto (la necesidad); 4) una breve explicación acerca de qué se trata el proyecto y para qué se pide financiamiento; 5) nuestra evaluación de la propuesta y los argumentos en los que se basa esa recomendación. (Kathleen Cerveny)

La junta directiva revisa un resumen de cada propuesta y un resumen ejecutivo. El resumen es un análisis de dos páginas de todas las decisiones y los detalles de cada deliberación. (David O. Egner)

La junta directiva analiza los resúmenes de todas las propuestas, aun cuando es probable que se rechacen. Los miembros de la junta pueden estudiar cualquier propuesta completa que deseen. (William V. Engel)

La junta recibe una síntesis de dos o tres páginas y un resumen del presupuesto. La síntesis incluye detalles del proyecto propuesto y de los objetivos que se pueden medir. Los ejecutivos de los programas cumplen la función de defensores de la entidad solicitante y responden a las preguntas de los miembros de la junta directiva. (Bruce Esterline)

Nuestra junta directiva analiza las síntesis de las propuestas elaboradas por el personal, que a veces pueden ser tan largas como las propuestas mismas. Sin embargo, pueden analizar la propuesta original si así lo solicitan. La junta es quien toma las decisiones definitivas sobre las solicitudes de aportes. (Julie Farkas)

Cuando se trata de aportes considerables de varios años, invitamos al director ejecutivo, al presidente de la junta, o a un miembro de la junta si el presidente no está disponible, y a un destinatario del programa, a una visita de una hora de

duración con nuestros fiduciarios. Después de algunos breves comentarios iniciales de la organización, los miembros de nuestra junta directiva comienzan a hacer preguntas. Por lo general, se logra un intercambio sumamente dinámico.
(David Ford)

Nos diferenciamos un poco de muchas fundaciones por el hecho de que nuestros fiduciarios son los ejecutivos del programa de las instituciones solicitantes de su zona geográfica. Para tomar las decisiones, todos los fiduciarios reciben un resumen junto con la propuesta original y los documentos adjuntos. No escribo recomendaciones. Si los fiduciarios tienen preguntas, me preguntan a mí o al fiduciario que conozca mejor la organización. Nuestro proceso implica una activa colaboración. (Laura H. Gilbertson)

Los miembros de nuestra junta directiva participan junto con nuestro director ejecutivo en las reuniones con las entidades que solicitan fondos. A fin de prepararse para las reuniones de la junta, sus integrantes reciben las solicitudes con los documentos adjuntos y las notas de la reunión. Si la solicitud es compleja, se les brinda información adicional. (Jane Hardesty)

La junta directiva adopta todas las decisiones de otorgar aportes filantrópicos. Seis semanas antes de la reunión de la junta directiva, los fiduciarios reciben resúmenes de propuestas (por lo general, de diez a doce por vez, de 20 páginas cada uno) acompañados por una papeleta que describe la propuesta y las recomendaciones del personal. El fiduciario tiene cuatro opciones: 1) aprobar; 2) rechazar; 3) solicitar el análisis de un consultor; 4) debatir. Las papeletas se envían a la oficina con anterioridad a la reunión para contar con un resumen de los votos sobre la propuesta en el momento de la reunión. Alrededor de un tercio se decide de manera unánime y dos tercios están sujetas a deliberación (no son votaciones unánimes). Este proceso de votación es una forma de estructurar el orden del día relacionado con el otorgamiento de aportes filantrópicos. Los fiduciarios reciben una lista de las propuestas que no cumplen con nuestras pautas, que se denominan 'rechazos del personal', y la junta directiva ratifica estas decisiones.
(Marilyn Hennessy)

Nuestra junta directiva está presidida por John Griffin, el fundador de la Fundación. Administra un fondo de cobertura y adopta decisiones sensatas con rapidez. También formula preguntas esenciales. Deriva en otros las actividades cotidianas, pero participa en las decisiones importantes sobre el otorgamiento de fondos. Nuestros aportes se otorgan en forma continua; por eso, no tenemos un proceso programado de análisis de propuestas por parte de la junta.
(Matthew Klein)

Los miembros de la junta directiva reciben los materiales de siete a diez días antes de la reunión de la junta. Hay un orden del día acordado para los aportes más pequeños o los rechazos recomendados. Los miembros de la junta dedican la mayor cantidad del tiempo a analizar los aportes más grandes. Leen un resumen de la propuesta con la descripción completa. Para las solicitudes de más de $100.000, invitamos a uno o dos integrantes de la organización a que vengan para contestar preguntas. (David Palenchar)

Una vez que el personal elimina las propuestas que no cumplen con nuestras pautas, los miembros de la junta directiva inician el proceso de análisis: primero, leen toda la propuesta y llenan el formulario de evaluación, que también está disponible para las entidades que solicitan aportes; luego, conversan sobre cada propuesta con los otros miembros de la junta. Por consenso, deciden qué grupos deberían invitarse a realizar una presentación. También se invita a los grupos a ver las presentaciones de otros grupos. No puedo presentar el trabajo de una organización con la misma eficacia que la persona que escribió la propuesta o un representante de esa organización. Puedo colocarlo en un contexto, pero de ninguna manera puedo presentarlo tan bien. Esa es la tarea de la entidad que solicita los aportes.

Este proceso es importante porque nuestra fundación no realiza visitas a sedes de las organizaciones que solicitan fondos. Al pedirles a los solicitantes que vengan a presentar sus proyectos ante la junta, nuestro objetivo es comprobar si pueden responder a las preguntas que tengamos sobre su proyecto y explayarse sobre puntos que no incluyeron en la propuesta por falta de espacio, o que nos informen los cambios que ocurrieron tras la presentación. Además, queremos conocer a las personas que están detrás de la organización. Es una manera de fomentar los lazos comunitarios entre la junta directiva y los presentadores. Finalmente, se los invita a presenciar las deliberaciones de la junta al final del día. De este modo, pueden escuchar con sus propios oídos las razones por las que recibieron o no recibieron los fondos. El último punto del orden del día es la evaluación de toda la sesión, a la que se invita a participar a los presentadores. Este proceso transparente y abierto es parte de nuestra política de no violencia. Realmente creemos en derribar las barreras entre la comunidad filantrópica y la que solicita aportes. (Karen Topakian)

¿Se reúne con las entidades que podrían recibir fondos? De ser así, ¿para qué?

Sí. La visita ayuda a aclarar ideas sobre el proyecto, la operación y la junta directiva de la organización sin fines de lucro. (Peter F. Bird, Jr.)

Este punto siempre ha sido de gran importancia para nosotros. En el caso de las entidades que podrían recibir fondos, siempre visitamos sus sedes en la comunidad porque sus directivos, su personal y su ubicación son factores cruciales en nuestro proceso de decisión y, en definitiva, para el éxito o fracaso del programa.
(Julie Farkas)

La relación comienza con lo que está escrito en los papeles, pero debemos llegar a conocer a la organización que solicita los aportes. La visita se realiza una vez que se ha presentado la propuesta completa. (Marilyn Gelber)

Solemos reunirnos con las organizaciones que acabamos de conocer, o cuando hay un director nuevo, personal nuevo o un nuevo programa. También es posible que solicitemos una reunión si el programa o la propuesta tienen una complejidad particular. (Victoria Kovar)

Creemos que las visitas a las entidades que podrían recibir fondos nos permiten obtener una visión clara de la organización. De esta manera, podemos conocer mejor los méritos del programa. (J. Andrew Lark)

¿Qué busca durante el transcurso de la visita a la sede?

Busco una actitud de dinamismo y entusiasmo hacia el trabajo que se realiza en la sede. Por ejemplo, me gusta cuando tratan a los clientes con respeto y amabilidad, y que el personal trabaje con miras a su objetivo y que tenga capacidad para resolver problemas. Si visito un centro de asistencia para la primera infancia, me interesa que el lugar esté limpio y sea bastante amplio para los niños. Si voy a un centro que brinda capacitación laboral para personas con bajos recursos, me gusta presenciar la clase durante algunos minutos. No recorro el establecimiento o las oficinas de una organización con un guante blanco para revisar si hay polvo, pero logro hacerme una idea más acabada acerca de si la entidad es capaz de hacer, y si efectivamente hará, aquello que se compromete a realizar en el proyecto. Nunca llego de sorpresa; eso sería una falta de consideración de mi parte. A veces, una visita a la sede puede indicar qué tan entusiasmados están con el proyecto el director ejecutivo y el personal. ¿Se trata sólo de obtener dinero para mantener las puertas abiertas o tienen pasión por su trabajo? (Anne Corriston)

Queremos ver el programa en acción y comprender qué se proponen hacer.
(David O. Egner)

El director ejecutivo decide qué es importante que observemos. Queremos ver los programas en acción y saber cuál es el ambiente de la organización. Deseamos observar las clases, si las personas están motivadas y si el lugar tiene dinamismo. Darse cuenta de esto es más un arte que una ciencia. (David Ford)

En el caso de los aportes grandes, por lo general realizamos visitas a las sedes. Nos llevamos una impresión general de la organización y de quienes la administran. Observamos el ambiente e intentamos conocer más a las personas clave de la organización y del programa. Nos interesa mucho la calidad del personal y conocer a voluntarios clave, según el caso. Además, nos formamos una idea de la capacidad de la organización para manejar el proyecto propuesto. (Carol Kurzig)

La visita a la sede es muy importante. Podemos comprobar si el programa está "inflado" para la ocasión. Nos enteramos de cosas que no podemos saber a través de la propuesta escrita. Nos llevamos una impresión acerca del clima que hay detrás de las páginas escritas. La mejor propuesta no dejará ver si hay descontento entre el personal. Pero si uno sabe observar a las personas, todo eso se advertirá en la visita a la sede. Esta visita nos permite tener una visión directa de la organización. (Ilene Mack)

Observamos el ambiente de trabajo. Si hay público en el lugar, podemos ver quiénes son, qué nivel de actividad tiene el establecimiento y cuáles son sus destinatarios. Es importante conocer directamente el trabajo que hacen. Nos formamos una idea de lo que la organización hace en concreto. (Rick Moyers)

Queremos comprobar si lo que dice la propuesta coincide con las actividades que se realizan en la sede. (David Odahowski)

¿Con qué representante de la organización que solicita los fondos desea reunirse?

Normalmente, me reúno con el director ejecutivo porque tiene la información más completa sobre el proyecto propuesto, los resultados, el presupuesto, las relaciones con las entidades colaboradoras y otros detalles importantes. Si el director ejecutivo está muy ocupado para recibirme o devolverme la llamada, eso indica que el proyecto no es tan importante o que hay otros asuntos internos que necesitan resolverse. Siempre me complace reunirme con otros miembros del personal o de la junta, pero quiero asegurarme de que el director ejecutivo esté presente. (Anne Corriston)

No existen fórmulas. Como regla de oro, quiero reunirme con las personas que realizan el trabajo. A veces, es útil reunirse con los miembros de la junta directiva. Por supuesto que el personal de desarrollo es bienvenido a la visita grupal, pero no en un rol principal. (Robert Crane)

Quiero reunirme con los gerentes principales: el director ejecutivo, el director del proyecto y un miembro de la junta directiva. El representante de la junta es importante porque este órgano es el responsable final del aporte. Me llevo una muy buena impresión si el miembro de la junta conoce la solicitud, puede hablar sobre lo que se está llevando a cabo y apoya al personal. (Bruce Esterline)

Prefiero que los directivos del programa y el personal estén en la reunión. Los voluntarios que son importantes para brindar los servicios también deben estar presentes. Y los graduados del programa son los mejores "vendedores"; por eso, las organizaciones deberían tratar de incluirlos. (Julie Farkas)

Le pedimos a la organización que no participen más de tres personas y que ellas representen a la junta directiva y al personal. Buscamos conocer más sobre el rumbo de la organización y su personal directivo. (Jane Hardesty)

Depende de la naturaleza de la propuesta. El director del proyecto y el personal pueden describir un panorama más amplio y hacia dónde apunta su labor. Según el tamaño de la organización, pedimos hablar con un representante de la junta o no. Es bueno saber que la junta directiva apoya a la organización y que tiene una participación activa. Los especialistas en recaudación de fondos parecen interferir durante estas reuniones. (Robert Jaquay)

La organización decide a quién enviar a la reunión, pero nos interesa el personal directivo, en particular los gerentes. Deseamos reunirnos con el fundador, el personal clave y los miembros de la junta. (Matthew Klein)

El director ejecutivo nos brinda una descripción general de cómo marcha todo en la organización, nos informa qué problemas enfrentan y los problemas de financiamiento. Es decir, brinda un panorama amplio. Es posible que le hagamos preguntas al director ejecutivo sobre la auditoría de la organización. También es útil conversar con un miembro de la junta sobre la frecuencia de sus reuniones y sus funciones en la organización. Les consultamos sobre sus gestiones de planificación estratégica. Es útil ver el grado de compromiso que tienen desde la perspectiva de un miembro de la junta. Esperamos encontrar una junta bien relacionada, enérgica e informada. Ese es el tipo de grupo con el que deseamos formar alianzas. Si hay un programa específico que la organización quiera financiar, esperamos que el representante del programa también esté en la reunión. Esta es la persona que está a cargo de las operaciones cotidianas del programa. Podemos evaluar si está comprometida con el programa y es capaz de dirigirlo. A veces, percibimos falta de comunicación entre el representante del programa y el director

ejecutivo en cuanto a la mejor manera de diseñar y manejar el proyecto.
(J. Andrew Lark)

Lo dejo a criterio de la organización. (David Palenchar)

Durante una visita a la sede, me interesa ver a clientes, pacientes, estudiantes o cualquier persona que recibe los servicios de la organización. Es una ventaja para la organización fijar la visita un día en que haya público; sin embargo, esto no siempre ocurre. (Karen Rosa)

Por lo general, trato de conocer a las personas clave para el proyecto que necesita apoyo filantrópico. Ellos pueden ser el director del proyecto y el director ejecutivo. Contar con la presencia de un miembro de la junta directiva podría ser útil para evaluar qué grado de sincronización hay entre la junta y el director ejecutivo con respecto a los objetivos estratégicos de la organización. En lo posible, evito reunirme con directores de desarrollo, ya que no conocen a la organización tanto como el director ejecutivo y/o del proyecto. (John Williams)

¿Qué consejos le daría a una organización sin fines de lucro que se prepara para una reunión con su fundación?

Durante la entrevista, den por sentado que la institución filantrópica ha leído la propuesta. No expliquen la información en detalle. Más bien, dediquen el tiempo para ampliar la información incluida en la propuesta. Prepárense para preguntas difíciles, en especial, sobre las decisiones de planificación estratégica. (Danah Craft)

Familiarícense con la fundación: nuestras pautas; los proyectos que financiamos; observen a las organizaciones que recibieron fondos y que guardan mayor similitud con la suya. Conversen con otras entidades que recibieron aportes y que han trabajado con la fundación. Consideren a la reunión como si fuera una entrevista laboral. Demuestren la manera en que su propuesta se ajusta a los intereses de la fundación. Intenten promover un buen intercambio de opiniones e ideas. Respondan a todo tipo de preguntas sobre su organización y el proyecto propuesto. Para concluir, identifiquen los siguientes pasos del proceso de solicitud. (Bruce Esterline)

El objetivo de la visita no es social. No pierdan tiempo buscando café y rosquillas. La reunión se refiere, en esencia, al programa. Prepárense para tener una conversación acerca de los motivos y la forma en que se medirá la eficacia. Queremos ver su programa en funcionamiento y comprender mejor su actividad. (Marilyn Gelber)

Un buen consejo es preguntar a la institución filantrópica qué preparar para la reunión, pero no hacerlo a último momento. Las personas mejor preparadas sencillamente nos demuestran que tienen altos niveles de exigencia en todo lo que hacen. No sólo deseamos conocer la obra para la cual se solicita apoyo financiero. Buscamos además que la institución demuestre que funciona con un alto nivel de eficiencia. (David Grant)

Para aprovechar al máximo la reunión, llamen a la institución filantrópica y pregunten quiénes deberían asistir. Averigüen el orden del día con antelación. Este proceso aclara dudas y brinda un contexto para la reunión, de manera que no se convierta en un acontecimiento meramente formal. (Robert Jaquay)

Bríndennos detalles sobre el modelo del programa: ¿Qué desafíos prevén? ¿Qué ventajas anticipan? ¿Qué relación tienen con otras entidades de su ámbito? Comenten los puntos fuertes de la organización y hablen con franqueza sobre sus debilidades o incertidumbres. (Matthew Klein)

Traigan materiales para avanzar en la conversación. Si corresponde, tengan a mano información financiera. Prepárense para hablar sobre la propuesta y responder a preguntas sobre ella. (Victoria Kovar)

Como los sitios web son tan informativos en la actualidad, observamos que, durante las reuniones, las entidades que solicitan aportes saben y comprenden mucho más sobre la Avon Foundation que hace cinco años. Esperamos que los grupos con los que nos reunimos estén bien informados sobre nuestros intereses, prioridades y procedimientos de financiamiento. En cualquier reunión, es importante que estén presentes las personas adecuadas. Es clave el gerente principal a cargo del programa en cuestión. Y nos interesa reunirnos con directivos que sean voluntarios, así como con el público destinatario, que describa en persona lo que significa la organización para ellos. Lo ideal es que elaboren una propuesta de orden del día para la reunión y la compartan con nosotros con antelación para que todos nos concentremos en los mismos objetivos durante nuestro encuentro y tengamos en mente plazos y metas realistas que ya estén acordados. (Carol Kurzig)

La visita a la sede debe considerarse como un diálogo constructivo que implica dar y recibir. Los representantes de la organización sin fines de lucro no deben adoptar una actitud defensiva sobre el programa. Formulamos preguntas sobre el programa para intentar evaluar cómo podría desarrollarse el proyecto. Podríamos sugerir algo como: "¿Ha considerado este aspecto?". Además del diálogo constructivo con la fundación, es importante intentar dar respuestas satisfactorias. Envíen una carta después de la visita. La visita a la sede debe llevarse a cabo un día típico de actividades normales. La institución filantrópica tiene que ser flexible al programar la visita a la sede para ver al público y reunirse con las personas que dirigirán el programa. (J. Andrew Lark)

Estén preparados y actúen con profesionalidad. Comuníquennos lo que prevén con anterioridad. Asegúrense de que haya un orden del día acordado antes de la visita. Si es posible, asegúrense de que asistan todas las personas que dijeron que irían. Trato de establecer el tono, muy informal, para que la conversación no sea forzada ni incómoda. No conviene estar nervioso. No quiero que las personas sientan que las estamos poniendo a prueba. (Ilene Mack)

Las entidades que solicitan fondos deben dar por sentado que el ejecutivo del programa ha leído los materiales y tendrá preguntas específicas relacionadas con la propuesta. Muchas veces, los representantes de las entidades solicitantes comienzan a pronunciar su discurso habitual, que a veces es largo y pesado, sin brindar la oportunidad de hacer preguntas. Es probable que vaya a la reunión con tres o cuatro consultas. En las mejores reuniones, el representante de la entidad solicitante pregunta al principio cómo debemos usar el tiempo. Además, no es conveniente repartir grandes paquetes de materiales. Ofrezcan copias en caso de que la persona demuestre interés o pida un documento. Sin embargo, no todos los ejecutivos de programas necesitan un paquete completo de información sobre la organización para cada reunión. (Rick Moyers)

Estén preparados, pero no en exceso. Es recomendable dejar que la conversación fluya. Ambas partes aprenden de la reunión y adquieren información nueva. Al finalizar este tipo de reuniones, uno tiene la sensación de haber descubierto algo nuevo e interesante y que fueron un éxito. (David Odahowski)

La organización debe estar preparada en general para responder a preguntas sobre lo que incluyó en la propuesta. Las organizaciones suelen llamar con anticipación para averiguar qué preguntará la institución filantrópica. (Elizabeth B. Smith)

¿Qué tendencias observa en la actualidad?

Control gubernamental de las fundaciones y otras organizaciones sin fines de lucro

Hay ansiedad sobre lo que ocurre en Washington. Todos nos preguntamos si impondrán requisitos adicionales a las fundaciones. (Peter F. Bird, Jr.)

Me preocupa la supervisión y el control de Washington, pero no creo que haya cambiado la manera en que operamos. Realizamos una evaluación exhaustiva de la administración y la gestión en diciembre de 2003. Estudiamos cada norma y procedimiento. Añadimos algunos puntos, como la política relativa a las denuncias internas sobre actividades ilícitas en la empresa y una declaración de principios. En cuanto a nuestro proceso de otorgamiento de fondos, ya éramos muy rigurosos. Existe un equilibrio muy delicado entre cumplir la ley al pie de la letra y, al mismo tiempo, dar a la entidad solicitante flexibilidad dentro de la misión del programa para que actúe de manera creativa. (David O. Egner)

Siempre hemos sido transparentes en nuestro proceso y nos hemos esforzado por rendir cuentas en forma minuciosa a nuestra comunidad. (Julie Farkas)

Hay un movimiento que promueve mayor transparencia y una comunicación más sincera, así como una alianza más sólida con las entidades que solicitan aportes. (Victoria Kovar)

Existe la necesidad de mayor transparencia. Es necesario que todos mantengan los gastos administrativos dentro de límites razonables. Supervisar la propia organización es conveniente, si todos lo hacemos. (J. Andrew Lark)

El control de Washington no se ha traducido en cambios en el otorgamiento de aportes. (Rick Moyers)

Me preocupa la corrupción. Hay una mayor sensibilización hacia la transparencia. La Ley Sarbanes Oxley ha conducido a una mayor rendición de cuentas. (David Odahowski)

El control de Washington ha tenido como consecuencia una mayor rendición de cuentas. (Leslie Silverman)

Transición en el liderazgo del sector

Estoy muy preocupada por el desgaste laboral del personal. Con la pérdida de personal, se pierde información histórica muy importante. Capacitar a las personas nuevas lleva tiempo y exige recursos. Si no se capacita al personal como corresponde, los llevamos al fracaso. (Julie Brooks)

Algunas personas permanecen en sus cargos demasiado tiempo porque no hay muchas oportunidades de cambio. (Robert Crane)

Debemos comenzar a concentrarnos en la transición, en especial en las jubilaciones. Tenemos que dar lugar a la próxima generación, en particular en la junta directiva. (William V. Engel)

La sucesión de los fundadores es la oportunidad ideal para la fusión armónica de organizaciones. Plantear esa pregunta forma parte de una buena planificación de la sucesión. (David Grant)

En las fundaciones en que los fiduciarios tienen vínculos con el fundador, los fiduciarios son los encargados de tomar las decisiones. Es posible que la próxima generación de fiduciarios tenga una percepción diferente de sus funciones. En las fundaciones de larga trayectoria y que tienen una relación menos directa con el fundador, mi sensación es que el personal brinda el impulso y participa mucho más en las decisiones. (Marilyn Hennessy)

Hay una falta de talento. Los directores ejecutivos tienden a agotarse. Es necesario que haya formación, reclutamiento y planes de transición para los cargos ejecutivos. (Matthew Klein)

Se trata de una cuestión generacional. Es obvio que las personas de diferentes edades aportan sus respectivas experiencias. Algunos de los jóvenes que ingresan al ámbito filantrópico poseen experiencia técnica, pero carecen de mucha experiencia práctica. Al mismo tiempo, hay un fenómeno de desgaste laboral entre los ejecutivos de edad más avanzada de las fundaciones porque la demanda externa, junto con el alto nivel de responsabilidad, produce una situación de presión. ¿Cómo podemos atraer a generaciones más jóvenes y estimular su trabajo en el sector filantrópico? Es necesario que haya una revisión de los valores fundamentales que se esperan de ellos y más capacitación para contrarrestar el desgaste laboral. (Marvin McKinney)

Sobre todo, me preocupa la estabilidad de los cargos ejecutivos. (Rick Moyers)

Los ejecutivos de la generación de la posguerra están a punto de jubilarse. Por lo general, no hay un "número dos" ni planes de transición. (David Odahowski)

Las personas no permanecen en estos cargos tanto tiempo como antes. Hay una rotación sin planificación de la sucesión. Los más jóvenes no se involucran o no les interesa trabajar por las remuneraciones que ofrecen las organizaciones sin fines de lucro. (Christine Park)

Más personas ingresan al sector inmediatamente después de terminar la universidad. Eligen la filantropía como carrera. (Michele Pritchard)

Hay una crisis en el ámbito ejecutivo. Se trata, sencillamente, de una cuestión de oferta y demanda. (Vincent Stehle)

Las organizaciones sin fines de lucro intentan atraer a personas con más capacidad y títulos académicos para que trabajen con ellas. (E. Belvin Williams)

La transición en los puestos ejecutivos es un tema muy importante para el ámbito filantrópico. (Nancy Wiltsek)

Hay cada vez más debate sobre el tema de la planificación de la sucesión. Las organizaciones sin fines de lucro deben demostrar que pueden abordarlo. (Bob Wittig)

Fluctuación de activos

Con respecto a las donaciones familiares, hay una transferencia generacional de la riqueza. Los miembros más jóvenes de la familia participan más en sus fundaciones y están cambiando el destino de sus aportes. Las generaciones mayores tienen que aprender a ceder. Todo esto causa competencia en las juntas directivas. (Danah Craft)

En la actualidad, hay más dinero en el mundo filantrópico y los aportes son mucho mayores. Esa tendencia ha llevado a un análisis más riguroso del trabajo y a la imposición de mayores requisitos de rendición de cuentas para las entidades que reciben contribuciones. (Robert Crane)

Los fondos patrimoniales todavía se están recuperando de la debacle que afectó al mercado de valores en los años 2001 y 2002. (Maria Mottola).

Hay incertidumbre sobre la continuidad de algunas fundaciones. Las fusiones corporativas reducen las bases de donantes y generan presión para todos. (Rick Moyers)

Ciertas fundaciones están cumpliendo sus compromisos financieros a largo plazo y evitan asumirlos en el futuro. Se concentran en su capacidad de otorgar aportes durante el año en curso. (David Palenchar)

Algunas instituciones filantrópicas tendrán más recursos en el futuro. Los activos están valorizándose y los fondos patrimoniales de beneficencia están aumentando. (Elizabeth B. Smith)

Una advertencia: no todos los fondos patrimoniales se han recuperado. (E. Belvin Williams)

Colaboración entre instituciones filantrópicas

Formamos alianzas con otras instituciones filantrópicas para aprovechar mejor los fondos. Nos preguntamos cómo podemos marcar la diferencia y llegar al punto de inflexión de mayor influencia. (Julie Brooks)

Las alianzas estratégicas entre las instituciones filantrópicas ocurren de manera informal en forma constante. (David Ford)

Hay cada vez más alianzas entre las instituciones filantrópicas, pues los problemas y desafíos que deseamos abordar son demasiado grandes y complejos para una sola organización. Estas alianzas no son exclusivamente públicas o privadas. Aunque algunas instituciones filantrópicas todavía desean conservar sus prerrogativas, creo que la mayoría está comenzando a trabajar en colaboración. (David Grant)

Hay mucha más cooperación entre instituciones filantrópicas. En mi opinión, esto es algo positivo. Todos tenemos algo que aprender de nuestros colegas. (Ilene Mack)

Estamos aprovechando mejor diversos recursos, como otras fundaciones, asistencia técnica e intercambio de información. (Leslie Silverman)

Las instituciones filantrópicas forman alianzas con otras fundaciones y empresas donantes para proyectos que valen la pena. (Vincent Stehle)

Aportes para fines específicos

Las instituciones filantrópicas intentan cada vez más realizar aportes que tengan un resultado que se puede medir en áreas de su interés. Otorgan más fondos para proyectos e iniciativas filantrópicas especiales, en lugar de apoyo general operativo. (Kathleen Cerveny)

Las empresas donantes otorgan fondos para fines más específicos. (Danah Craft)

Hay un enfoque mucho más específico de la actividad filantrópica en la comunidad. (Marilyn Gelber)

Las instituciones filantrópicas otorgan aportes de manera más estratégica y con mayor iniciativa. Desean marcar una diferencia con sentido orientador. En una reunión reciente, nos concentramos en analizar nuestro papel como institución filantrópica y cómo equilibrar esto con poder brindar respuestas satisfactorias a las necesidades de una organización. (Jane Hardesty)

Parece haber una tendencia entre las fundaciones a definir el problema y la solución, y a tener cada vez menos dinero para financiar las ideas creadas por las organizaciones sin fines de lucro. (Marilyn Hennessy)

Parece que se está dejando de brindar apoyo financiero a organizaciones intermediarias y se están otorgando aportes a quienes prestan servicios directos. (Ilene Mack)

Menos fundaciones aceptan propuestas no solicitadas. Esto significa que las fundaciones ya no son tan accesibles para las entidades que solicitan fondos. (Maria Mottola)

Las instituciones filantrópicas necesitan reducir las áreas en que se concentran a fin de ser más estratégicas en cuanto a sus intereses comerciales. Esto separa a las fundaciones de "las necesidades generales de la sociedad". (Christine Park)

Nosotros diseñamos, no ejecutamos. Esto requiere que la fundación y la entidad que solicita fondos comprendan claramente las expectativas. Menos donantes institucionales realizan aportes para apoyo general operativo. En ciertos proyectos, las instituciones filantrópicas son socias de las organizaciones sin fines de lucro, al tiempo que ayudan a las entidades que solicitan contribuciones a definir pautas de referencia. (Leslie Silverman)

Quisiera que más donantes institucionales brindaran apoyo general operativo. (Lita Ugarte)

Las instituciones filantrópicas están reduciendo su cobertura geográfica y concentran sus áreas de interés de manera más específica. (E. Belvin Williams)

Evaluación de la eficacia de la actividad filantrópica

¿Cómo se mide la eficacia? Le solicitamos a la entidad que solicita los fondos que nos explique cómo medirá su propia eficacia. A veces, debemos insistir para que profundicen y sean más precisos sobre lo que van a evaluar. Pero, en última instancia, nuestros aportes son tan eficaces como las personas a quienes financiamos. (Bruce Esterline)

Hay mayor interés en la evaluación de programas. Las organizaciones sin fines de lucro bien administradas están realizando esta tarea de manera más sofisticada. (David Ford)

Las instituciones filantrópicas y las entidades que reciben aportes se abocan tanto a la evaluación que hay menos recursos para los servicios básicos. (Robert Jaquay)

Las instituciones filantrópicas deben evaluar su propio desempeño y rendir más cuentas. (Matthew Klein)

Veo que hay mayor rendición de cuentas en la actividad filantrópica; pero, ¿se nota alguna diferencia concreta? (Elizabeth B. Smith)

Las fundaciones se están dando cuenta de la importancia de las evaluaciones y los resultados. En realidad, esperan que las entidades que reciben sus fondos les informen algo sobre el impacto de sus aportes. Noto que las organizaciones sin fines de lucro están intensificando sus esfuerzos en esta área. (Lita Ugarte)

Proliferación de las organizaciones sin fines de lucro

Las presiones financieras han obligado a las organizaciones sin fines de lucro a recurrir a las fusiones como una estrategia de supervivencia. Esto es un ejemplo del camino más seguro a seguir por parte de las juntas de estas organizaciones. ¿De qué manera afecta a la actividad filantrópica? Requiere sofisticación por parte de la entidad donante. Las instituciones filantrópicas pueden facilitar las fusiones, pero deben estudiar la viabilidad de una organización combinada. (Peter F. Bird, Jr.)

La proliferación de las organizaciones sin fines de lucro realmente se está convirtiendo en una carga, e implica un gran derroche de dinero. Las entidades que solicitan aportes deberían controlar su ego y trabajar juntas. (Kathleen Cerveny)

Incluso antes del 11 de septiembre, había una proliferación de las organizaciones sin fines de lucro. Muchas duplicaban los servicios en la comunidad y competían por una cantidad finita de dinero. Aún me preocupa la duplicación de los servicios y la cantidad de dinero que se utiliza en gastos generales dentro de la misma comunidad. Las organizaciones se fusionan para promover la eficiencia, pero algunas están desapareciendo. No pueden sobrevivir sin una diversidad de donantes institucionales. (Danah Craft)

Las organizaciones sin fines de lucro deben considerar las fusiones y las colaboraciones "transformadoras". ¿De qué manera diferente opera en este nuevo entorno de financiamiento? Es necesario anticiparse y pensar en el futuro. La innovación será clave en este sector en la próxima década. (David O. Egner)

Hay mayor competencia entre las organizaciones sin fines de lucro por conseguir donaciones. Hay muchas organizaciones buenas y no hay suficiente dinero. (William V. Engel)

El número de organizaciones que compiten por una cantidad limitada de dinero ha generado conversaciones sobre fusiones y uniones. Es difícil continuar de esta manera. La tendencia actual consiste en hablar sobre fusiones, aunque sin realizarlas. (David Grant)

Hay una proliferación de organizaciones sin fines de lucro, pero muchas de ellas son cruciales y realizan una buena tarea. (Maria Mottola)

No necesitamos más organizaciones sin fines de lucro. (David Palenchar)

Retiro del apoyo financiero del Gobierno a las organizaciones sin fines de lucro

Me preocupan las reducciones en el financiamiento gubernamental. Las organizaciones sin fines de lucro deben hacerse cargo de la demanda de servicios que antes brindaba el Gobierno. (Julie Brooks)

Se ha retirado el apoyo federal y estatal a los servicios básicos de la comunidad. Esto ha creado mucha presión sobre las organizaciones sin fines de lucro que brindan servicios. (Kathleen Cerveny)

Ha habido un replanteamiento continuo de las prioridades y fondos del Gobierno. Muchas organizaciones sin fines de lucro reciben un porcentaje considerable de sus recursos de fuentes gubernamentales. Por eso, la pérdida de uno o dos flujos de financiamiento público podría ser desastrosa. La privatización de tantos programas del Gobierno, algo cada vez más frecuente en nuestro sistema, muchas veces ha afectado a los programas de protección social, y lleva mucho tiempo recomponerlos. (Bruce Esterline)

Las organizaciones sin fines de lucro buscan soluciones alternativas debido al cambio en el apoyo del Gobierno. Por desgracia, las fundaciones y las personas de la comunidad rara vez pueden reemplazar por completo el financiamiento del Gobierno o sustentar las organizaciones a largo plazo. (Julie Farkas)

Ha habido una notable reducción de fondos públicos disponibles para el sector civil. Las organizaciones sin fines de lucro y el Gobierno esperan que los donantes privados suplan el vacío, pero el sector de las organizaciones sin fines de lucro carece de autoridad para establecer impuestos. Por eso, los más vulnerables recurren a su Gobierno. Un hecho pavoroso es la decisión consciente de no financiar servicios médicos o humanos. Igualmente pavoroso es el movimiento hacia la privatización. (Ruth Shack)

Hay mayor presión financiera debido a la pérdida del financiamiento del Gobierno. Las organizaciones sin fines de lucro tienen menos capital y es posible que tengan dificultades por falta de fondos. (Elizabeth B. Smith)

Con respecto a las reducciones en los fondos aportados por el Gobierno, las organizaciones sin fines de lucro deben ser más creativas y estratégicas para generar flujos de financiamiento que sean sostenibles. (Bob Wittig)

Necesidad de ampliar las bases de donantes

Como el financiamiento es tan limitado, más organizaciones compiten por los mismos fondos. (Julie Brooks)

Las organizaciones sin fines de lucro deberían esforzarse por conseguir una mayor diversidad de fuentes de financiamiento para sobrevivir a los cambios en sus bases de donantes. (Danah Craft)

Las organizaciones sin fines de lucro deben solicitar más apoyo de donantes individuales. (William V. Engel)

Con la reducción en los aportes del Gobierno, para muchas organizaciones sin fines de lucro es cada vez más difícil conseguir financiamiento sostenible a largo plazo. Al considerar enormes expansiones o campañas de recaudación de fondos para activos fijos, es crucial que las organizaciones sin fines de lucro sean realistas en cuanto a la disponibilidad de financiamiento suficiente tanto para la expansión como para la sustentabilidad de la organización. La mayoría de las organizaciones sin fines de lucro buscan en el lugar correcto —fundaciones, empresas, congregaciones, individuos— pero los fondos son muy preciados y limitados. (Julie Farkas)

Hay tantas organizaciones sin fines de lucro que solicitan dinero que las instituciones filantrópicas no pueden atender la demanda. Cada vez se hace más difícil recaudar fondos. (Marilyn Hennessy)

El dinero escasea en todas las organizaciones sin fines de lucro. (Victoria Kovar)

El sector de las organizaciones sin fines de lucro ha prestado muy poca atención a fomentar la comunicación y las habilidades para recaudar fondos. Observo esto todos los días. Estas organizaciones necesitan encontrar la forma de retener a los especialistas en recaudación de fondos. (Rick Moyers)

Las organizaciones sin fines de lucro son más creativas en cuanto a la manera en que recaudan fondos y atraen apoyo de distinto tipo. Un ejemplo es el apoyo en especie. (Lita Ugarte)

La solidez de la junta directiva y su importancia en las organizaciones sin fines de lucro

La función de una junta eficaz no puede subestimarse. Demuestra la capacidad de liderazgo de la organización. (Rene Deida)

Es cada más difícil encontrar buenos integrantes en las juntas directivas. Además, se exige un mayor compromiso de los miembros. Al mismo tiempo, las personas sostienen que no pueden desempeñarse en la junta por falta de tiempo, en especial si tienen niños pequeños. (William V. Engel)

Cada vez es más frecuente oír entre las organizaciones que solicitan nuestros fondos que comprenden la importancia de una junta eficaz, pero que les resulta difícil encontrar personas dispuestas, que puedan dedicar el tiempo necesario para abordar las necesidades de la organización en su conjunto. (David Grant)

Veo directores ejecutivos y miembros de juntas directivas mejor preparados, pero todavía se necesita mayor formación y capacitación de los miembros de las juntas. (Ilene Mack)

He notado que faltan personas de color en las juntas directivas. Debería haber mayor diversidad en las juntas de las organizaciones sin fines de lucro. (Marvin McKinney)

Las juntas eficaces son importantes, y las organizaciones no deben subestimar el papel de sus miembros. Hoy en día, se exige más de los miembros de la junta directiva. No pueden desempeñarse en este cargo de manera improvisada. (Nancy Wiltsek)

Otros comentarios

Ha habido mucho debate sobre la filantropía. ¿Es un negocio o no? ¿Debe provenir de la cabeza o del corazón? Quisiera que no olvidáramos el aspecto de servicio de nuestra actividad. Las fundaciones están trabajando con la mayor intensidad posible para actuar de manera concienzuda con respecto a los recursos con los que cuentan. (David Palenchar)

Ha aumentado la cantidad de instituciones filantrópicas que publican solicitudes de propuestas. Es necesario que haya un conjunto claro de pautas para ellas. Hay una capacidad limitada para analizar todas las solicitudes que llegan. (Elizabeth B. Smith)

Existe una sobrecarga de comunicación. Aunque la tecnología ha facilitado el manejo de las propuestas, ha simplificado sólo parte del proceso. Hay una multitud de mensajes de correo electrónico, de voz y de correspondencia. La expectativa de que las instituciones filantrópicas puedan responder en forma satisfactoria a todos ellos resulta abrumadora. (Vincent Stehle)

¿Daría alguna recomendación final a las entidades que solicitan aportes?

Es crucial forjar una relación con la institución filantrópica. (Peter F. Bird, Jr.)

La innovación será clave en este sector en la próxima década. Las entidades que solicitan aportes deben anticiparse y pensar en el futuro. (David O. Egner)

Es importante saber escuchar un "no". Deben saber cuándo detenerse y prever para el futuro. Respeten lo que se les dice. (A. Thomas Hildebrandt)

Recuerden que los ejecutivos de los programas son seres humanos. A las personas les gusta caer bien. Prefieren sus propias ideas a las ideas de otros. Buscan prestigio en su campo profesional. Al mismo tiempo, no quieren aburrirse. Les interesa trabajar en proyectos innovadores. Todo esto influye en la manera de interactuar con la fundación y en lo que piensa el ejecutivo del programa. (Matthew Klein)

Como nuestro trabajo es donar dinero, queremos que una organización llegue con la mejor idea para la comunidad, y nuestra intención es que se sientan cómodos. Las organizaciones sin fines de lucro deben tener confianza en su programa. Tengan en cuenta que deseamos ser sus socios. (Victoria Kovar)

Sean conscientes de su imagen pública. Un trabajo eficaz en un programa y una trayectoria confiable en la comunidad son más importantes que cualquier propuesta escrita. Asegúrense de que su sitio web y sus materiales impresos reflejen la identidad de su organización. (Maria Mottola)

La recaudación de fondos debe limitarse al ambiente laboral. Abordar a los representantes de las fundaciones en la tienda de comestibles los pone en una situación incómoda. Eso los obliga improvisar una respuesta. (Christine Park)

Nos facilita nuestra tarea si las entidades que solicitan fondos hacen lo siguiente: 1) llenar el formulario de solicitud; 2) brindar información actualizada en el formulario y en la propuesta; 3) verificar que funcione el sitio web; y 4) darnos datos actuales sobre las personas, como números telefónicos y extensiones. (Michele Pritchard)

Queremos en verdad estar abiertos para todos los que acuden a nosotros. Descubrimos que así conseguimos ideas nuevas. (Vincent Stehle)

Apéndice A: Modelo de propuesta

Servicios Integrales para Jóvenes y Familias

Propuesta presentada ante

THE EARLY RISER FUND

Por

William Sullivan, Presidente y Gerente General
Ronald McDonald House of New York City
405 East 73rd Street
New York, NY 10021
Teléfono: 212-639-0500
Fax: 212-744-8922
Correo electrónico: wsullivan@rmdh.org

Resumen ejecutivo

Las investigaciones demuestran que cuando los niños y sus familias permanecen juntos durante el tratamiento para el cáncer, se alivia la tensión física y emocional y, por lo tanto, aumenta la tasa de éxito en los tratamientos y la recuperación. La Ronald McDonald House of New York (RMH) ofrece un ambiente de solidaridad y apoyo donde las familias pueden permanecer juntas durante el tratamiento oncológico de un hijo y mantenerse unidas y estables en ese período de profunda crisis.

El hospedaje en nuestro establecimiento, que cuenta con 85 habitaciones, se limita a las familias que no pueden afrontar el elevado costo de alojarse en un hotel por un tiempo prolongado y que son enviadas a nuestra organización por los trabajadores sociales de uno de los doce centros oncológicos con los que trabajamos. En 2005:

- The Ronald McDonald House of New York City brindó hospedaje a 1.271 pacientes.
- se alojaron 635 hermanos en nuestro establecimiento, es decir, un promedio de 1 por familia.
- un tercio de las estadías de los pacientes se extendió por un año; otro tercio correspondió a estadías de varias semanas.

El personal y el equipo de voluntarios de RMH organizan actividades culturales, divertidas y enriquecedoras, que brindan un descanso muy necesario tras los agotadores días de tratamiento oncológico. Además, en nuestro establecimiento ofrecemos servicios educativos, como cursos de arte y manualidades, asistencia para las tareas escolares, clases de música, un programa recreativo para adolescentes y un programa de tecnología informática para jóvenes. Para ayudar mejor a estos niños y sus familias, RMH ofrece servicios de salud mental y clases para reducir el estrés, y cuenta con un capellán dentro de su personal que brinda apoyo espiritual y emocional mientras se organizan diversas actividades.

Nuestro equipo de profesionales ha identificado las siguientes oportunidades adicionales para mejorar nuestros programas y servicios a efectos de poder responder a las necesidades más complejas de nuestros huéspedes:

- contratar a un especialista en recreación terapéutica para niños enfermos a fin de que supervise las actividades de los jóvenes en la sala de juegos y profesionalice a nuestro personal para que interactúe con los niños y responda a sus necesidades;
- ofrecer nuevos servicios educativos y clases individuales tanto para los jóvenes pacientes oncológicos como para sus hermanos; y
- brindar nuevos y mejores servicios de apoyo, como talleres y materiales informativos para los huéspedes recién llegados y para quienes se alojan hace tiempo en RMH, con el objeto de ayudarlos a abordar muchos problemas relacionados con el cáncer infantil y su tratamiento.

Esperamos que The Early Riser Fund considere otorgarnos un aporte filantrópico de $50.000 para financiar nuestros nuevos Servicios Integrales para Jóvenes y Familias. Gracias a su generosa contribución, esta iniciativa ampliará y mejorará de manera considerable nuestra capacidad de responder a las necesidades de todas las familias, incluso padres y hermanos, que viven en RMH mientras un joven recibe el tratamiento oncológico que salvará su vida.

Necesidad de contar con Servicios Integrales para Jóvenes y Familias

Fundamentalmente, RMH está diseñada, tanto en su estructura física como en su misión, para brindar alojamiento y recursos físicos de costo accesible a pacientes oncológicos y sus familias durante el tratamiento en Nueva York. Con el tiempo, hemos creado una serie de servicios recreativos, educativos, de salud mental y de apoyo emocional diseñados para que las familias reciban más ánimo y apoyo durante su estadía en nuestra institución.

En la última década, las estadías de los pacientes en este establecimiento se han extendido gracias, en parte, a los nuevos medicamentos y tratamientos que prolongan la vida de los niños. Si bien las estadías más largas contribuyen a aumentar la tasa de pacientes que se curan, estamos enfrentando algunos desafíos nuevos.

En primer lugar, como las familias deciden permanecer juntas durante su estadía, que puede extenderse durante un año o más, las cargas financieras, psicológicas y educativas van en aumento. Según una encuesta realizada a los padres, algunas de las principales preocupaciones de quienes cuidan a los pacientes en nuestro establecimiento son:

- la separación de la familia; decidir quién se queda y quién viaja a Nueva York.
- los costos financieros, que incluyen pérdida de ingresos, viáticos y gastos de estadía.
- la incertidumbre o inseguridad sobre quién maneja los temas domésticos en la casa.
- la necesidad de atención y apoyo a los hermanos de los pacientes.

En segundo lugar, están los hermanos que acompañan a los niños y los padres o las personas que los cuidan durante la estadía en RMH. Los hermanos de los pacientes oncológicos, a quienes en nuestro establecimiento se suele llamar "la población olvidada", también han sufrido el desarraigo de sus hogares, amigos y escuelas, y pasan gran parte del tiempo en RMH o en el hospital. En algunos casos, la inmunodeficiencia de los pacientes oncológicos es tan grave que sus hermanos no pueden asistir a la escuela por temor al contagio de bacterias o virus. Dado que los recursos familiares están destinados en forma prioritaria al niño con cáncer y al tratamiento mismo, los hermanos a menudo se sienten ignorados y desatendidos. Muchos hermanos muestran una conducta negativa, tanto en la escuela como en nuestro establecimiento; a veces sus calificaciones bajan y su comportamiento se vuelve antisocial.

Los padres mismos no reciben suficientes servicios. Debido a las barreras idiomáticas o a la información errónea sobre el tema, muchos padres desconocen que existe una amplia variedad de recursos disponibles que podrían brindarles apoyo durante el tratamiento oncológico de sus hijos. Los padres acuden al personal del hospital y a los trabajadores sociales, a quienes no ven necesariamente todos los días, y por cierto no están disponibles durante las 24 horas, los 7 días de la semana, para identificar sus necesidades y orientarlos a otros recursos y apoyo adicional. Además, los padres están tan centrados en la salud de su hijo enfermo que no pueden cuidar su propia salud física y emocional para poder ocuparse de sus familias de la mejor manera posible.

Los huéspedes de RMH ya reciben atención de trabajadores sociales, médicos y maestros. Por eso, no es nuestra intención duplicar estos servicios. Sin embargo, RMH es un lugar donde muchos problemas salen a la luz, en parte porque se trata de un sitio donde las familias pueden distenderse y bajar la guardia. La necesidad de lograr la estabilidad de la familia y preservarla es siempre una prioridad para RMH a medida que se desarrollan nuevos programas y se mejoran los ya existentes. Para el bienestar emocional de los pacientes, sus hermanos y sus padres, así como para el éxito del tratamiento, es crucial garantizar que las familias puedan comunicarse y apoyarse entre sí mientras reciben la asistencia externa que necesitan durante este momento crítico. Es importante hacerlo en las mejores circunstancias posibles mientras los pacientes reciben el tratamiento oncológico que salvará su vida. Para crear un entorno lo más cómodo, comprensivo y productivo posible para los huéspedes, RMH se asegura de que los grupos familiares permanezcan intactos mientras están lejos de su hogar.

Descripción del proyecto: Servicios Integrales de Apoyo para Jóvenes y Familias

Los Servicios Integrales de Apoyo para Jóvenes y Familias que en la actualidad se desarrollan en nuestra institución comprenden tres objetivos para el bienestar de nuestras familias. Ellos son:

1) brindar nuevos servicios de apoyo educativo y de clases particulares destinados en especial a los hermanos de los pacientes oncológicos que se albergan en RMH en la actualidad y, al mismo tiempo, ofrecer a los pacientes apoyo educativo adicional;

2) profesionalizar a nuestro personal mediante la contratación de un especialista en recreación terapéutica para niños enfermos, que tendrá la formación académica y la certificación para identificar y responder de manera adecuada a los diversos problemas sociales y emocionales que presentan los huéspedes; y

3) ofrecer nuevos programas para padres y familias que proporcionarán materiales informativos útiles y una mejor formación acerca de las formas de sobrellevar el tratamiento oncológico, al tiempo que ayudarán a los miembros de las familias a forjar lazos más estrechos y a brindarse más apoyo mutuo.

Es de especial importancia que nuestros Servicios Integrales de Apoyo para Jóvenes y Familias continúen siendo flexibles, pues resulta difícil prever cuántos niños, padres y hermanos necesitarán estos servicios en algún momento. El hecho es que la población de RMH es flexible: alrededor de un tercio de nuestras familias se aloja en nuestra institución sólo durante algunas semanas, un tercio permanece por algunos meses y otro tercio se queda en RMH durante un año o más. Por lo tanto, es importante que dispongamos de programas diseñados para responder a las necesidades a medida que surjan y según cada caso en particular.

Lo ideal es que estos programas comiencen con el ciclo escolar y continúen durante todo el año. En especial, los programas de clases particulares y de enseñanza se mantendrán a lo largo del año a fin de ayudar a los alumnos que se retrasan durante el ciclo escolar regular y necesitan ponerse al día con sus estudios en los meses de verano.

LOS NUEVOS SERVICIOS INTEGRALES DE APOYO PARA JÓVENES Y FAMILIAS INCLUIRÁN:

Clases particulares y enseñanza para hermanos y jóvenes:

The Ronald McDonald House of New York City envía a los hermanos de los pacientes que se alojan en su establecimiento durante un tiempo prolongado a la Escuela Pública 158, a Wagner Junior High School o a Eleanor Roosevelt High School. RMH planea ofrecer servicios regulares de clases particulares y de enseñanza fuera del horario escolar destinados en especial a los hermanos de los pacientes oncológicos. Estos servicios no sólo ayudarán a los hermanos a mantenerse al día con el trabajo de la escuela y continuar avanzando en sus estudios a pesar de las difíciles circunstancias, sino que también cumplirán una función decisiva al comunicarles a los hermanos que no son desatendidos, ignorados o menos importantes. Dado que la cantidad de personas que se alojan en nuestra institución siempre cambia, los servicios de clases particulares se diseñarán de tal manera que se adapten a poblaciones de diferentes tamaños. El objetivo es contar con profesores particulares que puedan ayudar a los hermanos en forma individual, con especial hincapié en las áreas clave de matemática y ciencias que necesiten refuerzo y en mejorar los puntajes que los alumnos obtienen en las pruebas. Los profesores particulares también se concentrarán en áreas específicas que, según se ha detectado, es necesario reforzar entre los jóvenes de RMH, entre ellas lectura y comprensión de lectura, gramática y redacción, ciencias, inglés e inglés como segundo idioma. La Junta Educativa establecerá el plan de estudios de estas materias para que el trabajo de los niños de RMH coincida con el de sus compañeros. Si bien estos servicios se diseñarán pensando en los hermanos de los pacientes oncológicos, también podrán brindarse a los pacientes jóvenes que no requieren hospitalización permanente y que necesitan asistencia adicional en su trabajo escolar.

Los alumnos podrán acceder al servicio de clases particulares a su llegada, o cuando surja la necesidad durante su estadía. Cuando cada padre e hijo llega a nuestra sede, el trabajador social designado les brinda información sobre los servicios educativos que se ofrecen. Luego, cada niño debe rendir una prueba de aptitud en matemática, ciencias e inglés. Si el niño no obtiene un puntaje satisfactorio, se le asigna un profesor particular. Las clases son individuales.

RMH buscará profesores particulares con certificación docente de la ciudad de Nueva York, así como también un especialista adicional en lectura. Una vez que contratemos a profesores particulares con suficiente experiencia y títulos académicos, ellos participarán en seminarios que organiza la Junta Educativa, específicamente diseñados para brindar a los educadores las habilidades necesarias para atender las necesidades de los pacientes terminales. Una vez que los profesores particulares hayan finalizado estos seminarios, no sólo estarán preparados para enseñar en el programa estructurado que RMH está desarrollando, sino que también contarán con certificación para ofrecer enseñanza en el hogar a los alumnos que están más gravemente enfermos.

Además de los fondos necesarios para remunerar a estos profesores particulares, este programa requerirá financiamiento para espacio y equipos, ya que en la actualidad RMH no cuenta con un área para fines educativos. Los profesores particulares necesitarán una base de operaciones para guardar materiales y libros, y los niños se beneficiarán mucho con el ambiente que se creará en un espacio separado, tranquilo y destinado a la enseñanza. Recientemente, RMH ha remodelado su establecimiento y se han agregado dos bibliotecas al nuevo diseño, teniendo en cuenta este nuevo servicio de clases particulares. La incorporación de las dos bibliotecas dará a los estudiantes un lugar tranquilo y ordenado para estudiar y aprender. A la vez, permitirá al personal de RMH mantener separados a grupos de diferentes edades cuando sea necesario.

Incorporación de un especialista en recreación terapéutica para niños enfermos:

La incorporación de un especialista en recreación terapéutica para niños enfermos creará una mayor colaboración entre las familias, los profesionales de la salud y RMH.

La tarea de estos especialistas no es independiente, sino que trabajan en conjunto con los padres y los profesionales de la salud para asegurar la atención de todas las necesidades educativas, terapéuticas y de desarrollo de los pacientes y sus familias. Con frecuencia, los especialistas en recreación terapéutica para niños enfermos emplean técnicas como terapia artística y terapia de juegos para ayudar a los niños de corta edad a expresar sus emociones y sobrellevar sus frustraciones de una manera saludable y productiva. Los servicios que presta un especialista en recreación terapéutica para niños enfermos tienen cuatro objetivos: 1) lograr una mayor comprensión del estrés y del desconocimiento de un hospital y del tratamiento; 2) reconocer y cultivar los vínculos y las fortalezas dentro de cada grupo familiar; 3) brindar apoyo emocional; y 4) promover el crecimiento y el desarrollo normales de todos los miembros de cada familia, así como de la familia en conjunto.

La incorporación de un especialista en recreación terapéutica para niños enfermos no sólo convertirá a RMH en un lugar donde las familias pueden vivir, sino que además permitirá garantizar la presencia de un profesional capacitado para responder a sus necesidades y orientarlas a los servicios de apoyo adecuados. Por otra parte, este especialista enviará a los huéspedes al consejero de RMH, el Dr. Mark Roberts, o a nuestro capellán, Cherilyn Frei, según el problema necesite atención médica o espiritual. Además, el especialista en terapia para niños enfermos contribuirá a que los hospitales y las escuelas conozcan las necesidades de las familias de RMH.

Programas para padres y familias:

RMH planea mejorar su capacidad para promover los lazos familiares a fin de que padres e hijos puedan ayudarse mutuamente a atravesar esta difícil situación. El objetivo de RMH como establecimiento es que las familias puedan permanecer unidas durante el tratamiento oncológico que uno de los niños recibe lejos del hogar, puesto que los estudios de investigación han demostrado que si los niños y sus familias permanecen juntos durante la terapia oncológica, se alivia la tensión física y emocional y, por lo tanto, aumenta la tasa de éxito de los tratamientos y la recuperación.

Para RMH, no basta con brindar un espacio donde las familias puedan vivir durante el tratamiento oncológico. Muchas familias llegan a RMH sin haber recibido jamás información apropiada sobre las opciones y los recursos disponibles que las ayudarían en su lucha contra el cáncer. En especial, las familias extranjeras no conocen los recursos recreativos, educativos y de apoyo emocional que ofrecen los hospitales y las escuelas.

- Paquetes de bienvenida: Para nosotros, es muy importante que la transición de cada familia a RMH sea lo más fluida posible y que podamos brindarle la mayor comodidad y apoyo que esté a nuestro alcance. El año que viene, RMH planea desarrollar un paquete de bienvenida integral para los nuevos huéspedes. Estos paquetes incluirán diversos materiales informativos, materiales de intervención temprana e información sobre los diversos servicios que se ofrecen en RMH, entre ellos, datos sobre las bibliotecas y los programas de computación. La Dirección de Servicios Humanos de RMH llevará a cabo programas de orientación sobre nuestra institución para los padres, que les brindarán información sobre estos paquetes y el establecimiento, y explicarán los servicios de apoyo disponibles para ellos y sus hijos.

- Talleres sobre atención de enfermos oncológicos: Además, RMH planea restablecer y ampliar sus talleres permanentes y regulares "Atención de enfermos oncológicos" dictados por Cancer Care Inc., entidad con sede en la ciudad de Nueva York. Estos talleres están diseñados para ayudar a padres y familias enteras a comprender y sobrellevar los complejos aspectos psicosociales que implica esta enfermedad. Las familias necesitan apoyo para abordar e identificar las emociones extrañas y reacciones emocionales de una enfermedad que implica peligro de muerte. Estos talleres ayudarán a las familias a comprender que sus reacciones frente al estrés son normales y que cuentan con muchos recursos para ayudarlas a sobrellevar la situación. Asimismo, este entorno brindará a las familias la oportunidad de relacionarse con personas que viven experiencias similares y de forjar vínculos beneficiosos y duraderos con otros huéspedes. Los talleres abarcan temas tales como "Informe médico de actualización sobre los tipos de cáncer en niños", "Los tipos de cáncer en niños y la dinámica familiar" y "Cáncer, pérdida y duelo". RMH espera reinstaurar estos talleres cada tres meses para brindar a nuestras familias un ámbito de apoyo en el que puedan informarse sobre el cáncer en forma periódica. Los talleres son dictados por consejeros titulados y trabajadores sociales de la organización Cancer Care, así como por un enfermero profesional de uno de los centros médicos de la zona.

PERSONAL

La supervisión de los talleres, las clases particulares y la elaboración de los materiales estará a cargo de nuestro director de voluntarios y servicios, Ralph Vogel. El Sr. Vogel trabaja en Ronald McDonald House of New York City desde 1996 y, en este puesto, ha cumplido funciones de supervisión del personal. En la actualidad, el Sr. Vogel tiene a su cargo la planificación y prestación de todos los servicios directos para las familias.

El especialista en recreación terapéutica para niños enfermos brindará todos los servicios antes descritos. Nuestra búsqueda se orienta a una persona que posea una licenciatura o una maestría, así como certificación en recreación terapéutica para niños enfermos o un título en psicología. La formación académica y la certificación le permitirán evaluar el progreso y la situación de cada niño en el aspecto psicológico, emocional y de desarrollo, además de prescribir la respuesta terapéutica adecuada a medida que surjan los problemas.

Todos los servicios estarán bajo la supervisión de William Sullivan, presidente y gerente general de Ronald McDonald House of New York City desde mayo de 2005. En el pasado, el Sr. Sullivan se desempeñó como ejecutivo auxiliar y director de operaciones de los Boy Scouts of America, donde estuvo a cargo del Departamento Financiero y Servicios de Campo para un grupo de 120.000 jóvenes en los cinco distritos.

EVALUACIÓN

Los programas de Ronald McDonald House se evalúan a través de los comentarios que recibimos de los niños y las familias que se hospedan en nuestro establecimiento. Se realizan reuniones durante todo el año en las que las familias pueden comentar temas relacionados con la vida cotidiana, entre ellos, programas para jóvenes y familias, eventos especiales, participación de voluntarios y personal e incorporación de nuevas actividades.

Comentarios de los voluntarios: Alentamos a nuestros voluntarios a brindarnos sus comentarios. El año pasado, RMH reunió los comentarios de una encuesta realizada a nuestros voluntarios. Los datos obtenidos en la encuesta revelaron lo siguiente:

- El 50% de los voluntarios ha trabajado en RMH durante 5 años o más. Este porcentaje refleja una tasa de retención particularmente alta en el caso de voluntarios.

- La mitad de nuestros voluntarios también realiza trabajo voluntario en otra organización sin fines de lucro; la mayoría de ellos considera que la experiencia en RMH es la más gratificante.

- Cuando se les preguntó si estaban satisfechos con su trabajo como voluntarios en RMH y lo gratificante que resultó su experiencia, la respuesta promedio fue entre 4,5 y 4,7 en una escala máxima de 5,0.

Comentarios de las familias: Nuestra capacidad de ofrecer alojamiento de costo accesible para nuestras familias es uno de nuestros mayores logros. Gran parte de los comentarios positivos no puede medirse en términos cuantitativos. Algunas maneras de observar los resultados y saber si estamos logrando nuestros objetivos son los testimonios de las familias, la frecuencia con la que asisten a nuestros eventos especiales y se benefician con los programas que ofrecemos, y la relación duradera que mantenemos con ellas, incluso una vez que dejan nuestro establecimiento y finaliza el tratamiento. Sin embargo, con respecto a nuestro programa de enseñanza y clases particulares, RMH podrá medir su eficacia y sus resultados en función de informes individuales internos del progreso de los alumnos y a través de informes y pruebas elaboradas por la Junta Educativa.

SUSTENTABILIDAD

Cada año, The Ronald McDonald House of New York City recauda alrededor de cinco millones de dólares, un tercio de los cuales proviene de aportes filantrópicos de operadores independientes de los restaurantes Mc Donald's de la zona comprendida por los estados de Nueva York, Nueva Jersey y Connecticut; la entidad no recibe apoyo financiero de McDonald Corporation. Los dos tercios restantes provienen de actividades de recaudación de fondos que incluyen:

- la Campaña Anual de la Junta, a través de la cual la institución obtiene el 100% de la participación de cada director;
- eventos de recaudación de fondos, que incluyen la cena anual, el evento de "Patinaje con los Grandes", conjuntamente con los NY Rangers, y un torneo de golf;
- correo directo e importantes donaciones de particulares;
- The Early Riser Fund y aportes de empresas para apoyo general de la institución y proyectos especiales.

Nuestro objetivo consiste en reunir contribuciones para fines específicos por la suma de $173.250 de The Early Riser Fund y aportes de empresas para financiar el primer año del Programa de Servicios Integrales de Apoyo para Jóvenes y Familias. A comienzos del próximo año, empezaremos a cubrir los gastos del programa a través de 1) aportes para el mantenimiento del proyecto e 2) ingresos asignados de las actividades anuales de recaudación de fondos antes mencionadas.

PRESUPUESTO

Personal

Presidente y gerente general	5% gastos de supervisión	$ 7.500,00
Director de servicios voluntarios	20% servicio directo	20.000,00
Especialista en recreación terapéutica para niños enfermos	100% servicio directo	75.000,00
Profesores particulares	medio tiempo ($35 por hora)	35.000,00
Prestaciones adicionales	30% empleados de tiempo completo	30.750,00
Total: Personal		**$168.250,00**

Gastos no destinados al personal

Capacitación para profesores particulares	$ 5.000,00
Paquete de bienvenida (diseño e impresión)	15.000,00
Fotocopias	2.500,00
Correo	2.500,00
Talleres y eventos	5.000,00
Total: Gastos no destinados al personal	**$30.000,00**

Total de gastos	**$173.250,00**

Información sobre la organización

En 1978, The Ronald McDonald House of New York (RMH) abrió sus puertas a las familias con niños que reciben tratamiento contra el cáncer en la ciudad de Nueva York. Las familias se hospedan en nuestro establecimiento después de que al niño se le diagnostica cáncer y es enviado a un centro médico de la ciudad de Nueva York para recibir un tratamiento de último recurso. En 1993, a raíz del permanente aumento de la demanda de nuestros servicios, que siempre excede el espacio disponible, RMH se trasladó a un nuevo edificio. Albergamos a 83 familias por noche, lo que nos convierte en el establecimiento de oncología pediátrica más grande de este tipo en el mundo.

Nuestra misión es que la vida de cada niño fuera del hospital sea lo más normal posible al brindar las comodidades de un hogar y la interacción con otras personas que atraviesan una situación similar. A lo largo de su historia, RMH ha brindado un "hogar lejos del hogar" solidario y comprensivo a más de 50.000 familias que enfrentan el cáncer de un niño. Nuestro personal está integrado por 22 empleados de tiempo completo y 12 con dedicación parcial. Además, 105 voluntarios semanales desempeñan diferentes funciones dentro de nuestra institución. Asimismo, muchos voluntarios hablan con fluidez otros idiomas, entre ellos, ruso, coreano, español y griego, un recurso vital para nuestros huéspedes extranjeros, que suelen tener dificultades para comunicarse en inglés. Los voluntarios provienen de todos los ámbitos sociales y son de gran ayuda para las familias que atraviesan estos difíciles momentos.

The Ronald McDonald House of New York trabaja en colaboración con algunas organizaciones de salud, religiosas y educativas de toda la ciudad de Nueva York. Nuestros visitantes reciben tratamiento en 12 centros médicos ubicados en Nueva York, que incluyen Memorial Sloan-Kettering Cancer Center, The Mount Sinai Medical Center y New York Hospital-Cornell Medical Center. El Departamento de Salud y Servicios Humanos de Estados Unidos ha designado a todos ellos como "centros integrales de tratamiento oncológico".

Conclusión

The Ronald McDonald House of New York City es un recurso de primera opción para sus centros asociados de tratamiento oncológico, que deben encontrar alojamiento de costo accesible y un ambiente enriquecedor de apoyo para los jóvenes pacientes y sus familias. Durante casi 30 años, esta institución ha brindado un nivel de comodidad, atención y solidaridad de la más alta calidad. Al reconocer las cambiantes necesidades y nuevos desafíos, también reconocemos la oportunidad de mejorar tanto nuestros servicios como nuestra atención. Agradecemos el apoyo de The Early Riser Fund y esperamos convertirnos en un aliado y un recurso más fuerte para nuestros huéspedes a fin de contribuir a la calidad de vida de los jóvenes pacientes con cáncer.

Apéndice B:
Selección de recursos sobre la elaboración de propuestas

Anderson, Cynthia. *Write Grants, Get Money.* Worthington, Ohio, Linworth Publishing, 2001.

>Esta es una guía para escribir propuestas destinada a especialistas en medios didácticos y bibliotecarios de jardín de infantes (*K*) hasta el 12° grado que desean mejorar los programas y recursos de las bibliotecas. El libro, diseñado tanto para quienes se inician en la redacción de propuestas como para los más experimentados, abarca todas las fases del proceso de redacción de una propuesta. El apéndice incluye modelos y un glosario.

Barbato, Joseph y Danielle S. Furlich. *Writing for a Good Cause: The Complete Guide to Crafting Proposals and Other Persuasive Pieces for Nonprofits.* Nueva York, Nueva York, Simon & Schuster, 2000.

>Los autores ofrecen instrucciones prácticas acerca del arte y oficio de escribir propuestas para la recaudación de fondos, así como descripciones de casos, boletines informativos y otras herramientas de comunicación utilizadas por una típica oficina de desarrollo. Incluye un glosario.

Barber, Daniel M. *Finding Funding: The Comprehensive Guide to Grant Writing.* 2ª edición, Long Beach, California, Bond Street Publishers, 2002.

>Este manual ofrece consejos a quienes redactan propuestas dirigidas a organismos gubernamentales, fundaciones y sociedades. El libro incluye una sección sobre la forma de responder a una solicitud de propuestas e instrucciones para crear una carta propuesta. Incluye un glosario.

Burke, Jim y Carol Ann Prater. *I'll Grant You That: A Step-by-Step Guide to Finding Funds, Designing Winning Projects, and Writing Powerful Grant Proposals.* Portsmouth, New Hampshire, Heinemann, 2000.
La estructura de la parte principal de este libro sigue las partes de una propuesta y describe la planificación del proyecto, así como la elaboración de la propuesta misma. Explica además cómo redactar una carta de solicitud de información. Cada capítulo finaliza con una lista de control. Los apéndices contienen un glosario y modelos de propuestas.

Carlson, Mim. *Winning Grants Step by Step: The Complete Workbook for Planning, Developing and Writing Successful Proposals.* 2ª edición, San Francisco, California, Jossey-Bass Publishers, 2002.
Este cuaderno de ejercicios contiene instrucciones y actividades diseñadas para ayudar a planificar y escribir una propuesta y cumplir los requisitos de los organismos públicos e instituciones filantrópicas privadas. Incluye una sección de recursos especiales, que describen cómo investigar a donantes institucionales, cómo evaluar una propuesta desde la perspectiva del donante institucional y bibliografía.

Chapin, Paul G. *Research Projects and Research Proposals: A Guide for Scientists Seeking Funding.* Nueva York, Nueva York, Cambridge University Press, 2004.
Esta guía está dirigida a científicos que desean diseñar y escribir propuestas dirigidas a instituciones filantrópicas. Describe la planificación del proyecto, información sobre ciertas entidades donantes del Gobierno (así como recomendaciones más generales acerca de la forma de investigar a fundaciones privadas) y administración de aportes. Incluye un glosario y un índice.

Clarke, Cheryl A. *Storytelling for Grantseekers: The Guide to Creative Nonprofit Fundraising.* San Francisco, California, Jossey-Bass Publishers, 2001.
Clarke propone la idea de que las propuestas tienen mucho en común con los grandes cuentos: personajes, un escenario y un argumento. Muestra a quienes escriben propuestas cómo elaborar documentos que incluyan elementos dramáticos. El libro describe además el proceso de investigación y promoción de vínculos. Incluye un modelo de carta de solicitud de información y ejemplos de presupuestos, así como información sobre la presentación de la propuesta.

Collins, Sarah, ed. *The Foundation Center's Guide to Winning Proposals.* Nueva York, Nueva York, The Foundation Center, 2003.
La guía reproduce, en su formato original, 20 propuestas y 4 cartas de solicitud de información que recibieron respuesta positiva al obtener apoyo financiero de

fundaciones. Cada propuesta está acompañada por un comentario de la institución filantrópica que brindó el aporte y consejos para redactar la propuesta.

The Gill Foundation (http://www.gillfoundation.org/usr_doc/ NashvilleCARES2.pdf) ofrece una propuesta presentada por Nashville CARES en formato PDF. A lo largo de su desarrollo, el modelo de aporte incluye útiles comentarios de The Gill Foundation. Todos ellos señalan los aspectos que resultaron atractivos para quienes decidieron otorgar el aporte acerca de esta propuesta "clara, concisa y simple".

Hall, Mary Stewart y Susan Howlett. *Getting Funded: The Complete Guide to Writing Grant Proposals*. 4ª edición. Portland, o bien: Portland State University, 2003.
>   Hall explica los componentes de una propuesta típica, con consejos acerca de la elaboración del proyecto y la investigación sobre posibles instituciones donantes. Esta edición incluye un programa recomendado para quienes enseñan a redactar propuestas.

The Idea Bank (http://theideabank.com/onlinecourse/samplegrant.html) ofrece una serie de propuestas en línea para organizaciones de seguridad y contra incendios, en las que se indica cuáles lograron recibir aportes.

Miner, Jeremy T. y Lynn E. Miner. *Models of Proposals Planning & Writing*. Westport, Connecticut, Praeger, 2005.
>   Ofrece una estrategia paso a paso para crear propuestas y otros documentos diseñados para presentar solicitudes de fondos ante instituciones filantrópicas privadas y organismos del Gobierno. Los modelos reimpresos en esta publicación incluyen una carta de intención y una propuesta completa dirigida a fundaciones privadas, así como una solicitud preliminar y final presentada al Departamento de Educación de los Estados Unidos. El libro explica además la forma en que las entidades que solicitan fondos pueden evaluar una solicitud de propuestas.

Mission Project Service. *Guía para la preparación de una propuesta*. 2ª edición, North Canton, Ohio, 2004.
>   Esta publicación explica cómo elaborar propuestas para proyectos religiosos o comunitarios.

New, Cheryl Carter y James Aaron Quick. *How to Write a Grant Proposal*. Hoboken, Nueva Jersey, John Wiley & Sons, 2003.

 Los autores describen los elementos clave de los formatos típicos de una propuesta, entre ellos, el resumen ejecutivo, la necesidad a la que responde el proyecto, la descripción del proyecto, la evaluación y el presupuesto. Cada capítulo incluye ejemplos y listas de control.

Nonprofit Guides (http://npguides.org) cuenta con modelos de propuestas, una carta de presentación de una propuesta, una portada, una carta de solicitud de información y un presupuesto, entre otros elementos útiles.

Orlich, Donald C. *Designing Successful Grant Proposals*. Alexandria, Virginia, Association for Supervision and Curriculum Development, 1996.

 El autor presenta los elementos usuales de la redacción de propuestas, con listas de control al final de cada sección. Incluye el texto de una propuesta para la que se otorgó apoyo financiero y una lista de lecturas recomendadas.

Quick, James Aaron y Cheryl Carter New. *Grant Seeker's Budget Toolkit*. Hoboken, Nueva Jersey, John Wiley & Sons, 2001.

 En esta guía sobre presupuestos de proyectos, los autores explican el cálculo de los costos directos, con capítulos que describen en forma específica los gastos de personal y viáticos. El libro describe además el cálculo de los costos generales e indirectos y aborda en profundidad el proceso de elaboración del presupuesto, que comprende la redacción de la descripción del presupuesto. Incluye modelos de planillas presupuestarias.

Robinson, Andy. *Grassroots Grants: An Activist's Guide to Proposal Writing*. 2ª edición. San Francisco, California, Jossey-Bass Publishers, 2004.

 El autor brinda consejos paso a paso para crear propuestas exitosas, diseñar proyectos y administrar contribuciones filantrópicas. Incluye varios modelos de propuestas.

School Grants (http://www.k12grants.org/samples) ofrece una serie de modelos de propuestas exitosas, orientadas al ámbito educativo. En su mayoría, están dirigidas a empresas o entidades gubernamentales y pueden descargarse en formato PDF.

Wason, Sara Deming *Webster's New World Grant Writing Handbook*. Hoboken, Nueva Jersey, John Wiley & Sons, 2004.

 Comprende la planificación del proyecto, la investigación de fuentes de financiamiento, la elaboración y redacción de la propuesta. Se incluye un modelo de propuesta, un glosario y un índice.

Wells, Michael K. *Proven Strategies Professionals Use to Make Their Proposals Work.* (Grantwriting Beyond the Basics Series). Portland, o bien: Portland State University, 2005.

> Aborda cuestiones especiales relacionadas con la propuesta, tales como métodos de evaluación, desarrollo de proyectos, cómo investigar la sección sobre el planteamiento de la necesidad a la que responde el proyecto y el uso eficaz de la documentación adjunta. Incluye un modelo de propuesta, referencias bibliográficas y un índice.

W. K. Kellogg Foundation. *Evaluation Handbook.* Battle Creek, Michigan, W. K. Kellogg Foundation, 1998. (http://www.wkkf.org/Pubs/Tools/Evaluation/Pub770.pdf).

> La primera parte de este manual describe las expectativas de la W. K. Kellogg Foundation en cuanto a las evaluaciones que deben llevar a cabo las entidades que recibieron aportes. La segunda parte delinea los pasos de la evaluación de un proyecto.

Wholey, Joseph S, Harry P. Hatry y Kathryn E. Newcomer, editores. *Handbook of Practical Program Evaluation.* San Francisco, California, Jossey-Bass Publishers, 2004.

> Cada capítulo ha sido escrito por un experto diferente. El libro se divide en secciones sobre el diseño de la evaluación, procedimientos prácticos para la recolección y análisis de datos, y la planificación y administración para lograr la máxima eficacia. Incluye un índice por nombre y por tema.

York, Peter. *A Funder's Guide to Evaluation: Leveraging Evaluation to Improve Nonprofit Effectiveness.* St. Paul, Minnesota, Fieldstone Alliance, 2005.

> La evaluación es una herramienta para el desarrollo de la capacidad que los donantes institucionales pueden poner en práctica, y el libro explica la forma en que este proceso puede llevarse a cabo. Al advertir que tanto las organizaciones sin fines de lucro como las fundaciones se benefician con esta herramienta de gestión, York ofrece métodos paso a paso y numerosos ejemplos de planillas para evaluar a las entidades que reciben aportes. Incluye referencias bibliográficas y un índice.

Apéndice C: Recursos del Foundation Center

El Foundation Center ofrece una amplia variedad de recursos educativos y sobre recaudación de fondos, entre ellos, directorios de fuentes de financiamiento que permiten realizar búsquedas en línea, cursos de capacitación para las entidades que solicitan fondos, e informes de investigación sobre el sector filantrópico y sin fines de lucro.

El premiado sitio web del Foundation Center, foundationcenter.org, es la principal herramienta de información en línea para las entidades que solicitan fondos, las instituciones donantes, los investigadores, la prensa y el público en general. Los usuarios registrados pueden acceder a un mundo de valiosa información orientada a su región y áreas de interés. Además, el sitio web del Foundation Center ofrece *Philanthropy News Digest* (PND), un boletín diario de las últimas novedades del ámbito filantrópico, reseñas, solicitudes de propuestas y oportunidades laborales.

Si desea solicitar cualquiera de las publicaciones y servicios por suscripción del Foundation Center, visite foundationcenter.org/marketplace, o llame al (800) 424-9836. Para consultar la información más actualizada sobre cualquier recurso del Foundation Center, por favor visite nuestro sitio web, foundationcenter.org. A continuación, presentamos algunos de nuestros recursos más destacados.

Directorios en línea

FOUNDATION DIRECTORY ONLINE
El *Foundation Directory Online (FDO)* es la principal base de datos sobre recaudación de fondos del país. El directorio, que se actualiza en forma semanal,

ofrece cinco planes de suscripción para abordar las necesidades de las organizaciones que solicitan fondos de diferentes zonas y en todos los niveles:

Professional: Para consultar información de primera línea, *Foundation Directory Online Professional* ofrece cuatro bases de datos para realizar búsquedas: instituciones filantrópicas, empresas, aportes institucionales y formularios 990 de la IRS. Incluye perfiles detallados de fundaciones, instituciones filantrópicas públicas y empresas donantes de los Estados Unidos, así como más de un millón de contribuciones recientemente otorgadas y nombres de contactos clave. Cada base de datos *Professional* incluye hasta 19 campos de búsqueda indexados. Además, ofrece una función de búsqueda por palabra clave.
$179,95 POR MES; $1.295 POR AÑO

Platinum: Perfiles completos de todas las fundaciones, instituciones filantrópicas públicas y programas de donaciones empresarias de los Estados Unidos; contribuciones recientes; nombres de fiduciarios, funcionarios y donantes.
$149,95 POR MES; $995 POR AÑO

Premium: Perfiles completos de las 20.000 fundaciones donantes más grandes de los Estados Unidos por sus contribuciones financieras anuales; contribuciones recientes; nombres de fiduciarios, funcionarios y donantes.
$59,95 POR MES; $595 POR AÑO

Plus: Perfiles completos de las 10.000 fundaciones donantes más grandes de los Estados Unidos por sus contribuciones financieras anuales; contribuciones recientes; nombres de fiduciarios, funcionarios y donantes.
$29,95 POR MES; $295 POR AÑO

Basic: Perfiles completos de las 10.000 fundaciones donantes más grandes de los Estados Unidos por sus contribuciones financieras anuales; nombres de fiduciarios, funcionarios y donantes.
$19,95 POR MES; $195 POR AÑO

Todos los suscriptores de *FDO* pueden imprimir, grabar o enviar por correo electrónico perfiles de instituciones filantrópicas, empresas y contribuciones individuales, y exportar la lista de los resultados de su búsqueda a una planilla de Excel. Además, los suscriptores pueden crear rótulos para registros de instituciones filantrópicas específicas; estos se almacenan en forma automática en la carpeta digital *My FDO* del suscriptor, protegida por contraseña.
Todos los planes de servicio se ofrecen en modalidades de suscripción mensual, anual y bianual. Cada plan incluye enlaces con sitios web de fundaciones y

declaraciones ante la IRS, así como acceso directo al tablero de mensajes electrónicos de los suscriptores. Quienes optan por una suscripción anual o bianual reciben descuentos considerables en la compra de publicaciones del Foundation Center. Para consultar detalles completos y suscribirse, visite fconline.foundationcenter.org.

CORPORATE GIVING ONLINE
Este directorio, de actualización semanal, constituye la vía de acceso más rápida y precisa a las empresas donantes de los Estados Unidos. Incluye perfiles detallados de las empresas, descripciones de fundaciones patrocinadas por empresas, datos clave sobre programas corporativos de apoyo financiero directo y resúmenes de contribuciones recientes.
$59,95 POR MES; $595 POR AÑO
PARA SUSCRIBIRSE, VISITE CGONLINE.FOUNDATIONCENTER.ORG.

FOUNDATION GRANTS TO INDIVIDUALS ONLINE
Este directorio exclusivo, de actualización trimestral, se concentra en fundaciones que brindan apoyo filantrópico a estudiantes, artistas, investigadores y otras personas. Ofrece nueve campos de búsqueda y se actualiza en forma trimestral. Los perfiles de las fundaciones incluyen nombre, dirección, información de contacto, áreas de interés, tipos de apoyo e información sobre la presentación de solicitudes. Se ofrecen suscripciones mensuales, trimestrales y anuales.
$9,95 POR MES
PARA SUSCRIBIRSE, VISITE GTIONLINE.FOUNDATIONCENTER.ORG.

Directorios anuales en CD–ROM

FC SEARCH
The Foundation Center's Database on CD-ROM contiene perfiles profundizados de fundaciones, instituciones filantrópicas públicas y empresas donantes de los Estados Unidos. *FC Search* incluye perfiles detallados de los donantes institucionales, descripciones de aportes recientemente otorgados, nombres y direcciones de contactos clave y enlaces a presentaciones actuales de formularios 990-PF ante la IRS. Es la primera opción para las organizaciones que solicitan fondos y que aprecian la comodidad de acceder a la información en CD-ROM.
LICENCIA PARA UN SOLO USUARIO: $1.195. INCLUYE UN DISCO DE ACTUALIZACIÓN.

GUÍA DE INSTITUCIONES FILANTRÓPICAS DE OHIO EN CD-ROM
Perfiles de miles de donantes institucionales que brindan apoyo filantrópico a organizaciones sin fines de lucro del estado de Ohio. Incluye contribuciones

otorgadas a entidades sin fines de lucro de Ohio o por instituciones filantrópicas con sede en ese estado.

LICENCIA PARA UN SOLO USUARIO: $125

GUÍA DE INSTITUCIONES FILANTRÓPICAS DEL ÁREA METROPOLITANA DE WASHINGTON, DC, EN CD-ROM

Información sobre instituciones filantrópicas concentrada en el apoyo financiero a organizaciones sin fines de lucro dentro del área metropolitana de Washington, DC. Incluye contribuciones otorgadas a organizaciones sin fines de lucro de la zona de Washington, DC, o por instituciones filantrópicas de esa región.

LICENCIA PARA UN SOLO USUARIO: $75

DIRECTORIO DE INSTITUCIONES FILANTRÓPICAS DE GEORGIA EN CD-ROM

Información sobre instituciones filantrópicas que brindan apoyo financiero a organizaciones sin fines de lucro del estado de Georgia. Incluye contribuciones otorgadas a organizaciones sin fines de lucro de Georgia o por instituciones filantrópicas con sede en ese estado.

LICENCIA PARA UN SOLO USUARIO: $75

DIRECTORIO DE INSTITUCIONES FILANTRÓPICAS DE MISSOURI EN CD-ROM

Perfiles de instituciones filantrópicas con sede en Missouri o interesadas en brindar apoyo financiero a organizaciones sin fines de lucro de ese estado. Incluye descripciones de contribuciones recientemente otorgadas.

LICENCIA PARA UN SOLO USUARIO: $75

Directorios anuales en formato impreso

THE FOUNDATION DIRECTORY

Este clásico directorio ofrece perfiles de las 10.000 fundaciones más grandes de los Estados Unidos. Los datos clave incluyen las áreas de interés, información de contacto, estados financieros, nombres de las personas encargadas de tomar las decisiones y miles de ejemplos de aportes filantrópicos. Cuenta con índices que permiten hallar con rapidez las principales entidades. $215

THE FOUNDATION DIRECTORY, PART 2

Amplíe su base de donantes institucionales con información detallada sobre las siguientes 10.000 fundaciones donantes más grandes de los Estados Unidos por sus contribuciones financieras anuales. Cada año, se añaden a este directorio anual hasta 2.000 nuevos registros. Incluye miles de ejemplos de aportes filantrópicos. $185

THE FOUNDATION DIRECTORY SUPPLEMENT

Este libro brinda información actualizada correspondiente a cientos de fundaciones incluidas en el *Directory* y *Directory Part 2*. Entre los nuevos registros, se destacan cambios en los datos financieros, información de contacto y áreas de interés. $125

NATIONAL DIRECTORY OF CORPORATE GIVING

La información más completa disponible en formato impreso sobre las empresas donantes de los Estados Unidos. Los perfiles detallados incluyen las prioridades y los antecedentes relacionados con el apoyo financiero de cada empresa. $195

FOUNDATION GRANTS TO INDIVIDUALS

El único directorio dedicado en forma exclusiva a oportunidades de aportes filantrópicos de fundaciones para solicitantes individuales que cumplen los requisitos. Incluye información de contacto, limitaciones en cuanto al otorgamiento de aportes filantrópicos y pautas para la presentación de solicitudes. $65

GRANT GUIDE SERIES

Doce directorios de aportes filantrópicos otorgados a organizaciones en áreas particulares de interés, clasificados por tema. Cada serie de la *Grant Guide* incluye índices por temas, zona geográfica y beneficiarios. $75 cada uno.

Guías sobre recaudación de fondos

FOUNDATION FUNDAMENTALS

Este libro de texto, de amplia difusión en los cursos de administración de organizaciones sin fines de lucro, brinda a quienes se inician en el tema una descripción exhaustiva del proceso de investigación de fuentes de financiamiento. Incluye una explicación concisa de las fundaciones de los Estados Unidos y su rol en la comunidad filantrópica. $24,95

THE FOUNDATION CENTER'S GUIDE TO PROPOSAL WRITING

Nuestra guía más vendida brinda instrucciones completas para elaborar propuestas innovadoras. Incluye entrevistas con representantes de instituciones filantrópicas, que describen las últimas tendencias entre quienes toman las decisiones al evaluar las propuestas. Disponible en formato impreso y CD de audio. $34,95

GUÍA PARA ESCRIBIR PROPUESTAS

Traducción al español de *The Foundation Center's Guide to Proposal Writing*. $34,95.

THE FOUNDATION CENTER'S GUIDE TO WINNING PROPOSALS
Veinte propuestas reales aprobadas que recibieron apoyo financiero de importantes instituciones filantrópicas. $34,95

Guías sobre administración de organizaciones sin fines de lucro

WISE DECISION-MAKING IN UNCERTAIN TIMES
Este libro, publicado por el Dr. Dennis R. Young, brinda pautas prácticas para las organizaciones sin fines de lucro que deben hacer frente a una creciente demanda de servicios, ciclos económicos desfavorables y reducciones en el apoyo financiero del Gobierno. $34,95

EFFECTIVE ECONOMIC DECISION-MAKING BY NONPROFIT ORGANIZATIONS
Pautas prácticas para promover la misión de la organización, manteniendo el equilibrio con los intereses de las instituciones filantrópicas, los fiduciarios, el Gobierno y el personal. Editado por el Dr. Dennis R. Young. $34,95

INVESTING IN CAPACITY BUILDING
La autora, Barbara Blumenthal, muestra a los administradores de las organizaciones sin fines de lucro cómo obtener apoyo financiero más eficaz y ayuda a instituciones filantrópicas y consultores a diseñar mejores métodos para brindar asistencia a las organizaciones sin fines de lucro. $34,95

THE BOARD MEMBER'S BOOK
El autor, Brian O' Connell, muestra cómo hallar a los mejores miembros de la junta directiva y directores ejecutivos y promover su desarrollo, con estrategias para la recaudación de fondos y la planificación financiera. $29,95

PHILANTHROPY'S CHALLENGE
El autor, Paul Firstenberg, explora los roles del donante institucional y de la entidad que solicita fondos dentro de varios modelos de emprendimientos sociales filantrópicos. $39,95, tapa dura; $29,95, tapa de papel.

SECURING YOUR ORGANIZATION'S FUTURE
El autor, Michael Seltzer, explica cómo fortalecer la capacidad de su organización para recaudar fondos y lograr la estabilidad financiera a largo plazo. $34,95

AMERICA'S NONPROFIT SECTOR
El autor, Lester Salamon, define el alcance, la estructura y el funcionamiento del sector de las organizaciones sin fines de lucro, examina su relación con el Gobierno y la comunidad empresaria. $14,95

BEST PRACTICES OF EFFECTIVE NONPROFIT ORGANIZATIONS
El autor, Philip Bernstein, se concentra en los procedimientos que ayudan a los profesionales a definir objetivos, respetar la misión y responder al cambio al adaptar las operaciones y los servicios. $29,95

Informes de investigación

FOUNDATIONS TODAY SERIES
Publicación anual. La serie incluye:

- *Foundation Giving Trends: Update on Funding Priorities:* Analiza los patrones de apoyo filantrópico de una muestra de más de 1.000 grandes fundaciones de los Estados Unidos y compara las actuales prioridades de otorgamiento de apoyo financiero con las tendencias del pasado. Febrero, $45

- *Foundation Growth and Giving Estimates: Current Outlook*: Incluye cálculos de apoyo financiero otorgado por fundaciones durante el último año y estadísticas definitivas sobre aportes reales y bienes del año anterior. Presenta nuevas listas de las 100 principales fundaciones. Abril, $20

- *Foundation Yearbook: Facts and Figures on Private and Community Foundations*: Documenta el crecimiento en el número, el monto de los aportes filantrópicos y los bienes de todas las fundaciones activas de los Estados Unidos desde 1975. Junio, $45

SERIE COMPLETA: $95, CON ENVÍO SIN CARGO.

THE PRI DIRECTORY: CHARITABLE LOANS AND OTHER PROGRAM-RELATED INVESTMENTS BY FOUNDATIONS
Este directorio indexado ofrece una lista de los principales proveedores e incluye consejos sobre cómo buscar y gestionar inversiones relacionadas con un programa (PRI). $75

SOCIAL JUSTICE GRANTMAKING
Este informe, que brinda puntos de referencia cuantitativos de prioridades para el otorgamiento de aportes filantrópicos, distribución geográfica de fondos y apoyo financiero por tipo de fundación, incluye las contribuciones otorgadas para la defensa de derechos civiles, reforma educativa y desarrollo comunitario. $24,95

CALIFORNIA FOUNDATIONS
A Profile of the State's Grantmaking Community
Este informe, basado en una encuesta llevada a cabo por el Foundation Center, describe las últimas tendencias entre las fundaciones en California. Explica los problemas cruciales que enfrentan las fundaciones de este estado, e incluye un ensayo sobre la situación actual de la filantropía en California. $24,95

Asistencia para investigaciones específicas

PROGRAMA PARA ASOCIADOS
Nuestro servicio para profesionales de recaudación de fondos, exclusivo para miembros. Para encontrar los mejores posibles donantes institucionales y elaborar las propuestas más persuasivas, nuestro personal de investigación puede realizar el trabajo de campo por usted. Ellos tienen acceso a todas las bases de datos del Foundation Center, información biográfica, estudios e informes sobre cada área de interés. Para consultar información adicional, llame al (800) 634-2953.

SERVICIOS EDUCATIVOS
Cursos de capacitación de jornada completa: El Foundation Center adopta un enfoque interactivo para compartir su vasta información en las aulas de todo el país, promoviendo el trabajo en equipo a través de ejercicios en grupos pequeños y debates sobre temas específicos. Como participante, usted aprenderá las últimas estrategias para abordar los desafíos que enfrentan las entidades que solicitan fondos y compartirá sus experiencias con otros profesionales de organizaciones sin fines de lucro de su región. Temas del curso: Principios fundamentales de la recaudación de fondos, Redacción de propuestas, Gestión de organizaciones sin fines de lucro.

Cursos de capacitación en línea: Nuestros cursos en línea, diseñados para cualquier profesional del sector de las organizaciones sin fines de lucro que desee solicitar fondos de forma más eficaz, brindan lecciones que respetan el ritmo de cada persona, ejercicios y tareas interactivas, estudios de casos y un examen final. Temas del curso: Principios básicos del proceso de solicitud de fondos, Redacción de propuestas.

Capacitación contratada: Programe la cantidad de cursos de capacitación en clase, de jornada completa, que necesite su equipo, y los expertos del Foundation Center los presentarán en el lugar que usted elija. Este servicio especial incluye los materiales del curso y publicaciones.

Capacitación básica gratuita: Si desea una breve introducción a algunos de los temas más usuales entre las entidades que solicitan fondos, se presentan cursos introductorios gratuitos, de 60 a 90 minutos de duración, en cada uno de nuestros centros regionales, que se enumeran más adelante.

CENTROS REGIONALES

Para consultar información actualizada sobre empresas y fundaciones donantes, con asistencia bibliográfica especializada, visite uno de nuestros cinco centros regionales en Nueva York, Washington, DC, Atlanta, Cleveland y San Francisco. Nuestra amplia red de Colecciones Afiliadas (*Cooperating Collections*) brinda acceso gratuito a los directorios en línea e impresos del Foundation Center, así como a sus guías sobre recaudación de fondos, libros sobre administración de organizaciones sin fines de lucro, publicaciones periódicas y resultados de investigaciones sobre el sector filantrópico de los Estados Unidos.

Para consultar la lista completa de Colecciones Afiliadas en los 50 estados del país y Puerto Rico, visite foundationcenter.org/collections/.

VISITE FOUNDATIONCENTER.ORG

El sitio web del Foundation Center, que se actualiza y amplía en forma permanente, recibe a diario decenas de miles de visitas de representantes de entidades que solicitan fondos, donantes institucionales, investigadores y otras personas interesadas en el ámbito filantrópico. Encuentre respuestas a sus preguntas sobre la búsqueda de fondos, la administración de organizaciones sin fines de lucro y cómo iniciar una entidad de este tipo. Busque los últimos formularios 990 de la IRS en forma gratuita. Consulte estadísticas sobre fundaciones de los Estados Unidos, sus activos, la distribución de sus aportes filantrópicos y los principales beneficiarios de sus contribuciones. Realice búsquedas en el catálogo bibliográfico sobre organizaciones sin fines de lucro *Catalog of Nonprofit Literature,* nuestra vasta base de datos bibliográfica, o busque el informe patrocinado por una fundación sobre un tema de interés en PubHub.

El Foundation Center ofrece una amplia variedad de servicios y recursos informativos gratuitos o de costo reducido, todos ellos diseñados para fortalecer la capacidad del sector de las organizaciones sin fines de lucro de servir a su público destinatario. Dedique un momento a registrarse en nuestro sitio web, foundationcenter.org. Es gratis y, cada vez que ingrese, encontrará información adaptada a sus intereses y región geográfica.

Apéndice D: Asistencia en español

Dado que la mayoría de las fundaciones con sede en los Estados Unidos sólo acepta propuestas en idioma inglés, hemos recopilado una lista de bibliotecas y centros de información sobre instituciones filantrópicas que cuentan con personal bilingüe para asistir al público en sus consultas sobre posibles fuentes de financiamiento. Las siguientes bibliotecas y Colecciones Afiliadas del Foundation Center ofrecen acceso gratuito a recursos para quienes buscan apoyo financiero de fundaciones. Si bien la mayor parte de esta información está disponible en inglés, las bibliotecas cuentan con personas de habla hispana para ayudar a los usuarios a encontrar la información que necesitan. Es recomendable comunicarse con el centro o biblioteca antes de concurrir personalmente a fin de verificar si el personal adecuado estará disponible para brindarle asistencia.

Bibliotecas del Foundation Center

Foundation Center—Nueva York
79 Fifth Avenue
Nueva York, NY 10003
Persona de contacto: Inés Sucre
Teléfono: (212) 807-2435
Dirección de correo electrónico: ijs@foundationcenter.org

Foundation Center—San Francisco
312 Essex Street, #606
San Francisco, CA 94108
Persona de contacto: Janet Camarena
Teléfono: (415) 397-0902 x100
Dirección de correo electrónico: jfc@foundationcenter.org

Foundation Center—Washington, D.C.
1627 K Street N.W.
3er Piso
Washington, D.C. 20006
Persona de contacto: Suzanna Vasquez
Teléfono: (202) 331-1400 x4026
Dirección de correo electrónico: stv@foundationcenter.org

Colecciones Afiliadas

Biblioteca del Distrito del Condado de Yuma
185 Main St.
Yuma, AZ 85364
Persona de contacto: José Beltran
Teléfono: (928) 782-1871
Dirección de correo electrónico: jbeltran@yumalibrary.org

Fundación Comunitaria para el Condado de Monterey
2354 Garden Road
Monterey, CA 93940
Persona de contacto: Kaki Rusmore
Teléfono: (831) 375-9712
Dirección de correo electrónico: kaki@cfmco.org

Centro de Voluntarios del Condado de Orange
19014th St, Suite 100
Santa Ana, CA 92705
Persona de contacto: Julie Holdaway
Teléfono: (714) 953-5757
Dirección de correo electrónico: jholdaway@volunteercenter.org

Sistema de Bibliotecas del Condado de Prince George
6532 Adelphi Road
Hyattsville, MD 20782
Persona de contacto: Mary Howard
Teléfono: (301) 699-3500
Dirección de correo electrónico: mary.howard@pgcmls.info

Biblioteca Pública Rochester
101 Second St. SE
Rochester, MN 55904
Persona de contacto: Frank W. Hawthorne
Teléfono: (507) 285-8002
Dirección de correo electrónico: reference@rochester.lib.mn.us

Biblioteca del Condado de Multnomah
801 S.W. 10th Ave.
Portland, OR 97205
Persona de contacto: Pauline Baughman
Teléfono: (503) 988-5234
Dirección de correo electrónico: paulineb@multcolib.org

Biblioteca Martin
159 E. Market St.
York, PA 17401
Persona de contacto: Ann Funk
Teléfono: (717) 846-5300x255
Dirección de correo electrónico: Cybrarian@yorklibraries.org

Biblioteca Pública y Centro de Información Memphis
3030 Poplar Ave.
Memphis, TN 38111
Persona de contacto: Jessie G. Marshall
Teléfono: (901) 415-2700
Dirección de correo electrónico: marshallj@memphislibrary.org

Biblioteca Pública del Condado de Kanawha
123 Capitol Street
Charleston, WV 25301
Persona de contacto: Olivia Bravo
Teléfono: (304) 343-4646
Dirección de correo electrónico: olivia.bravo@kanawha.lib.wv.us

Centro de recursos internacionales para organizaciones civiles, A.C.
Periférico Sur 3453, Torre B, Desp. 101,
San Jerónimo Lídice,
México, D.F. 10200
Persona de contacto: Patricia López-Guerra
Teléfono: 011 52 55 5025-9216
Dirección de correo electrónico: plopez@recursosinternacionales.org

Universidad del Sagrado Corazón
Santurce, Puerto Rico 00914
Persona de contacto: Holanda Rendon
Teléfono: (787) 728-1515
Dirección de correo electrónico: hrendon@sagrado.edu

Acerca de la autora

Jane C. Geever es presidenta de J. C. Geever, Inc. La empresa, fundada por la Sra. Geever en 1975, fue la primera consultoría en recaudación de fondos dirigida por una mujer admitida como miembro de la Asociación Estadounidense de Asesores sobre Recaudación de Fondos (*American Association of Fund Raising Counsel, AAFRC*).

Entre sus logros, colaboró en la creación del programa de certificación en recaudación de fondos de la Universidad de Nueva York, encabezó el primer banco de empleo en la Conferencia Internacional de la Sociedad Nacional de Ejecutivos de Recaudación de Fondos (*National Society of Fund Raising Executives, NSFRE*) y la Jornada de Recaudación de Fondos de la NSFRE de Nueva York. Fue designada miembro del comité ad hoc de Independent Sector sobre Valores y Ética. La Sra. Geever es miembro del consejo asesor para el proyecto nacional *Funding Fundraising* en Baruch College y trabaja en forma activa en el programa *Give Five* de Independent Sector en Nueva York. Ha sido miembro de la junta directiva y funcionaria del Instituto NSFRE y del AAFRC. La Sra. Geever también es docente en el Programa de Maestría en Ciencias de la Gestión de Recaudación de Fondos de la Universidad de Columbia.

Posee una maestría de la New School for Social Research y ha realizado estudios de postgrado en administración de empresas en la Universidad de Stanford. Pronunció el discurso de la graduación número 71 en mayo de 1989 en la institución universitaria en la que se graduó, Seton Hill College, de Greensburg, Pennsylvania, fecha en la que recibió el título honorario de Doctora en Letras y Humanidades.

Jane C. Geever es una reconocida escritora y disertante a nivel nacional. Dicta seminarios en asociación con el Foundation Center sobre la redacción de propuestas y las formas de dirigirse a fundaciones y empresas donantes.

Acerca de la traductora

Silvia Sanusian, nacida en Buenos Aires, Argentina, tiene más de 19 años de experiencia profesional como traductora, revisora y consultora editorial. Sus áreas de especialización comprenden derecho, ciencias sociales, comercio y finanzas, así como una amplia variedad de temas del ámbito técnico y científico.

Brinda servicios de traducción, adaptación, revisión y consultoría editorial a entidades gubernamentales, organizaciones internacionales y el sector privado. Además, ha colaborado con numerosas entidades sin fines de lucro en la producción de documentos y publicaciones de difusión general. En los últimos años, la Sra. Sanusian y el equipo de calificados profesionales que ella lidera han realizado una intensa labor en el desarrollo de programas, cursos y materiales de salud y educación destinados a las comunidades hispanas y latinas de América.

La Sra. Sanusian es traductora pública e intérprete de idioma inglés graduada con honores en la Universidad del Salvador, y abogada con especialización en Derecho Empresarial recibida con mención honorífica en la Facultad de Derecho y Ciencias Sociales de la Universidad de Buenos Aires, institución en la que se desempeña como docente desde el año 1997. Posee además títulos de postgrado en traducción y lingüística, así como en derecho internacional.

Para la producción de la 5ª edición de este libro en español, Silvia Sanusian contó con la colaboración de Verónica Poblete, asistente de traducción, y Soledad Montes de Oca, asesora editorial.